# "乡村工匠"
## 职业教育标准与实践探索

张勇 楼骏 刘益曦 等 著

中国水利水电出版社
www.waterpub.com.cn
·北京·

## 内 容 提 要

培养新时代"乡村工匠"是推进乡村振兴战略的重要基础，乡村工匠培育，要以人为本，以提高劳动者综合素质和就业技能，更好地服务于乡村建设、环境改造提升、文化遗产保护等工作，助推浙江省"三支队伍"建设。本书旨在总结和推广浙江省乡村建设工作中人才培养的先进工作经验和建设成果，创新"乡村工匠"职业教育标准，并以浙江同济科技职业学院典型案例为例，理论与实践相结合，为乡村建设人才的培养提供依据及借鉴。本书主要内容有研究背景、理论建构、培育模式与路径、职业教育标准、实践探索、育人典型、政策法规、建设安全等。

本书可供高校师生、基层乡村建设管理人员及相关人员学习使用。

### 图书在版编目（CIP）数据

"乡村工匠"职业教育标准与实践探索 / 张勇等著. 北京 : 中国水利水电出版社, 2024. 12. -- ISBN 978-7-5226-3145-5

Ⅰ．G719.2

中国国家版本馆CIP数据核字第2024LC7462号

| 书　　名 | **"乡村工匠"职业教育标准与实践探索**<br>"XIANGCUN GONGJIANG" ZHIYE JIAOYU BIAOZHUN YU SHIJIAN TANSUO |
|---|---|
| 作　　者 | 张　勇　楼　骏　刘益曦　等著 |
| 出版发行 | 中国水利水电出版社<br>（北京市海淀区玉渊潭南路1号D座　100038）<br>网址：www.waterpub.com.cn<br>E-mail：sales@mwr.gov.cn<br>电话：（010）68545888（营销中心） |
| 经　　售 | 北京科水图书销售有限公司<br>电话：（010）68545874、63202643<br>全国各地新华书店和相关出版物销售网点 |
| 排　　版 | 中国水利水电出版社微机排版中心 |
| 印　　刷 | 天津嘉恒印务有限公司 |
| 规　　格 | 184mm×260mm　16开本　14.25印张　255千字 |
| 版　　次 | 2024年12月第1版　2024年12月第1次印刷 |
| 印　　数 | 001—800册 |
| 定　　价 | **78.00元** |

凡购买我社图书，如有缺页、倒页、脱页的，本社营销中心负责调换

**版权所有·侵权必究**

# 《"乡村工匠"职业教育标准与实践探索》撰写小组

组　　长　张　勇

副 组 长　楼　骏　刘益曦

组　　员　黄　懿　周圆圆　梅婷婷　王　斐

　　　　　吴锦秀　庄海欢　刘　睿　严从根

校　　审　刘益曦　谢海汇

课题支持　《岗赛证融入、训战赛一体、行企校协同：培养新型设计工匠的探索与实践》，浙江省高职教育"十四五"教学改革项目（JG20230430）；《共同富裕背景下新型职业农民创业培育模式与支持体系研究》，浙江省教育科学规划课题（2023SCG391）。

# 序

  2023年中央一号文件指出"大力发展面向乡村振兴的职业教育"，这为新时代职业院校开展职业教育，助力乡村振兴提供了科学指引和行动指南。近年来，浙江同济科技职业学院在乡村振兴和高质量共同富裕建设中发挥自身优势，构建"乡村出题，模块重构，真题实做，数智评价"的"乡村工匠"模式，基于"理论＋实践"的行动方法和"高校＋乡村"模式，提出要从"参与式"到"服务型"理念、从"单一式"到"融合型"方式、从"双向服务"到"多元协同"机制等层面转变思维逻辑，牵头制定《乡村工匠职业能力培训与评定规范》等系列标准，率先提出并系统构建"乡村工匠"人才培养岗位创业理念，强化工匠型人才"德技双馨"教育成果。提倡学生在未来就业岗位上用创新思维、创业的心态，以技能价值激励导向，创新构筑"四农课堂"共育体系，形成了乡村工匠人才培养范式，入选浙江省首批乡村振兴人才培养优质校、教育部现代学徒制示范校等。

  本书汇聚各方智慧与实践经验，详细阐述乡村工匠培育模式、路径及建设成效，结合典型范例与团体标准等，全方位展示实践探索成果，为高校师生、基层乡村建设管理者及从业者提供全面且具深度的学习与参考资料。

# 前 言

乡村振兴战略作为新时代"三农"工作的总抓手，肩负着实现农业强、农村美、农民富的历史使命，其成败关键在于人才。乡村工匠作为乡村建设中兼具传统技艺传承与创新活力载体的核心群体，在乡村产业升级、文化传承弘扬、社会和谐发展等诸多方面发挥着不可替代的基石作用。

随着我国乡村建设进程的持续推进，对乡村工匠的专业素养与数量需求急剧攀升。然而，当前乡村工匠培育体系尚不完善，面临着传统技艺传承断代风险加剧、职业教育与乡村实际需求适配性欠佳、培育标准缺乏系统性与规范性等严峻挑战。在此背景下，深入开展"乡村工匠"职业教育标准与实践探索研究，构建科学完备的培育体系，已成为乡村振兴战略实施的迫切需求。

本书紧扣乡村振兴战略与"千万工程"建设行动脉络，全面梳理党的十八大以来乡村建设人才培育的目标、要求及乡村工匠职业教育的时代背景，系统回顾相关研究文献，深度挖掘乡村工匠培育的理论根源，精心构建契合乡村发展需求的职业教育理论框架与实践模式。书中详细阐述乡村工匠培育模式、路径及建设成效，结合典型范例与团体标准，全方位展示实践探索成果；同时涵盖政策法规解读与建设安全指导，为乡村工匠培育提供坚实的制度保障与安全规范。

本书汇聚各方智慧与实践经验，致力于为高校师生、基层乡村建设管理者及从业者提供全面且具深度的学习与参考资料。期望借此推动乡村工匠培育事业蓬勃发展，为乡村振兴注入强劲动力，助力乡村在新时代伟大征程中焕发出更加绚烂的光彩，实现经济繁荣、文化昌盛、社会和谐的美好愿景，谱写乡村全面振兴的壮丽篇章。

　　谨以此书，向投身乡村振兴事业的广大建设者致敬，愿为乡村发展贡献一份智慧与力量，共同开创乡村美好未来。

2024 年 11 月

# 目 录

序
前言

## 第一章 研究背景 …… 1
### 第一节 乡村振兴战略与"千万工程"建设行动 …… 1
一、乡村振兴战略 …… 1
二、"千万工程"建设行动 …… 6
### 第二节 乡村建设人才培育目标与要求 …… 12
一、党的十八大以来乡村建设人才培育的目标 …… 12
二、党的十八大以来乡村建设人才培育的要求 …… 15
### 第三节 乡村工匠职业教育标准培育 …… 20
一、乡村人才振兴需求 …… 20
二、乡村劳动力结构的变化 …… 22
三、传统技艺的保护与传承 …… 23
四、乡村社会文化的传承与创新 …… 24
五、职业教育与乡村工匠培育的耦合发展 …… 25
### 第四节 研究的价值与意义 …… 27
一、推动乡村振兴战略深入实施 …… 27
二、丰富职业教育培育乡村工匠 …… 28
三、传承和弘扬工匠精神 …… 29

## 第二章 "乡村工匠"培育理论研究 …… 31
### 第一节 乡村工匠培养文献分析 …… 32
一、年发文量 …… 32
二、高关注度文献 …… 33
三、文献作者与机构 …… 35

四、发文期刊 ································································· 37
　　五、研究热点分析 ······························································ 37
第二节　乡村工匠培养研究现状 ······················································ 41
　　一、乡村工匠培育的研究 ······················································· 41
　　二、乡村工匠培育问题及路径研究 ··············································· 45
　　三、乡村工匠培育与职业教育研究 ··············································· 46
第三节　职业教育乡村人才培育研究 ·················································· 49
　　一、新型职业农民培育研究 ····················································· 49
　　二、新农人的理论研究 ························································· 56
　　三、职业教育标准研究 ························································· 59
第四节　研究述评 ··································································· 62
　　一、乡村工匠研究述评 ························································· 62
　　二、新型职业农民研究述评 ····················································· 62
　　三、新农人研究述评 ··························································· 63

# 第三章　"乡村工匠"理论建构 ······················································ 65
第一节　乡村工匠基本概念及时代特征 ················································ 65
　　一、乡村工匠的起源 ··························································· 65
　　二、乡村工匠的发展 ··························································· 66
　　三、乡村工匠培育的历史脉络 ··················································· 67
　　四、乡村工匠培育的时代特征 ··················································· 68
　　五、乡村工匠培育的概念、分类及内涵 ············································ 69
第二节　乡村工匠理论体系及岗位创业 ················································ 75
　　一、乡村工匠培育的理论基础 ··················································· 75
　　二、乡村工匠岗位创业与职教模式 ··············································· 78

# 第四章　"乡村工匠"人才培养模式与路径 ············································ 88
第一节　"乡村工匠"人才培养模式 ··················································· 88
　　一、校村协同育人，重构"乡村工匠"人才培养体系 ································· 89
　　二、搭建校企平台，展现"全方位"人才培养服务 ··································· 90
　　三、党建引领专业，健全"融发展"人才保障机制 ··································· 90
第二节　"乡村工匠"人才培养路径 ··················································· 92
　　一、全省现代农水专业集群建设的"领航者" ······································· 92
　　二、全省乡村振兴技能人才培养的"排头兵" ······································· 92

三、全省农水名师名匠队伍建设的"领头雁" ……………… 93
　　四、全省涉农科技创新成果转化的"新标杆" ……………… 93
　　五、全省育训一体保障平台建设的"新典范" ……………… 95
　　六、全省农村水利行业人才培训的"新高地" ……………… 96
　　七、全省职教助力乡村振兴出海的"新品牌" ……………… 96
　第三节　乡村工匠人才培养内容 …………………………………… 98
　　一、实施专业特色凝练行动，服务现代农水产业集群 ……… 98
　　二、实施培养模式创新行动，打造乡村振兴领头雁阵 ……… 99
　　三、实施师资培优赋能行动，培育教学服务双师人才 ……… 100
　　四、实施科技引擎铸造行动，驱动产业与育人双提升 ……… 102
　　五、实施产教融合集成行动，筑牢"三农"教育办学质量 …… 103
　　六、实施农民培育提升行动，提升服务乡村振兴能力 ……… 105
　　七、实施国际特色办学行动，支撑职教出海高效发展 ……… 106
　第四节　乡村工匠人才培养范式 …………………………………… 108
　　一、效益联动，人才培养有量度 ……………………………… 108
　　二、社会带动，人才培养有亮度 ……………………………… 109
　　三、经验沉淀，人才培养有广度 ……………………………… 109
　第五节　乡村工匠人才培养实践 …………………………………… 111
　　一、职教援疆"三聚三拓"乡村振兴 ………………………… 111
　　二、江枫村研学空间艺术设计项目 …………………………… 112
　　三、库村村非遗小屋艺术设计项目 …………………………… 113

第五章　"乡村工匠"实践探索 ………………………………………… 115
　第一节　乡村工匠实施典型范例 …………………………………… 115
　　一、在乡村，点亮青春梦想 …………………………………… 115
　　二、以技赋能助力乡村振兴 …………………………………… 120
　　三、在乡村，让非遗闪闪发光 ………………………………… 125
　　四、从乡村走向世界的"金蓝领" ……………………………… 130
　第二节　乡村工匠实施团体标准 …………………………………… 135
　　一、乡村工匠岗位能力培养与评定规范 ……………………… 135
　　二、乡村工匠评定参考指标 …………………………………… 142

第六章　"乡村工匠"主要政策法规 …………………………………… 187
　第一节　乡村振兴人才政策法规 …………………………………… 187

一、技能人才队伍 …………………………………………… 187
　　二、乡村人才振兴 …………………………………………… 193
　第二节　乡村工匠政策法规 …………………………………… 202
　　一、乡村工匠"双百双千"培育工程 ………………………… 202
　　二、乡村工匠培育 …………………………………………… 205
　　三、乡村建设工匠培训和管理 ……………………………… 210

参考文献 …………………………………………………………… 214

# 第一章 研 究 背 景

## 第一节 乡村振兴战略与"千万工程"建设行动

### 一、乡村振兴战略

改革开放以来,我国社会和经济发展都取得了巨大的成就,人们的生活质量显著提高,物质需求与精神需求得到了较大满足,对美好生活和高品质生活的向往愈加强烈。然而,审视当前的发展格局,我们不难发现,发展不平衡、不充分的矛盾仍然突出,尤其是城乡发展差距的日益扩大以及乡村发展步伐的相对滞后,这些问题成为我国实现现代化征途中面对的重要挑战。面对这一困境,习近平总书记在十九大报告中高屋建瓴地提出了实施乡村振兴战略,不仅为当前农村经济社会发展的不平衡困境提供了有效的解决方案,更是为乡村建设的发展与农村面貌的革新指明了方向,有助于促进城乡融合发展,让广大乡村农民共享现代化硕果。

乡村振兴战略不仅是对乡村产业转型升级、农民增收致富的深远规划,更是推动城乡融合、缩小发展差距的关键举措。在保持乡村独特文化魅力的基础上,探索乡村与城市融合共生、协同共进、共同富裕的新路径,是新时代背景下对"三农"问题的深度洞悉和深刻把握,为解决"三农"问题提供切实可行的创新思路,更是助力乡村繁荣发展、城乡共同富裕的核心策略与有力抓手。

#### (一) 乡村振兴战略的缘起

乡村振兴战略作为我国在新时代背景下对广袤农村地区发展方向与未来路径的深刻洞察与战略谋划,它不仅是对过去数十年"三农"工作硕果的继承与延续,更是党在新时代对农村、农业、农民问题所作出的具有创新性、全局性和战略性的重大决策。在乡村振兴战略的实施推广下,通过系统性的规划与综合性的举措,打破传统乡村发展模式的束缚,有效推动乡村地区实现全面、协调、可持续的发展，实现城乡一体化。

1. 巩固"三农"建设的成果

新中国成立以来，"三农"问题始终居于国家治理的核心位置，是党和国家制定发展战略的一个重要环节。进入21世纪，中共中央、国务院连续21年聚焦"三农"工作发布中央一号文件，充分彰显了"三农"工作在中国社会主义现代化建设大局中所占据的核心地位。特别是党的十八大以来，党中央更是以前所未有的战略高度将"三农"问题视为全党工作的重心与核心，与此同时，一系列旨在夯实农业基础、促进农村发展、富裕农民生活的政策举措相继出台，推动我国"三农"事业的发展进程取得了历史性的跨越。党的十八大报告强调，我国农业综合生产能力显著提升，粮食连续多年实现增长。同时，农村产业结构调整取得了新进展，城镇化水平显著提升，城乡区域发展日益协调，农业现代化及社会主义新农村建设也取得了令人瞩目的成绩。我国农村产业结构经历了深刻的战略性调整与优化，城镇化进程稳步推进，对"三农"领域的投入与服务持续加码，乡村经济和社会改革全面深化，成效显著。农业现代化步伐稳健有力，耕地使用效率显著提升，粮食总产量屡创新高，粮食生产布局与经济作物结构持续优化，粮食综合生产能力跃升至12000亿斤的新台阶，城镇化率年均显著提升1.2个百分点，超过八千万农业人口成功实现了市民化。与此同时，脱贫攻坚战役取得里程碑式的胜利，成为了中国发展历程中的一座丰碑。这场战役的胜利不仅是对千年发展目标承诺的提前兑现，更是解决贫困问题的一个巨大突破。极大地推动了贫困地区的社会和经济全面进步，数以千万计的贫困人口摆脱了长期的贫困束缚，他们的生活质量得到了显著改善，个人的发展潜能被充分释放。据统计，六千多万贫困人口成功摆脱贫困枷锁，贫困发生率从历史上高达10.2%的峰值大幅下降至4%以下。这一连串沉甸甸的数字不仅仅是简单的百分比变化，它们背后承载着无数个家庭重获新生的故事，见证了社会福祉的显著提升，更是向全面建设社会主义现代化国家目标迈进的坚定步伐。

然而，在"三农"建设推进的征途中，也面临着诸多困难与挑战。农民收入增长放缓、农业结构调整面临阻力、部分地区对"三农"工作的重视程度不足等问题不容忽视；农产品数量与质量的平衡需进一步优化，特别是在确保产量的前提下更多地关注质量是一个亟待解决的难题；新型职业农民的培育、乡村工匠的培养与农民整体技能与综合素质的提升任务艰巨；农业农村金融体制尚待健全，相应的政策与制度框架有待进一步完善。这些问题在不同程度上加剧了城乡的发展差距，尤其是在西部和偏远地区，城乡社会经济发展与居民生活水平的差异更加显著,这也正是乡村振兴战略提出的现实背景与迫切需求之所在。

2. 缓解城乡发展的矛盾

改革开放四十多年来,我国经济社会发展取得了辉煌的成就,特别是党的十八大以来,"三农"工作取得了巨大成绩,然而,党的第十九次全国代表大会明确指出,中国特色社会主义已迈入一个崭新的发展时期,随着社会主义市场经济体制的逐步完善,我国社会的主要矛盾已转化为人民日益增长的美好生活需要和不平衡不充分的发展之间的矛盾。这种矛盾不仅仅局限于物质层面,它涉及到全社会的各个方面,尤其是城乡差距、农村发展滞后等问题成为了新时代的焦点,反映了新时代中国特色社会主义面临的直接矛盾,同时也构成了中国社会在新时代发展道路上的关键挑战。

尽管"三农"工作取得了令人瞩目的进展,但仍然存在许多问题和阻碍。具体而言,农业的根基还需加固,农业现代化进程的步伐有待加快,农村基础设施建设迫在眉睫,农产品流通体系还需进一步优化;农村人口结构问题突出,其中,留守老人与子女的比例持续升高,乡村对高素质青年劳动力的吸引力不足,乡村老龄化与空心化问题愈发显著;同时,城乡之间及乡村内部之间的发展差距与居民收入差距仍在不断加剧;乡村中的脱贫地区需要进一步巩固脱贫成果,防止返贫,深度融合与有效衔接脱贫攻坚成果与乡村振兴战略。为此,我们要时刻保持高度的清醒与警觉,将乡村振兴置于更加突出的战略位置,坚定不移地推进乡村振兴战略,以统筹推进城乡深度融合与协同发展,实现国家整体发展的平衡与充分,从而推动中国特色社会主义现代化。

**(二) 乡村振兴战略的提出与发展**

党的十八大以来,我国始终聚焦于农业农村发展这一主题,致力于探索符合时代要求的改革发展路径与策略,同时,经过多年的不懈努力和实践积累,在中国特色社会主义的广阔实践和伟大探索中,逐步形成与构建了具有中国特色的社会主义乡村振兴理论体系。这一理论紧密联系中国实际,既注重传统农业的保护和提升,又重视现代农业科技的推广应用,是实现农业生产可持续发展的重要保障。这不仅是对广大农民群众走上了共同富裕道路的指引,也是为农业可持续发展贡献了中国智慧和中国方案。

2017年10月,习近平总书记在党的十九大报告中提出实施乡村振兴战略,并指出,农业、农村及农民问题是关系国计民生的根本性问题,其重要性不言而喻。为此,必须把解决"三农"问题作为全党工作的重中之重,加快乡村振兴战略的实施迫在眉睫。因此，要坚持农业农村的优先发展原则，按照产业兴旺、生态宜居、乡风文明、治理有效、生活富裕的总要求，构建和完善城乡融合发展体制机制和政策体系，以此来推进农业农村现代化的进程[1]。"产业兴旺、生态宜居、乡风文明、治理有效、生活富裕"二十字总要求内涵丰富、条理清晰，紧密契合和遵循了国家"五位一体"的总体布局，对经济繁荣、环境保护、文化振兴、社会治理以及民生福祉等多个方面进行了深入的战略性谋划，旨在全方位驱动乡村经济社会的可持续发展。具体而言，产业兴旺是经济发展的牢固基石，更是实现乡村振兴的中坚力量。产业兴旺以农业供给侧结构性改革为基础，构建现代农业产业构架，推动农业产业向规模化经营、绿色化生产、品牌化发展，培育多样化的乡村融合型业态经济，使得农村产业增长潜力得到最大程度的激发，推动农村服务业的蓬勃发展，最大限度地保障国家粮食产量与质量安全，为广大乡村农民创造更多的就业和创业机遇，有效提升农民的经济收益。生态宜居则强调金山银山与绿水青山并重，将山水林田湖草的保护与建设相结合，加大对农村污染物的综合治理力度，在发展中注重生态平衡，实现乡村自然生态环境保护与发展的和谐统一，有利于打造绿色宜居的美丽家园。乡风文明则要求物质文明和精神文明同频发展，通过优秀传统文化的传承与创新，增加农村文化服务供给，改善农民精神风貌，培育文明乡风、良好家风、淳朴民风，使得乡村社会文明程度不断提高，以新的乡村社会风尚塑造乡村社会新面貌。治理有效则聚焦于构建完善的现代农村社会治理体系，党委领导、政府负责、社会协同、公众参与、法治保障加强基层治理的能力建设，培养造就一支包括基层党员、村委会干部、乡贤能人、大学生村官、农民致富带头人等构成的"有情怀、有本领、有担当、有作为"的高素质乡村治理工作队伍，确保乡村社会和谐稳定。而民生福祉则是所有努力的最终归宿，反映了提升广大农民的生活质量和生活幸福感是乡村振兴的终极目标，这要求我们拓宽农民的收入来源，提高农民多元化收入，实现公共服务对农民的全覆盖，切实保障广大农民的权益。总而言之，乡村振兴的内涵在于，聚焦于"产业兴旺"，最终实现乡村人民"生活富裕"的美好愿景。

2017年12月，中央农村工作会议开创性地勾勒出了中国特色社会主义乡村振兴的崭新蓝图，旨在将农业转型升级为一个富有生机与活力的产业领

---

[1] 习近平. 决胜全面建成小康社会夺取新时代中国特色社会主义伟大胜利——在中国共产党第十九次全国代表大会上的报告.

域，使农民这一职业成为一种令人向往的职业选择，将农村打造建设成为人人向往、安居乐业、景色宜人的美好家园。会议明确提出了实施乡村振兴战略"三步走"的路线图：第一步，到2020年，乡村振兴取得重要进展，制度框架和政策体系基本形成；第二步，到2035年，乡村振兴取得决定性进展，农业农村现代化基本实现；第三步，到2050年，乡村全面振兴，农业强、农村美、农民富全面实现❶。"三步走"路径图作为中国乡村振兴战略实施过程中的核心框架，清晰设定了迈向农业农村全面现代化的阶段性里程碑，旨在通过有计划、分阶段的推进策略，循序渐进地达成乡村全面繁荣与全面振兴的宏伟目标。该蓝图不仅细化了乡村振兴战略的实施路径，还确保了乡村振兴战略能够稳步向前推进，最终实现农村农业的现代化转型、农村面貌的美丽蜕变以及农村农民生活质量的明显提升。

2018年2月，中共中央、国务院发布《中共中央 国务院关于实施乡村振兴战略的意见》❷，在"三农"问题的前提下，精炼地阐述了乡村振兴的总体目标和重点任务，旨在全方位促进乡村的产业振兴、人才振兴、文化振兴、生态振兴以及组织振兴。具体而言，产业振兴构成了乡村振兴的坚定基石，其健康、稳健发展是持续推动乡村振兴战略的科学引擎。乡村产业振兴要求紧密地以发展现代农业为中心，以农村一、二、三产业融合发展为核心，构建乡村产业体系，让产业兴旺起来，将产业发展落实到促进农民增收上来，全力以赴消除农村贫困，推动乡村生活富裕。人才振兴则是乡村振兴的核心驱动力，习近平总书记多次强调，推动乡村振兴需要把人力资源放在首要位置，强化乡村振兴人才支撑，乡村振兴关键在人才。通过构建多元化激励机制来吸引并留住各类人才投身于乡村建设，促进本土乡村农民道德素质的提升、技术技能的提高以及创新能力的培养，加快培育新型农业经营主体，从而引领农业生产模式的现代化转型升级。文化振兴则是乡村振兴的精神之魂，以社会主义核心价值观为导向，深入挖掘优秀传统农耕文化，弘扬传统民族文化瑰宝，激发时代创新活力，潜移默化地加强公民道德培育，丰富农民精神文化生活，培育挖掘乡土文化人才，提升乡村社会凝聚力、认同感与归属感。生态振兴则是乡村振兴的巩固基础，通过提升农民环保意识，实施人居环境整治项目，倡导绿色低碳生活方式，减少产业发展中的生产环节对环境的影响，构建生态友好型农业生产体系，

---

❶ 中央农村工作会议在北京举行习近平作重要讲话.
❷ 《中共中央 国务院关于实施乡村振兴战略的意见》.

打造宜居宜业的美丽乡村。而组织振兴构成了乡村振兴可靠的组织支撑，通过深化农村基层党组织建设，提升其核心领导力和组织力，充分发挥先进党员的典型榜样模范作用，确保乡村振兴战略得以顺利执行与高效推进，引领乡村社会的兴旺发展。

## 二、"千万工程"建设行动

促进乡村的全面振兴，不仅是对全面建成小康社会以及脱贫攻坚胜利成果的深化与巩固，更是迈向社会主义现代化强国征程中的重要一步。"千村示范、万村整治"工程作为这一过程中具有里程碑意义的一项标志性举措，其重要性不言而喻。在习近平总书记的领导下，"千村示范、万村整治"这一伟大工程在浙江开展实施，是"绿水青山就是金山银山"绿色发展理念在乡村层面的鲜活实践。经过二十余年的深耕细作，"千万工程"在浙江大地上书写了从温饱到小康，再由小康向现代化的跨越式发展，其成果斐然，意义深远，积累了丰富的实践经验与宝贵启示。这些成果不仅彰显了浙江乡村振兴的独特魅力，更为全国各地的乡村振兴工作提供了可参考、可复制的宝贵模式，为全面推动乡村振兴战略的实施注入了强劲动力。

### （一）"千万工程"的起源与历程

2003年6月，时任浙江省委书记的习近平，对浙江省广大农村区域的具体情形进行了深入而全面的考察与分析，聚焦于农村生产条件改善、生活质量提升以及生态环境优化这三大核心领域，提出了一项创新性的战略举措——"千村示范、万村整治"工程。此工程的核心目标在于全面提升浙江省农村人民的生产水平、生活品质，其影响范围广泛，力求用5年时间全面改造10000个行政村，并挑选约1000个具有代表性的村庄作为实现全面小康社会的先行示范。为确保"千万工程"的顺利推进，习近平同志亲自设计了一套明确而又翔实的目标体系、实施策略和经费方案，并创造性地构建了"四个一"工作框架。他曾多次强调在实施"千万工程"过程中要注重"因地制宜、精准施策"的灵活性，坚持"规划引领、机制健全"的预见性，秉持"重点突破、整体协同"的战略视野，以及采取"因情施策、分类引导"的精细管理。同时，他高度重视总体规划与局部执行之间的协调统一，强调各级责任人须严格遵循分级负责、全面管理的责任制度。

2005年，习近平同志在安吉天荒坪镇余村考察期间提出了"绿水青山就是金山银山"的绿色发展理念，该理念将"千万工程"与生态环境保护深度融合的愿景进一步强化，将美丽乡村建设确立为"千万工程"的核心追求。

就任总书记后，他始终坚持"稳扎稳打、持续推进"的工作方针和工作原则，努力逐年改变农村面貌，打造既适宜居住又适宜发展的美丽乡村。他不断强调总结经验、深化认识的重要性，引导广大农民群体坚定信心、持续奋斗，一步一步将建设美丽中国的宏伟蓝图变为现实。

2008年3月，浙江省发布《关于深入实施"千村示范、万村整治"工程的意见》，标志着浙江省正式启动并深入开展第二轮"千万工程"。这一意见促使全省范围内的乡村综合整治与建设工作广泛而深入地展开，尤其是聚焦于行政村的全面提升，不仅实现了整治范围的全面覆盖，更实现了整治深度与广度的显著提升。具体而言，整治工作不仅囊括了全省每一个角落的村落，还进一步将整治的重点从"村村通"延伸至农业非点源污染防治、乡村基础设施的建设以及农民人居环境的美化等多个方面。

2012年11月，党的十八大报告首次提出"美丽中国"这一概念，同时强调，由于目前资源日益紧缺、环境污染加剧及生态系统恶化的严峻挑战，我们必须本着尊重自然、顺应自然、维护自然之心，在促进经济发展、构建政治体制、推动文化繁荣以及建设和谐社会中突出生态文明建设，为建设美好中国、推动中华民族的可持续发展作出贡献。

2018年9月，"千万工程"获得了联合国环境规划署颁发的世界环保最高级别奖项——"地球卫士奖"。2019年3月，中共中央办公厅、国务院办公厅转发《中央农办、农业农村部、国家发展改革委关于深入学习浙江"千村示范、万村整治"工程经验扎实推进农村人居环境整治工作的报告》，在聚焦深入学习浙江践行的"千村示范、万村整治"工程经验的同时强调要扎实推进农村人居环境的整治完善工作[1]。2023年5月，《农业农村部办公厅关于深入学习浙江"千万工程"经验的通知》指出，必须认真学习并总结"千万工程"的成功经验，突出以人为本的基本原则，把物质文明与精神文明建设有机结合起来，全方位推动"五大振兴"[2]。

2024年，中央一号文件《中共中央 国务院关于学习运用"千村示范、万村整治"工程经验有力有效推进乡村全面振兴的意见》强调，要深入挖掘"千万工程"精髓，驱动乡村振兴，坚持以人为本、因地制宜、灵活变通，凝聚多方合力，精准实施民生工程，切实增强民众的获得感、幸福感，确保建

---

[1] 《中央农办、农业农村部、国家发展改革委关于深入学习浙江"千村示范、万村整治"工程经验扎实推进农村人居环境整治工作的报告》.

[2] 《农业农村部办公厅关于深入学习浙江"千万工程"经验的通知》.

设成果可以惠及大众❶。

## (二)"千万工程"的困难与挑战

### 1. 资金保障缺乏

"千万工程"作为一项庞大的社会发展工程,其成功的实施离不开大量资金的投入。这不仅仅是指传统意义上的基建和环保项目,还包括了提升公共服务水平、改善生态环境等诸多方面。资金保障不仅决定了"千万工程"能否顺利实施,也关系到了最终成果的可持续性。在许多农村地区,特别是经济欠发达或者财政紧张的地方,资金投入不足常常成为制约工程进展的因素。与此同时,在工程资金的使用过程中,也存在着体制机制和管理机制上的问题。一方面,有的地区在执行"千万工程"时,过于追求短期内的效果,而忽略了长期资金保障的建设,结果使得项目难以在长期内持续稳定地推进下去;另一方面,一些地方在资金使用过程中缺乏有效的监督和管理机制,资金使用效率低下,浪费和滥用现象时有发生,进一步增加了资金投入的困难。

因此,建立一个科学、规范的资金管理体系显得尤为重要。通过强化预算管理、优化资金分配方案、严格资金监管等措施,可以有效减少因资金问题带来的风险和阻力,为"千万工程"的顺利实施提供坚实的财务支持。只有这样,才能真正实现"千万工程"目标,促进社会经济的可持续发展。

### 2. 项目发展不平衡

"千万工程"在推行的过程中,农村整治项目的发展在各个地区呈现出了显著的不均衡性。这一现象的根源复杂多样,既涉及各地区农村基础设施建设的实际情况和资源条件的限制,也与地方文化传统、经济结构以及可持续发展能力密切相关。在一些地区,为了追求工程的快速推进和成果的高效显现,当地政府和社会各界投入了大量的资金和精力,导致对基础设施的重视远远超过了其他领域。例如,道路、水利等传统设施得到了优先建设,而对于农业科技、特色产业开发、文化旅游等新兴业态则相对忽略。这种过分强调硬件设施建设和表面整治的做法,往往使得乡村产业的特色不突出,竞争力弱,难以形成具有当地特色的品牌效应。

因此,要想真正实现农村地区经济社会的全面发展,就必须平衡地看待项目发展的各个方面,既要加大对基础设施和环境改善的投入,也要注重发掘和利用地方特色资源,推动产业升级和文化传承,培育出具有竞争力和持

---

❶ 《中共中央 国务院关于学习运用"千村示范、万村整治"工程经验有力有效推进乡村全面振兴的意见》.

久生命力的产业项目。"千万工程"不仅仅是一个数字上体现出的成就,更能够实实在在地惠及广大农民,提升他们的生活质量和幸福感。

3. 技术人才瓶颈

"千万工程"想要取得显著的成效,人才是关键。然而,现实情况不容乐观。在城市化进程的迅猛发展之下,农村地区的青壮年劳动力纷纷涌向城市,他们中不乏通过高考考取大学的学子,但这些高素质人才毕业后往往选择留在大城市,追逐更多的职业机会和发展空间,而不愿意回到那片充满乡愁与希望的土地。这种现象造成了乡村地区工匠群体的断层,技艺的传承变得岌岌可危。那些曾为乡村经济繁荣作出过贡献的传统工艺、民间艺术、特色食品等,由于缺乏足够的专业人士去继承和发扬,逐渐失去了往日的光彩,这不仅延缓了乡村产业升级的步伐,也影响了当地文化的保护和传承。与此同时,我国在智能农业装备、大数据技术、生态环境监控等诸多高新技术领域的研发实力尚显不足,与发达国家相比仍有较大差距。这些领域的发展对于提升农业生产效率、改善生态环境具有至关重要的作用。然而我国乡村建设的技术人才匮乏,相关人才的培养与引进都远远跟不上技术革新的步伐。

因此,"千万工程"的实施迫切需要培育一批既懂农业又懂技术、既了解农村又熟悉市场的专业技术人才投身到"千万工程"的建设中去。这些专业人才的专业知识和技能水平直接决定了"千万工程"实施的效率和质量,从而关系到乡村全面振兴的大局。

### (三)"千万工程"的经验与启示

"千万工程"在习近平新时代中国特色社会主义思想的引导下,经过二十多年的努力,成效显著,从乡村环境的治理与居住条件的提升入手,在实践中逐步演进,达成各面的转型升级,不仅极大地惠及了广大农民群体,还塑造了美丽乡村、美丽浙江,为其他省份乃至全国的乡村建设树立了典范,提供了宝贵的经验。

1. 坚定实施新发展理念,推动乡村治理优化与产业升级

习近平总书记指出,发展理念为具体的实际行动提供了明确指引,没有正确的发展思想,就不可能有明确的目标任务与政策措施。回顾21世纪初,浙江农村乡镇企业虽迅猛发展,但环境问题也日益凸显,成为亟待解决的问题。"千万工程"在这样的大环境下应运而生,它积极引导农村地区转变传统发展理念,巧妙地将乡村管理与整治有机融合,在改善村容村貌的同时,带动生产发展和农民增收,开创了一条通往农业高效、乡村宜居、农民富裕的新道路,让千千万万的村庄重新焕发出勃勃生机与独特魅力。身处建设美丽

中国、全面推进乡村振兴的伟大征程中，我们必须坚定不移地践行新的发展理念，加快建立新的发展模式，力求实现高质量的发展目标，同时妥善处理好速度与质量、发展与环保、发展与安全等重要关系。这要求我们在乡村产业、人才、文化、生态、组织等关键领域全面推进"五个振兴"，以确保农业生产活动的高效开展、农村基础设施的完善健全、乡村居民生活品质的显著提升以及自然生态环境的持续优化，从而形成相互促进、和谐共融的良性循环体系，保障乡村发展在各个方面都能实现均衡发展与可持续发展。与此同时，"千万工程"更是秉承"绿水青山就是金山银山"的绿色发展理念，在产业招商引进、人才培育壮大及人居环境整治中，始终坚持绿色低碳原则，为乡村振兴、农村产业发展和乡村治理注入了强劲动力，也为农民群众带来了更加幸福美好的生活。

2. 坚持系统性理念，保证协调连贯

习近平总书记深刻指出，系统思维是引领实践和思考的根本性方法论，也是指导实践与思想的根本途径。"千万工程"作为一项多维度、大范围的综合性工程，涵盖了城乡一体化、技术与设施建设、理念更新与机制创新等多个层面，其成功实施得益于习近平总书记的亲自谋划与浙江省省委的系统性布局。基于这一点，各地综合自身实际情况，充分运用自然资源、社会经济条件和地域文化特色的优势，因地制宜、精准施策，打造出一系列风格各异、和谐共生的美丽宜居乡村，展现了乡村振兴的多样性和生命力。

在全面推动乡村振兴、建设美丽中国的宏伟蓝图中，我们要继续秉持系统推进的原则，以县域经济体系构建为核心，以县城为枢纽，以小城镇为节点，统筹全局、协同作战，既要抓住主要矛盾，也要弥补发展短板，确保各项措施相辅相成又相互促进。同时，我们要注重"建"与"管"并重，既要注重地域特色与文化传统的传承，也要建立健全完善的长效管理机制，确保乡村环境的可持续发展，以此全面提升乡村振兴的效能与水平，让乡村发展的内在动力与外在活力得到充分释放。

3. 坚定贯彻以人民为中心的发展思想，激励各方共同参与

习近平总书记在《之江新语》中的论述提出，发展必须坚定贯彻以人民为中心的核心思想，充分尊重农民的意愿，大力推进各项建设举措，从根本上改善民生福祉。这一思想在"千万工程"中得到了生动实践，该工程不仅专注于村庄环境的整治与基础设施的完善，还同步推进了"千万农民素质提升工程"，旨在全面提升农民的能力与素养，为乡村输送出一批技艺精湛的工匠和实用型人才。

在全面推进乡村振兴、建设美丽中国的伟大征程中，我们必须坚定贯彻人民立场，将人民的利益放在第一位，以更广泛、更公平的方式，保证现代化建设的丰硕成就能够惠及全体农民，让他们的生活水平不断提高，日子越过越红火。同时，农民的主体地位在乡村建设中具有不可替代的重要性，他们不仅是这一进程的直接参与者，更是其成果的最终受益者，直接享受着乡村人居品质的改善。因此，要实现从管理型乡村治理向服务型乡村治理的转变，最重要的是让农民的参与意愿得到充分激发，这不仅有助于调动农民的积极性，还能有效促进政府与民众之间的紧密联系，为乡村社会的和谐与发展注入强大动力。

4. 久久为功，持续发力

习近平总书记深刻指出，一张科学、务实且顺应民意的蓝图，将会由一代人接着一代人坚持不懈地努力践行。诚然，随着实践的持续推进，相应的认知框架和工作策略也必须适时调整与优化，以确保其持续的高效性和有效性。改善农村居住环境，不仅是乡村振兴战略的核心任务，更是广大农民群众的殷切期盼。经历二十年实践，浙江"千万工程"始终围绕既定目标，保持战略定力，历任领导者薪火相传，接力奋进，并根据形势变化不断拓宽整治领域，深化整治内涵，取得了令人瞩目的成就。

在致力于实现乡村全面振兴与建设美丽中国的宏伟目标中，我们必须紧紧围绕党的中心工作，保持长远的历史视角和持久耐心，秉承坚持不懈的钉钉子精神，持续推动各项任务。我们要坚持一个清晰的发展战略，一步一个脚印地落实每一项任务，年复一年地不懈努力，持之以恒，坚决避免陷入追求短期政绩的"形象工程"和"政绩工程"的误区。我们的目标是营造一个生态友好、社会和谐的美丽乡村环境，确保广大农民在乡村振兴的进程中感受到实实在在的获得感、幸福感和安全感。

## 第二节 乡村建设人才培育目标与要求

习近平总书记强调,推动乡村全面振兴的核心在于人才,人才是国际竞争的核心、技术创新的源泉、国家强盛的基石,对经济社会发展起着至关重要的作用。我国历来对乡村建设人才培育高度重视,将其视为促进乡村持续进步发展的重要驱动力。特别是党的十八大,我国步入了全面建成小康社会决胜阶段,实现城乡协调发展、促进乡村全面振兴成为了国家发展的重要任务。而在这一时期,随着我国经济的迅猛发展和城市化进程的加速,城乡差距逐渐扩大,乡村地区面临着人才流失、产业空心化等一系列严峻挑战,更需要我们加大力度培育乡村建设人才,提升乡村人才的综合素质和专业能力,为乡村振兴注入新的活力。在政策支持方面,国家相继发布了《中共中央、国务院关于抓好"三农"领域重点工作确保如期实现全面小康的意见》《关于加快推进乡村人才振兴的实施意见》《中共中央、国务院关于做好2023年全面推进乡村振兴重点工作的意见》《中共中央、国务院关于学习运用"千村示范、万村整治"工程经验有力有效推进乡村全面振兴的意见》等一系列文件,为乡村建设人才的培育以及人才队伍的壮大明确了路径。在此背景下,人才培育对于乡村振兴的推进显得尤为重要,它不仅是乡村振兴的首要资源,也是达成宏伟振兴目标的关键所在。为此,深入探索并实践高效的人才培育战略,为乡村的全面振兴奠定坚实的人才根基,是当前工作的重中之重。

### 一、党的十八大以来乡村建设人才培育的目标

人力资源是社会主义现代化建设的核心要素,在实现乡村振兴的征程中,人才起到了着最为关键、最为活跃的重要作用。深入发掘乡村的人力潜能,培育乡村建设人才,构建一支规模庞大、结构优化、能力突出的乡村人才队伍,已成为我国实现乡村振兴目标进程中亟待解决的重要任务。2021年2月,中共中央办公厅、国务院办公厅在《关于加快推进乡村人才振兴的意见》中明确指出,在乡村振兴的伟大征程中,要确保把农业农村发展摆在"三个优先"的战略高度,同时坚定不移地加强党的领导地位,打造一支既懂农业、又爱农村、更心系农民的"三农"工作队伍,他们将成为推动农业农村现代化和全面乡村振兴的骨干力量。展望未来,到2025年,一个科学、合理且高

效的乡村人才振兴制度框架和政策体系将初步构建完成，届时，乡村振兴各领域的人才队伍将实现规模扩大、素质提升以及结构优化，多种类人才支持乡村发展的良好格局将基本形成，乡村人才的储备与培养将充分满足乡村振兴战略深入实施的迫切需求❶。

  乡村建设人才是一群综合素质高、技术能力强的农村劳动群体，他们具有一定的专业知识或技术能力，可以开展创新工作，并且愿意为乡村发展作出贡献。从乡村建设人才的来源来看，可将其划分为三类：本土人才、归乡人才、下乡人才。具体而言，本土人才指的是那些在农村土生土长，且长期未离开乡村的人群；归乡人才则是指那些出身农村，在经历外出务工、经商、参军或接受高等教育后，选择返回乡村并积极参与乡村建设的人才；下乡人才则是指那些原本在城市生活或是求学，通过资本投入、智力支持等途径参与乡村发展的人才。乡村建设人才培育的关键是要大力发掘并提升乡村人力资本的价值，这需要我们既要悉心培育本土人才，激发他们的内在潜能与活力，又要积极主动引导城市优秀人才向乡村流动，为乡村注入新鲜智慧和强劲动力。同时，我们还需推动各领域专业人才深入乡村、下沉基层，为乡村提供精准有效的服务，更要广泛吸引并留住各类人才，激励他们参与到乡村振兴的进程中去。

### （一）着重培养乡村本土人才

  聚焦于乡村本土人才的深度培育，是实现乡村振兴战略不可或缺的一环，因为这一战略的每一步进展都深深依赖于人才的强力支撑。乡村振兴战略的提出，正是为了缓解发展的不平衡不充分之间的矛盾，尤其是城乡的不平衡、农村发展的不充分。在城市化浪潮中，乡村人口单向流动至城市是十分普遍的现象，加之教育资源、医疗资源等分配的失衡，乡村人才流失的问题显著突出。因此，如何有效解决乡村人才振兴中存在的发展难题，成为了实施乡村振兴战略的关键问题。

  乡村人才振兴的核心，在于培养一批有着丰富知识与高超技能的乡村人才，并且有理想、有热情、愿意全身心地投入到乡村建设事业中去。然而，当前乡村最迫切的需求是那些了解"三农"、精通市场、懂得管理，并且愿意扎根乡村的本土实用型人才。这些人才的匮乏，造成乡村大量有价值的资源无法得到充分开发与利用，导致乡村振兴步伐的延缓。

  习近平总书记在十二届全国人大五次会议中指出，在乡村人才振兴推进

---

❶ 《中共中央办公厅　国务院办公厅关于加快推进乡村人才振兴的意见》.

过程中，要就地培养更多热爱农业、掌握技术、善于经营的新型职业农民，使之成为一支有活力的队伍。他多次强调，要实现乡村振兴，关键在于充分发挥与培育乡村本土人才。通过构建完善的本土人才培养架构、课程体系、培养模式等，优化培养模式，重视并善用本土人才，建立"人才库"，让本土人才能够在自己成长的乡村环境中发挥最大的作用。这些长期扎根乡村的本土人才，凭借自身独特的优势，在农村基层的组织与发展中起到了积极的带头作用，为乡村的发展作出了重要贡献。他们不仅推动了当地乡村的发展，也为全国乡村的建设贡献了巨大的力量。因此，在当前乡村振兴的发展进程中，对于乡村人才振兴而言，首要任务是深入挖掘本土人才资源，并积极培育新型职业农民。

**（二）激励外出人才回流乡村**

习近平总书记强调，乡村建设在注重培育本土人才的同时，也要着重吸纳职业农民，激励高校毕业生乃至海归精英主动回归乡村，使乡村成为大有可为的地方。因此，推动外出人才回归乡村就业、创业，已成为乡村人才振兴的重要环节。2018年2月，《中共中央 国务院关于实施乡村振兴战略的意见》中明确提出，有效推进乡村振兴战略，关键在于打破人才发展的制约因素[1]。乡村建设人才在乡村振兴的进程中发挥着举足轻重的作用，他们既是主动的实践者也是强有力的推动者，是实现乡村振兴的重要前提和基础。

当前，我国众多乡村，特别是地处偏远的乡村，面临着有教育技术背景的乡村人才大量外迁的窘境，他们倾向于选择城市务工或是从事经商创业，从而加剧了乡村的人才流失情况，乡村人才匮乏的问题也越来越突出。乡村人口构成逐渐呈现出"老龄化"甚至"空心化"的趋势，这对乡村的可持续健康发展构成了挑战。鉴于此，在实施乡村人才振兴战略的过程中，我们亟须扭转这一局面，吸引外流人才回归，鼓励他们带着先进的经验、技术和资本回流乡村。为此，乡村应当营造更加优越的就业、创业氛围，出台更多关于人才回流、薪资提升、住房补助等方面的激励政策，以招揽各类人才回乡创业，为乡村的繁荣发展添砖加瓦。

**（三）鼓励大学生村官下乡**

2018年6月14日，习近平总书记在山东考察时指出："乡村振兴，人才是关键。要积极培养本土人才，鼓励外出能人返乡创业，鼓励大学生村官扎根基层，为乡村振兴提供人才保障。"在党的十九大报告中，习近平总书记指

---

[1] 《中共中央 国务院关于实施乡村振兴战略的意见》.

出，中国特色社会主义已经迈入一个崭新的新阶段。在这一时代背景下，我国的乡村建设也迎来了前所未有的新契机。面对新的任务与使命，党中央作出了一个重大的战略部署，即鼓励大学生担任村官，深入基层，这一举措长期以来一直是向乡村注入新鲜活力的重要途径。然而，大学生村官下乡也存在着艰难险阻，无论是对于乡村本土干部还是对于农民而言，大学生村官不过是临时驻扎农村的过客，不会长期留在乡村，因而他们对大学生村官的信任度并不高，甚至有排斥情绪。这需要不断鼓励、支持和引导大学生长期留在乡村，扎根乡村，使他们成为乡村基层党组织建设的不可或缺的骨干力量，从而为乡村人才振兴战略的实施构筑起坚实而稳固的基础。

在乡村的发展历程中，大学生村官始终发挥着关键作用。众多受过教育、掌握技术、擅长管理的大学生村官，在基层岗位上默默做出自己的奉献，协助农村和农民发掘新机遇，加速乡村建设的进程。由此可见，大学生村官已成为乡村人才振兴战略实施与乡村发展过程中不可或缺的关键力量。

## 二、党的十八大以来乡村建设人才培育的要求

乡村建设人才培育是针对能够建设乡村并愿意建设乡村的人才进行教育、培训的过程。这一过程涵盖了核心价值观的塑造、综合素质的优化、理论知识的传授、技艺技能的提升、思维方式的拓宽以及实际操作经验的累积，从多维度、全方位地提升个人的综合能力，以满足乡村全面建设与快速发展的迫切需求，助力乡村社会经济的全面进步。因此，乡村建设人才培养是一项全面的系统工程，其核心要素主要包括职业工匠精神与专业技能素养两方面。

### （一）培育"工匠精神"

"工匠精神"从本质上来说是一种职业领域的精神修养，它展现了职业道德水准和职业能力素养的融合，是劳动者在从事职业活动中所体现的内在价值观与外在行为模式的统一。党的十八大以来，在习近平新时代中国特色社会主义的领导下，"工匠精神"作为一种职业素养而言得到了前所未有的重视。习近平总书记在"五一"劳动节劳动议题、全国劳动模范和先进工作者表彰大会、中央财经委员会各项会议以及中央经济工作会议等讲话中，都曾频繁提及并强调"工匠精神"，其重要性可见一斑。在党的十九大报告中明确指出，要打造一支集知识、技能、创新于一体的劳动者队伍，大力推崇劳模精神和工匠精神，致力于在全社会范围内营造劳动光荣的积极风气，形成一种追求卓越、精益求精的敬业环境和氛围。劳动者的能力与素养关系到一个国家的进步、一个民族的强盛。无论是在传统农业、制造业领域，还是在新

兴产业的浪潮中，无论是工业经济时代，还是数字经济时代，工匠都扮演着产业发展不可或缺的角色，而工匠精神则是激发劳动活力的重要精神动力。在乡村人才振兴的进程中，培育乡村建设人才的"工匠精神"是先决条件和基本要求。乡村建设人才只有具备"工匠精神"，才能甘愿吃苦耐劳、淡泊名利、甘于奉献地扎根农村，建设农村。

1. "工匠精神"的基本内涵

2020年11月24日，习近平总书记于全国劳动模范和先进工作者表彰大会上强调："大力弘扬劳模精神、劳动精神、工匠精神。'不惰者，众善之师也。'在长期实践中，我们培育形成了爱岗敬业、争创一流、艰苦奋斗、勇于创新、淡泊名利、甘于奉献的劳模精神，崇尚劳动、热爱劳动、辛勤劳动、诚实劳动的劳动精神，执着专注、精益求精、一丝不苟、追求卓越的工匠精神。劳模精神、劳动精神、工匠精神是以爱国主义为核心的民族精神和以改革创新为核心的时代精神的生动体现，是鼓舞全党全国各族人民风雨无阻、勇敢前进的强大精神动力。"[1] 这一讲话深刻揭示了"工匠精神"的基本内涵，并将其与时代精神紧密联系在一起，展现出了鲜明的时代烙印。具体而言，"工匠精神"是促使劳动者升华内在精神境界、完善职业技能、实现职业飞跃的关键精神力量。一方面，"工匠精神"所蕴含的热爱岗位、追求完美的专业态度，有助于加强劳动者的职业归属感，激励着他们不断探求新知与未知，使其将"工匠精神"内化于心、外化于行；另一方面，劳动者的职业生涯发展，既离不开精湛的专业技能，更离不开健康的职业心态。而"工匠精神"正是在提升劳动者的技能层次的同时，着重于培育劳动者积极的职业心态。

2. "工匠精神"实践培育

习近平总书记对劳动者"工匠精神"的实践培育给予了高度重视。2016年，习近平总书记在知识分子、劳动模范、青年代表座谈会上就曾说过："无论从事什么劳动，都要干一行、爱一行、钻一行。"[2] 在2021年"五一"劳动节前夕，他向全国的劳动人民致以节日的祝福与深切的关怀，并强调："劳动创造幸福，实干成就伟业。希望广大劳动群众大力弘扬劳模精神、劳动精神、工匠精神，勤于创造、勇于奋斗，更好发挥主力军作用，满怀信心投身全面建设社会主义现代化国家、实现中华民族伟大复兴中国梦的伟大事业。"[3]

---

[1] 习近平. 在全国劳动模范和先进工作者表彰大会上的讲话.

[2] 习近平. 在知识分子、劳动模范、青年代表座谈会上的讲话.

[3] 在"五一"国际劳动节到来之际习近平向全国广大劳动群众致以节日的祝贺和诚挚的慰问[N]. 人民日报，2021-05-01（01）.

2021年4月举行的全国职业教育大会上,习近平总书记就职业教育发展给出了关键指引,他强调,在全面建设社会主义现代化国家新征程中,职业教育前途广阔、大有可为。职业教育发展需倡导工匠精神,增强技能人才的社会认可度,为推进社会主义现代化国家建设、实现中华民族伟大复兴的中国梦构筑坚实的人才基石与技能保障。❶ 由此可见,"工匠精神"对于当代技术技能人才而言是极其宝贵的品质,不论投身于哪个职业领域,都需从"工匠精神"中汲取动力。特别是在乡村发展不充分的当下,更需要本土人才、归乡人才、下乡人才秉持和践行这种精神,精益求精、追求卓越,持续提升自己的职业道德素养和专业能力水平,为乡村社会的繁荣和发展添砖加瓦。这不仅仅是乡村建设人才个人成长的体现,更是对乡村未来发展充满责任感与自信心的反映。唯有如此,我们才能更好地推进乡村建设的进程,从而实现乡村的全面振兴。

**(二)增强专业技能素养**

为了实现乡村的全面振兴,人才的培育与壮大是至关重要的。要实现这一目标,我们必须积极推动乡村各类人才队伍的持续发展,在扩大乡村建设人才队伍的同时提升人才的专业技能素养。2021年2月,党中央、国务院印发了《中共中央办公厅 国务院办公厅关于加快推进乡村人才振兴的意见》中将乡村人才划分为农业生产经营人才,农村第二、第三产业发展人才,乡村公共服务人才,乡村治理人才,农业农村科技人才五类❷。因而,乡村人才振兴需要有针对性地培养以上五类人才。

1. 农业生产经营人才培育

加强农业生产经营人才培育是乡村人才振兴的有力前提。针对农业生产经营人才的培育,应注重提升其现代农业科技水平与管理治理能力。积极开展现代农民培育项目,针对各农村地区差异化的经济发展水平以及多元化的发展目标,融合现代科技手段,实施全方位、多维度的农民培养计划。着重关注适度规模经营的乡村建设人才,依据其需求进行分层次、分类别开展线上线下相结合的针对性培训,鼓励并扶持他们创立新型农业经营实体。通过优化项目扶持、生产引导、品质监督及市场衔接等配套服务进一步深化农业生产经营人才培育工作。

同时,建立农民合作社领导人才储备库,旨在通过加强骨干成员的培育

---

❶ 习近平对职业教育工作作出重要指示强调加快构建现代职业教育体系培养更多高素质技术技能人才能工巧匠大国工匠李克强作出批示[N].人民日报,2021-04-14(01).

❷ 《中共中央办公厅 国务院办公厅关于加快推进乡村人才振兴的意见》.

培训，充分发挥乡村建设人才带头人的引领示范作用。积极激励与支持本土人才、归乡人才、下乡人才等多元主体创立家庭农场、农民合作社。同时，积极吸纳农业管理专业人才，以此激发各类农业规模经营主体的最大活力，共同推动乡村振兴。

2. 农村二、三产业发展人才培育

农村二、三产业发展人才是乡村人才振兴的中流砥柱。对农村二、三产业发展人才的培育，关键在于提升其创新创业能力和产业转型升级的适应能力。持续推进农村创业创新带头人培育行动计划，旨在不断优化农村创新创业环境，通过合理引导金融机构创新农村创新创业金融产品和服务模式，加快农村创新创业孵化与实训基地体系的建设步伐，并组建起一支专业的指导顾问团队。同时，在互联网发展日新月异的当下，直播与电商已成为农产品触达消费者的重要渠道和路径。为了契合现代化的需求，不仅要着力培养农村人民的电商素养，还应采取线上线下相结合的方式，开展多层次、多元化的培训，让更多的乡村人民掌握电商技能，并确保这些技能在他们的生产实践与日常生活中得到切实有效地运用，为乡村振兴战略的推进增添强劲动力。此外，乡村工匠是乡村建设中不可或缺的一支力量。充分挖掘和培养乡村手工业者、传统艺人，加强传统技艺的精准传承与保护，以推动传统技艺水平的不断提升与精进。同时，鼓励并支持职业院校建立以传统技艺传承人为中心的教育项目，构建技艺实训基地，以开展深入的研习训练、树立示范标杆，并助力品牌孵化与发展。

3. 加快培养乡村公共服务人才

为了大幅提升乡村公共服务的质量和效率，关键在于培育公共服务领域的各方面乡村建设人才。具体而言，乡村公共服务领域主要包含乡村医疗、教育、社会保障、文化体育等方面的人才培养，以期达到乡村建设人才能够精准对接乡村居民日益增长的多元化、专业化需求。为了能够为乡村振兴提供强有力的专业技能支撑，推动乡村公共服务水平迈上新台阶，我们采取定向专业技能培训、在职专业技能提升、专业技能型人才引进等多种策略，尤其是加大对革命老区、民族地区以及边疆地区的扶持力度，确保资源与政策向其倾斜，从而精心打造一支结构科学合理、技能精湛高超的乡村公共服务人才队伍。

4. 加快培养乡村治理人才

加速培育乡村治理方面的专业人才，有利于高效率、高质量迈进乡村治理体系和治理能力现代化的步伐。这不仅要求深化法律、政策、经济、管理等多方面、多维度专业知识与技能的培育，以适应乡村治理中日益复杂多变的挑战，还需通过定向培养、在职进修、实践锻炼等多种手段，精心培育一支深谙乡村实际、精通专业治理、擅长运用现代治理工具的人才梯队。培养乡村治理人才为乡村治理现代化构筑坚实的人才基石，保障了乡村社会的和谐稳定与繁荣发展。

5. 加快培养农业农村科技人才

在推进农业与农村现代化转型的进程中，加速农业农村科技人才的培育成为了至关重要的核心要求。农业农村科技人才的培养聚焦于农业科技研发、技术推广以及农村信息化建设等多个关键领域，旨在通过掌握专业技能、运用科技力量充分发挥科技的潜在动力，有效提升农业的生产效率，对农村经济社会的全面发展具有深远意义。为实现这一目标，需要构建一条多元化的人才培养路径，即引进专业人才、定向教育引导、精准技能培训、实地实践锻炼以及广泛的国际交流合作。通过这一系列的培育策略和方式，构建一支具备扎实的农业科学理论功底、精通现代科技应用、契合农村实际发展需求的高素质、复合型科技人才队伍。这一人才队伍的壮大，将为农业农村现代化提供不可或缺的人才支撑与智力保障，推动农业农村事业迈向更加繁荣与可持续的发展新阶段。

## 第三节 乡村工匠职业教育标准培育

技艺精湛的工匠群体,作为人类智慧与实践经验的璀璨瑰宝,构成了推动科技不断进步的核心动力。他们凭借对工艺的深入理解、对完美的执着追求,以及对创新的深入钻研,在科技创新与研发领域扮演着举足轻重的角色。无论是传统的手工艺技巧,还是前沿的高科技运用,工匠群体的每一次创新尝试与技艺精进,都为乡村社会乃至人类社会的演进与发展注入了不可或缺的生命力与推动力。

2017年2月,中共中央、国务院联合下发的中央一号文件《关于深入推进农业供给侧结构性改革 加快培育农业农村发展新动能的若干意见》[1] 被视为乡村工匠培育的政策起点。该文件首次创新性地引入了"乡村工匠"这一概念,并着重强调要"支持与发展乡村工匠群体"。

2022年11月,国家乡村振兴局等八部门联合印发《关于推进乡村工匠培育工作的指导意见》详细阐释了乡村工匠的定义,即那些在乡村精耕细作、潜心钻研传统手工艺的技能型人才。这些工匠不仅深植于本土文化之中,而且肩负着传承与创新传统技艺的使命,他们将传统技能技艺与现代生产生活需求有机融合在一起,有效地将技能转化为促进乡村产业兴旺、农民福祉提升以及乡村全面振兴的强大动力。

在当前乡村蓬勃发展的浪潮中,乡村工匠起到了关键性的作用,他们不仅是推动了地方产业特色化的一股重要力量,还是乡村文化的塑造者与传播者,充当着连接过去与未来的纽带,让乡村的传统文化在新时代焕发出新的生机与活力。鉴于此,职业教育体系应当肩负起培养新时代乡村工匠的重任,为农村现代化与乡村振兴提供坚实的人才基石与智慧源泉。这些深受传统文化熏陶的乡村工匠,秉持着劳模精神与劳动品质,他们深深扎根于乡土之中,不仅传承与发展着古老技艺,还通过创新性的转化,为乡村产业带来了勃勃生机,促进了农民的就业与收入增长。

### 一、乡村人才振兴需求

在乡村振兴这一时代背景下,人才振兴不仅是构成了驱动乡村全方位振

---

[1] 《中共中央 国务院关于深入推进农业供给侧结构性改革 加快培育农业农村发展新动能的若干意见》.

兴的核心引擎，也是达成农业兴旺、农村美丽、农民富裕目标的重要保证。乡村工匠，作为乡村人才结构中至关重要的一部分，不仅是传统技能技艺的继承者，更是创新与发展的推动者，其人力规模、精神品质以及结构体系的合理性，对于促进乡村产业结构优化升级、激发乡村经济多元化发展具有深远且持久的影响。

2018年2月，中共中央、国务院印发《关于实施乡村振兴战略的意见》指出，实施乡村振兴需要对乡村工匠进行扶持与培育❶。该文件将农业职业经理人、经纪人、乡村工匠及文化能人等进行分类，将其整合进"新农民"的范畴。由此可见，乡村工匠在乡村振兴战略中的关键角色得到了国家层面的认可与重视。

2021年2月，中共中央办公厅、国务院办公厅印发《关于加快推进乡村人才振兴的意见》❷再次聚焦和强调了对乡村工匠的培育，并将乡村工匠的培育工作置于推动农村二、三产业发展的核心位置，凸显了其在新时代乡村振兴中的关键作用。该文件不仅突出了乡村工匠在乡村人才振兴中的重要性，还将乡村工匠的培育与农村创新创业带头人培养、农村电商人才队伍建设等工作紧密结合，共同构成了一种乡村人才发展的新格局。这标志着我国乡村工匠的培育政策从注重系统性、协同性和实效性的角度迈入了一个全新的发展阶段。

2022年11月，国家乡村振兴局等八部门联合印发《关于推进乡村工匠培育工作的指导意见》，强调了加速推进乡村工匠培养工作的紧迫性，并要求构建一套完善的乡村工匠培养体系，旨在发掘、传承和壮大乡村工匠队伍，以驱动乡村特色产业的繁荣发展，为乡村的全面振兴提供坚实的人才基础。与此同时，党的二十大报告亦着重指出加速乡村人才振兴的紧迫性和重要性。在此背景下，乡村工匠的培育工作成为了乡村人才振兴战略的核心要素，承载着推动乡村全面振兴、实现农业农村现代化的重要使命。作为人才培养的重要阵地，职业教育在此进程中扮演着不可或缺的角色。面对乡村振兴战略所带来的全新机遇，职业教育应更加积极地遵循国家政策导向，充分发挥其社会服务职能，致力于培育高质量的乡村工匠，为乡村的繁荣发展注入源源不断的新鲜人才血液。

人才是乡村振兴的基石与核心驱动力。乡村工匠作为乡村人才队伍中最

---

❶《中共中央 国务院关于实施乡村振兴战略的意见》.
❷《中共中央办公厅 国务院办公厅关于加快推进乡村人才振兴的意见》.

有价值的人力资源，其规模与素质直接关乎乡村振兴的步伐。随着城乡融合发展的不断深化，乡村对高素质的专业化人才的需求愈发迫切，特别是那些拥有精湛技艺与创新能力的乡村工匠。因此，推动乡村工匠的职业教育标准培养，对于提升乡村工匠的综合素质，加速乡村人才振兴的步伐具有重大意义。这不仅有助于满足乡村产业转型升级的需求，更为乡村振兴战略的深入实施奠定了坚实的人才基础。

## 二、乡村劳动力结构的变化

随着城镇化进程的推进，乡村劳动力结构正在经历着一场深刻的变革，大批的农村劳动力被城市的繁华与机遇所吸引，为了寻求更为优越的就业机会和更为舒适的居住条件，纷纷涌向城市。这一不可逆转的社会潮流，在驱动城市快速发展的同时，也给乡村社会与经济的发展带来了深远的影响。随着年轻力壮的劳动力大量外迁，乡村的人口结构发生了显著的变化，留守在乡村的中老年人和妇女则成为了坚守在这片土地上的主要劳动力。

这种人口结构的变化，如同一场无声的革命，不仅深刻地影响了农业生产的效率和质量，更对乡村工匠这一承载着深厚文化底蕴和高超技艺的群体带来了前所未有的挑战。一方面，年轻劳动力的外流，使得乡村工匠的传统技艺面临着失传的风险。许多需要年轻人耐心学习和深入钻研的传统手工艺，由于缺乏合适的接班人和传承者，逐渐在岁月的长河中消逝，成为令人痛心的文化遗珠。另一方面，中老年劳动力虽然凭借着丰富的经验和深厚的技艺功底，在乡村工匠群体中占据着举足轻重的地位，但他们往往难以跟上日新月异的社会发展步伐，在接纳、学习与应用新技术、新知识时常常感到力不从心。这种乡土技艺的断层，不仅制约了乡村工匠的创新能力和发展潜力，更使得他们在面对市场变化和消费者需求升级时，难以做出及时有效的应对。

因此，在这样的时代背景下，乡村工匠的培育如何应对乡村劳动力结构的转变，成为了我们亟待解决的一项紧迫且艰巨的任务。我们需要制定和完善职业教育标准，进一步加强职业教育对于乡村工匠的专业教育和职业培训力度，以提升乡村工匠的技能水平和综合素质，助力他们更好地适应劳动力结构转变以及市场需求和时代发展的变化。同时，在政策导向与社会扶持下，激发年轻人对乡村工匠传统技艺的兴趣和热情，吸引他们回到农村，参与到乡村工匠的传承和发展中来，共同谱写乡村工匠新时代的辉煌篇章。

### 三、传统技艺的保护与传承

在乡村振兴的时代背景下，中国民间传统技艺作为中华民族的文化瑰宝，对其进行有效的保护与传承显得尤为重要。这些传统技艺门类繁多，从古朴典雅的传统建筑，到精细繁复的刺绣印染，从匠心独运的编织扎制，到巧夺天工的雕刻彩绘，无一不蕴含着中华民族悠久的历史记忆和深厚的民族情感。农业农村部办公厅印发《关于开展2021年全国乡村特色产品和乡村工匠推介工作的通知》和国家乡村振兴局等八部门联合印发《关于推进乡村工匠培育工作的指导意见》对乡村工匠的定义及其所涵盖的范围进行了明确阐述。乡村工匠，这一群体包括了从事缝纫、刺绣、编织、织染布、修理、农具制造、酿造等手工业者，以及木匠、铁匠、泥瓦匠、厨师等传统职业人员。特别是《农业农村部办公厅关于开展2021年全国乡村特色产品和乡村工匠推介工作的通知》中对铁匠、铜匠、木匠、篾匠、泥瓦匠等传统技艺人才以及乡村建设工匠的重要性给予了特别强调，他们共同构成了乡村工匠的主体❶。由此可见，乡村工匠是中国传统技艺的守护者和传承者，是乡村文化不可或缺的组成部分，承载着丰富的历史记忆与深厚的民族情感，在乡村振兴的进程中，加强对传统技艺的保护与传承，不仅是对中华优秀传统文化的尊重与珍视，更是对乡村文化自信的重塑与提升，具有重要的现实意义和深远的历史意义。

传统技艺的保护，指的是保留住那些承载着深刻历史记忆与民族智慧的专业技艺。这些技艺不仅蕴含了丰富的文化内涵，展现出独特的审美价值，更是乡村文化多样性的生动体现，展现出乡村社会的历史变迁与文化传承。与此同时，传统技艺的传承在乡村振兴的进程中起到了至关重要的作用。在技艺的传授与学习过程中，我们不仅要关注技艺本身的精湛与细腻，更要深入挖掘并传承技艺背后所蕴含的匠人精神与价值观念，注重培养技艺传承人的文化自觉与自信，使得传统技艺得以在乡村中薪火相传，为乡村经济的发展注入新的活力，为乡村振兴提供源源不断的精神支柱与文化动力。

然而，当前在乡村工匠的培育过程中一个突出的问题是乡村工匠培训体系与市场需求的脱节，此问题已经成为制约传统技艺保护与传承的一大瓶颈。目前，众多乡村工匠依旧沿袭个体化或小作坊的生产模式，其产品市场化程度普遍较低，未能形成有效的品牌价值。与此同时，在传统技艺的传承中，乡村工匠的培育未能充分把握市场动态与需求变化，导致培育培训内容与现

---

❶ 《农业农村部办公厅关于开展2021年全国乡村特色产品和乡村工匠推介工作的通知》.

实市场需求存在显著偏差。这种偏差不仅体现在对传统技艺的过度依赖上，更体现在对新时代市场所需新型技艺技能和创新型设计能力的忽视上，如地方特色与全国乃至全球发展的深度融合、传统与现代的有机再生、数字化技术的巧妙应用等。

乡村工匠作为传统技艺的重要保护者和传承者，他们的技艺提升与时代进步和国家的发展息息相关。新时代的快速发展为乡村工匠提供了更广阔的舞台和更丰富的机遇，同时也对他们的技艺水平和创新能力提出了更高要求。2022年2月，中共中央办公厅、国务院办公厅印发了《关于加强新时代关心下一代工作委员会工作的意见》，其中明确指出需大力推进乡村工匠等乡村人才的培育工作，并强调应将乡村工匠视为乡村新兴人才群体给予充分重视。为了有效推动传统技艺的保护与传承，制定职业教育标准，创新培养模式，构建以市场需求为导向、技艺精进为核心的培育体系，培养技艺精湛、具备创新思维和市场洞察力的乡村工匠，从而实现传统技艺与新时代市场的有效衔接与共赢发展，为乡村振兴战略的实施提供有力的人才保障。同时，乡村工匠也应不断提升自身的科技文化素养和创新能力，以更加开放的心态和敏锐的洞察力，推动传统技艺的保护与传承，为乡村全方位的繁荣与发展贡献力量。

**四、乡村社会文化的传承与创新**

乡村工匠是乡村振兴进程中的核心驱动力，他们既是传统技艺的守护者和传承者，也是乡村社会文化传承与创新的核心主体。他们凭借自身精湛技艺和技能素养，结合乡村实际情况，为乡村建设注入独特活力，彰显出乡村文化振兴的盎然生机。乡村工匠的传承不仅体现在手工技艺的代代延续，更在于他们传递了中国乡村社会独有的文化象征与情感价值，这些文化元素连接着乡村的过去与未来，推动着乡村文化的持续传承与发展。

在乡村社会文化的接续传承上，乡村工匠的作用无可替代。乡村工匠通过亲身示范与教导，将工匠精神、勤勉奋斗、精益求精等优秀品质传递给年轻一代，促进了乡村社会风气的积极转变和乡村精神文明建设的深入推进。同时，作为乡村传统文化的传承者，他们通过传统建筑、手工艺品等传统技艺，生动展现了乡村的文化特色、传统艺术和民俗风情，使之成为乡村独特的文化标识，也为农村社会文化产业的发展奠定了坚实的基础。因此，乡村工匠的培养对于传承传统文化、民间艺术以及特色文化等方面具有重要作用，同时也推动着农村文化产业的迅猛发展。

在乡村社会文化的创新方面,乡村工匠同样展现出非凡的潜力。他们不仅熟练掌握传统技艺,更要适应时代发展的需要,在传统技艺的基础上进行创新,融入现代化的元素,使传统工艺焕发新生。这种创新不仅体现在技艺水平的精进上,更体现在乡村工匠对乡村文化的深度挖掘与全新塑造上。新型乡村工匠培育通过设计新颖独特的乡村建筑、制作富有地域特色的手工艺品等方式,使乡村文化更加生动、多元且包容,为美丽乡村的建设增添了新的活力。同时,还需积极参与乡村文化振兴的实践,通过技艺传授、技能培训、创意征集等多种途径,推动乡村文化的创新性发展与创造性转化,为乡村文化振兴提供新的动力源泉。

在乡村文化振兴的背景下,乡村工匠起到了至关重要的作用。他们既是传统文化的继承者,也是新文化形态的开创者。通过制定职业教育标准培育乡村工匠,可以有效培育乡村建设人才,促使乡村工匠提升专业技能和文化素养,使他们更有能力应对快速变化的市场趋势和时代挑战,这不仅有助于保护和传承乡村文化,还能够推激发乡村文化的创新性演进,为乡村振兴战略的实施注入强大的文化力量和精神动力。同时,乡村工匠的培养也有助于增强乡村文化的软实力和自信心,提升乡村的文化魅力和竞争优势,为乡村的全方位振兴注入新的生机。

**五、职业教育与乡村工匠培育的耦合发展**

在新时代的国家发展战略中,乡村振兴占据着举足轻重的地位,而职业教育与乡村工匠培育的耦合发展则成为实现这一目标的实践探索和关键路径。近年来,国家层面高度重视乡村工匠的培育工作,出台了一系列政策文件,旨在借助职业教育的力量,提升乡村工匠的综合文化素养和技术技能水平,为乡村振兴提供坚实的人才保障。2021年2月,中共中央办公厅、国务院办公厅印发《关于加快推进乡村人才振兴的意见》指出,支持职业院校积极推动传统技艺传承人的培养,旨在培育出更多精通传统技艺且富有文化底蕴的人才,为乡村文化的延续与繁荣增添新的生机[1]。2022年10月,中共中央办公厅、国务院办公厅印发《关于加强新时代高技能人才队伍建设的意见》,强调了实施乡村工匠培育计划的必要性和重要性,并将乡村工匠定位为亟须且稀缺的高技能人才,需要重点培育[2]。2022年12月,中共中央办公厅、国务

---

[1] 《中共中央办公厅、国务院办公厅关于加快推进乡村人才振兴的意见》.
[2] 《中共中央办公厅 国务院办公厅关于加强新时代高技能人才队伍建设的意见》.

院办公厅印发《关于深化现代职业教育体系建设改革的意见》明确指出，推动职业教育与普通教育融合发展、和谐共生，为学生提供多元化的选择空间，使他们能根据个人特质和需求，灵活选择成长道路，实现多样化成才，与此同时，应建立灵活的师资引进机制，支持职业院校吸纳乡村技能工匠成为教学力量[1]。这一文件彰显了职业教育与乡村工匠之间的深度融合。

职业教育，作为孕育和培养高素质技术技能人才的重要摇篮，与乡村工匠的培育之间存在着天然的联系点和契合点。一方面，职业教育凭借其系统的课程体系、标准的培育方式、先进的教学设施以及丰富的教学资源，为乡村工匠提供全方位、多层次、系统化和结构化的培训，助力乡村工匠能够系统性地掌握前沿的生产技艺技术和管理治理经验，进而提升职业综合素养和技术技能水平。另一方面，乡村工匠作为乡土文化的传承者与实践者，其独到的传统技艺和丰富的实践经验，为职业教育体系注入了新鲜的生命力，促进了职业教育与乡村文化的深度融合与协同发展。职业教育与乡村工匠培育的耦合发展不仅增强了职业院校学生对于乡村文化的认同感和归属感，也为他们将来投身于乡村振兴事业、深耕乡村建设打下了坚实的基础。

---

[1] 《关于深化现代职业教育体系建设改革的意见》.

## 第四节 研究的价值与意义

在乡村振兴战略与"千万工程"建设行动的大背景下,对"乡村工匠"职业教育标准与实践探索的研究具有重要的价值与意义。这一研究不仅有助于推动职业教育培育乡村工匠,更为乡村振兴战略的全面推进提供了坚实的人才保障和智力支持。

### 一、推动乡村振兴战略深入实施

乡村工匠作为乡村振兴战略中人才振兴中的重要力量,他们的培育与发展对于乡村振兴的深入实施具有至关重要的作用。本书通过系统、科学地梳理和分析乡村工匠的政策背景、文献综述、基本概念、理论构架、培育模式与路径、实践探索等,深化了对"乡村工匠"这一群体的认识,为乡村振兴战略的深入实施提供了新的视角和思路。

乡村工匠的培育有利于提升乡村劳动力的综合素质。在乡村振兴战略的实施中,人才是核心要素。乡村工匠作为乡村中的专业技艺能手和传统文化传承者,他们的技艺技能和乡村情怀是乡村建设的重要资源。通过系统性地构建职业教育标准和有效的培育模式、路径,进一步提升乡村工匠的专业技能和综合素养,使他们能够更好、更积极地投身于乡村建设,为乡村振兴增添关键力量。与此同时,乡村工匠作为乡村中的杰出人物,他们的言行举止和专业技能潜移默化地影响着周围的乡村居民,起到了榜样的作用,可以带动乡村居民整体素质的提升,从而推动乡村人才振兴的进程。

乡村工匠的培育有利于推动乡村产业转型升级。随着乡村振兴战略的持续深入推进,乡村产业也在不断转型升级。乡村工匠作为乡村振兴的重要动力,他们的成长和发展对于乡村产业的转型和升级具有重要影响。通过职业教育和技能培训,培育更多具备创新能力和市场意识的乡村工匠,可以创新性地推动乡村产业向绿色化、数字化、高端化的方向发展,提高乡村产业的竞争优势,从而带动乡村经济的全面发展,推动乡村振兴战略深入实施。

乡村工匠的培育还有利于继承和发扬乡村文化。乡村工匠这一群体不仅具备高超的传统技艺,还承载着丰富的乡村文化。通过培育乡村工匠,可以进一步挖掘和传承乡村文化,增强乡村的文化自信和认同感。同时,乡村工匠作为乡村文化的传播者和推广者，通过他们的努力与实践，能够将乡村文化传递给更多的人，让更多的人了解和认识乡村的风土人情、历史文化以及独特的自然风光，为乡村社会繁荣发展提供新的动力，从而推动乡村的全面振兴。

## 二、丰富职业教育培育乡村工匠

职业教育作为培育乡村工匠的重要阵地，其理论研究与实践探索不仅丰富了职业教育的内涵，也为乡村的持续发展注入了新的活力。本书旨在深入探讨职业教育在培育乡村工匠方面的重要作用，分析其在理论体系构建、培育模式创新以及实践成效等方面的具体表现。

职业教育为乡村工匠的培育奠定了坚实的理论基础。在2023年发布的中央一号文件中，特别强调了"服务乡村振兴的职业教育"的重要性。该政策不仅为职业教育在推动乡村振兴战略中的角色提供了清晰的指引，还成为相关理论研究的新增长点。乡村工匠职业教育标准的构建不仅仅是简单的理论堆砌，更是需要对乡村经济发展、乡土文化传承和乡村社会需求的深入分析和对职业教育的不断优化而形成的动态过程。在这一过程中，理论标准的深化体现在两个方面：一是职业教育与乡村实际需求的高度契合，二是理论标准的构建与创新引领乡村工匠的职业发展。本书通过对职业教育培育乡村工匠的深入探讨，系统梳理乡村工匠的基本概念、职业教育理论、逻辑框架等，旨在形成一套科学、合理、可行的乡村工匠职业教育标准，进一步丰富和完善职业教育的理论体系，为培养更多适应乡村建设需求的高素质技能型人才提供理论支撑。通过职业教育的力量，更好地培养乡村工匠"德技并重"的职业理念，帮助他们掌握现代化技能技艺，引导他们深入融合工匠精神、创新精神，促进他们成为乡村振兴的重要力量，从而推动农村经济可持续发展和社会的全面进步。

职业教育培育乡村工匠更离不开丰富的实践探索。职业教育在乡村人才的培育模式上积极创新，形成了院校与乡村融合的培育模式，旨在打破传统职业教育的局限，将职业教育资源与乡村实际需求紧密结合，为乡村工匠的培育开辟了新的路径。将职业教育融入乡村振兴战略中，深化产教融合、校企合作、校地合作，不仅能够推动教育体系、人才供给、产业需求与创新动力的有效衔接，还促进了乡村工匠的培育与乡村经济社会发展的深度融合。本书通过全面总结浙江省乡村建设工作中人才培养的先进工作经验和建设成果，深入挖掘了职业教育在推动乡村建设人才培养方面的巨大潜力，不仅展示了浙江省在乡村工匠培育方面的成功典型案例和经验，还结合国家政策导向和乡村市场需求，为其他地区乃至全国的职业教育推动乡村建设人才培养提供了宝贵的参考和借鉴。通过这些经验和成果的推广，我们可以更好地发挥职业教育在乡村振兴中的重要作用，培养出更多具有工匠精神和创新精神的乡村工匠，为乡村的全面振兴注入新的活力和动力。

### 三、传承和弘扬工匠精神

工匠精神，这一蕴含深厚文化底蕴与时代价值的理念，不仅仅是对传统工匠的精湛技艺与不懈追求的歌颂，更是对新时代背景下，尤其是在乡村振兴战略中，乡村工匠所需秉持的核心价值观的高度概括。它不仅仅体现在对传统手工技艺的热爱与执着上，更是一种对工作态度的积极热情，对高超技艺的不懈追求，以及对道德品质的坚定坚守。工匠精神是乡村工匠所需具备的核心素养之一，也是推动乡村工匠反哺建设乡村的重要动力。

在投身于乡村建设的过程中，乡村工匠必须具备强烈的社会责任感以及对职业的无限热爱。通过传承工匠精神，可以激励乡村工匠以高标准、严要求对待每一项工作任务，力求在质量保障、环境保护等多个方面达到最佳。乡村工匠的辛勤耕耘与无私奉献，不仅能提升自身的职业素养和技艺水平，还能为周围乡村居民树立积极的榜样，形成乡村社会积极进取、人人向上、争当工匠的良好氛围。

工匠精神在追求精益求精的同时也要求持续创新。乡村工匠在传承传统技艺的基础上，更需要通过孜孜不倦地学习与脚踏实地的实践，不断磨砺并提升技艺技能水平，有力推动工匠技艺的创新。这种对工匠技艺的专注和探索，不仅紧跟当代社会的实际需求，还能促进乡村产业的转型升级。值得一提的是，乡村工匠巧妙地将现代化的科技元素融入传统工艺之中，不仅保留了传统技艺的独特文化韵味，更赋予了技艺产品鲜明的乡村特色与时代气息。

此外，工匠精神作为中华民族传统文化的重要组成部分，它承载着丰富的历史底蕴与文化内涵。通过传承工匠精神，乡村工匠能够更好地保护和发扬乡村的传统文化与技术技艺。这不仅有助于提升乡村的文化自信，还能增强乡村居民的归属感和认同感，从而推动乡村文化的繁荣发展。工匠精神的弘扬，不仅是传统技艺的传承，更是文化自信的彰显，使乡村在现代化发展的过程中保持独特的文化底蕴与历史记忆。

总而言之，本书通过深入挖掘和传承工匠精神，有助于形成全社会尊重工匠、崇尚工匠的良好氛围。同时，通过推广和实践工匠精神，可以引导乡村工匠在工作中追求卓越、精益求精、持续创新，不断提升自己的专业技能和职业素养。这不仅有助于提升乡村工匠的认可度和影响力，还可以为乡村文化的传承和发展提供强大的活力和动力，具有重要的研究价值与意义。

# 第二章 "乡村工匠"培育理论研究

在2008年全球金融危机的冲击下,世界各国经济普遍遭受重创,德国因其对实体经济的专注而受到的负面影响相对较小。汲取德国工业发展的成功经验,中国政府首次在2015年《政府工作报告》中提出"中国制造2025"战略,提出技艺精湛、门类齐全的技术技能人才队伍是制造强国战略,旨在推动中国制造业的转型升级,实现制造大国向制造强国的转变。随后,2016年首次将"培育精益求精的工匠精神"列入《政府工作报告》,这也传递出一个明确的信息——工匠精神的培养与弘扬是中国制造业发展的核心动力。党的二十大报告提出"全面推进乡村振兴",而人才振兴是乡村振兴的基础❶。然而,随着中国城镇化进程的不断加速,大量农村青壮年劳动力从农村转移到城镇,导致了一系列农业农村发展困境,如"农村劳动力短缺""农村人口老龄化""农业兼职化影响农业专业化规模化发展"以及"非物质文化遗产后继无人"等。这些现象凸显了"乡村谁来振兴""乡村产业谁来建设"以及"百年非遗技艺谁来传承"等问题,已成为制约我国农业农村发展的重要因素。

20多年来,在习近平总书记的正确指引下,"千村示范、万村整治"工程推动浙江省实现了从"绿水青山"到"金山银山"再到"绿水青山就是金山银山"的重大转变。在这一过程中,乡村建设人才扮演了关键角色,包括有技术成组织的"新型职业农民"、有技艺精湛的"百年非遗传承人"以及跨界互联网的"新农人"等。习近平总书记激励各类人才在农村这片广阔的土地上大施所能、大展才华、大显身手❷,各级党组织应搭好台铺好路,用好用活乡土人才,激励更多乡土人才展作为、大显身手,为乡村全面振兴"造血蓄能"❸。农村农业的振兴与发展迫切需要那些愿意并扎根在乡村的高技能高素质人才。在此背景下,许多有志于在农村施展才华的人将目光投向了充满

---

❶ 《习近平关于"三农"工作论述摘编》[M]. 北京:中央文献出版社,2019.
❷ 习近平总书记在参加十三届全国人大一次会议山东代表团审议时发表的讲话[N]. 2018-3-8.
❸ 人民论坛网. 让乡土人才激活乡村振兴的"活力源泉"[EB/OL] [2024-11-07]. http://stzg.china.com.cn/2024-11/07/content_42958526.htm.

机遇的乡村振兴领域。近年来，一些留在乡村的本地能人，凭借技术、非遗技艺、经营和管理能力，成为新产业、新业态、新农业的领军人，发展成为"乡村工匠"和"新型职业农民"。同时，一些农民工、大学生、科研人员和退伍军人等返乡创业，他们拥有新技术、新理念，从事新产业，融入新平台，选择新业态，发展成为"新农人"。这些乡村工匠、新型职业农民和新农人，为农业农村注入了新的发展动力，成为乡村人才振兴的关键组成部分，并在乡村的产业、生态、文化和组织振兴等方面发挥了重要作用。

乡村工匠作为传统工艺的承载者和创新者，是推动乡村振兴发展的人力资源保障，也是农业新质生产力的关键变量和农民农村共同富裕的重要帮手，并且在传承和发展特色文旅产业方面具有显著影响力。当前，我国农业现代化发展对乡村工匠求贤若渴，乡村工匠的数量和质量都无法满足乡村全面振兴的发展需要。对此，国家出台系列政策推动乡村工匠的培育。培育乡村工匠对乡村经济发展，推动乡村人才振兴，乡村文化传承与创新及助力乡村全面振兴都具有重要意义。

## 第一节 乡村工匠培养文献分析

### 一、年发文量

为深入分析党的十八大以来，在乡村振兴战略背景下"乡村工匠"相关的研究成果，本节在中国知网中通过高级检索功能设置，关键词包括"乡村振兴""乡村工匠培育""新型职业农民""乡村工匠""新农人"，时间跨度为2012年至2024年，共收集到156533篇，其中"CSSCI＋CSCD＋核心期刊"共20378篇。通过分析研究主题的年度发表数量及其变化的趋势，可以呈现研究领域内的学术关注程度和研究发展走向。根据图2-1可将"乡村工匠培育理论"研究划分为三个阶段：

（1）2012—2017年为平稳增长阶段。在2012年的中央一号文件中国家首次提出要大力培育新型职业农民，该阶段相关研究处于起步阶段，核心文献相对较少，呈现逐年增加趋势。

（2）2017—2020年为快速增长阶段。2017年"乡村工匠"概念首次被提及，随着政策的不断完善，将乡村工匠纳入了新农民群体，并强调乡村工匠培育的重要性，凸显乡村工匠的社会地位，该阶段在研究的数量和质量上都

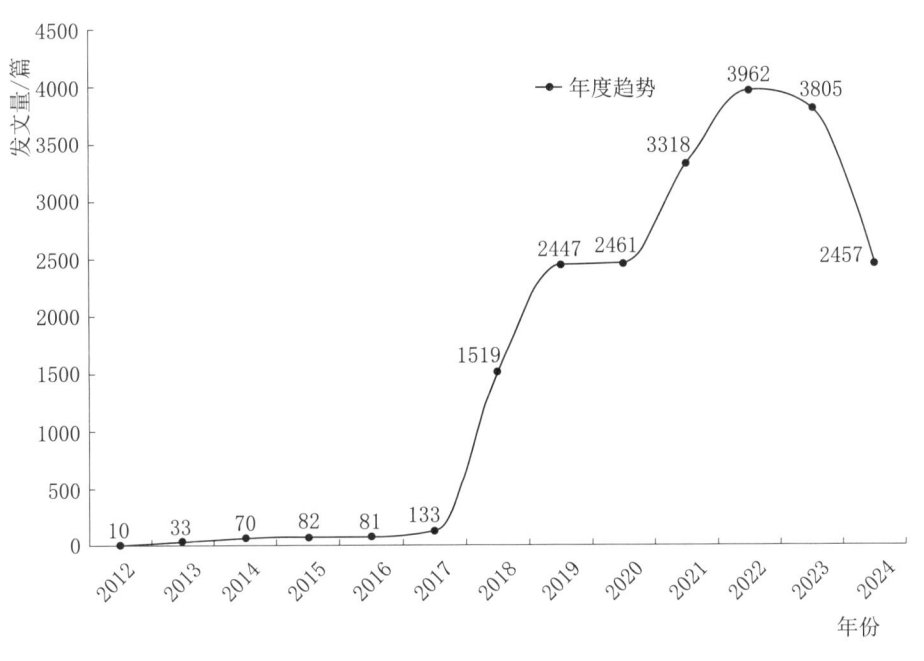

图 2-1 2012—2024 论文年度发表数量

有了极大的提升。

（3）2021年至今进入成熟稳定并创新发展的阶段。国家政策文件对乡村建设人才培育的认识开始从外延走向内涵，从理论探讨走向了实践操作，标志着我国乡村建设人才培育政策的基本成熟。

## 二、高关注度文献

文献被引频次越高说明其参考价值越大。经过人工筛选，同时剔除了会议综述、期刊目录以及未标注作者等非学术以及重复性的文献，最终选定相关度高的 2005 篇文献资料作为理论分析研究样本。本节对乡村工匠领域的文献被引频次进行分析发现，引用次数较高的文献往往是一些历史较久的经典之作，在一定程度上反应了文献的关注度。文献的下载量这一指标也能够直接体现学者们对该领域文献的关注程度，同时降低时间跨度对分析结果的影响。因此，本节选择以文献的被引频次和文献下载量作为衡量文献关注度的综合指标。表 2-1 展示了截至 2024 年 10 月 31 日，按下载量排序的前 20 篇高关注度文献。通过分析这些文献的标题和关键词，可以看出乡村工匠理论研究在乡村振兴战略背景、政策研究以及乡村人才培育等领域受到了较大的关注。

表 2-1　　　　　　　　高关注度文献

| 序号 | 文献名 | 作者 | 期刊 | 年份 | 被引用次数 | 下载次数 |
|---|---|---|---|---|---|---|
| 1 | 《乡村振兴战略下新型职业农民培育政策支持研究》 | 何晓琼；钟祝 | 中国职业技术教育 | 2018 | 194 | 4177 |
| 2 | 《乡村振兴视野的新型职业农民培育：浙省个案》 | 杨璐璐 | 改革 | 2018 | 193 | 4859 |
| 3 | 《乡村振兴视域下新型职业农民培育方向与路径研究》 | 张燕；卢东宁 | 农业现代化研究 | 2018 | 180 | 3281 |
| 4 | 《农业供给侧结构性改革背景下的新农人发展调查》 | 张红宇 | 中国农村经济 | 2016 | 177 | 6317 |
| 5 | 《乡村振兴中的人才振兴及其推进路径——基于不同人才与乡村振兴之间的内在逻辑》 | 李博 | 云南社会科学 | 2020 | 170 | 9220 |
| 6 | 《"互联网+"推动农村经济高质量发展的总体框架与政策设计》 | 马晓河；胡拥军 | 宏观经济研究 | 2020 | 158 | 4533 |
| 7 | 《数字乡村战略下农民数字化素养的价值内涵与提升路径》 | 常凌翀 | 湖南社会科学 | 2021 | 143 | 8577 |
| 8 | 《乡村振兴战略背景下新型职业农民培育的困境与出路》 | 孔韬 | 中国职业技术教育 | 2019 | 140 | 3256 |
| 9 | 《新型农业创业人才三维资本、创业环境与创业企业绩效》 | 王洁琼；孙泽厚 | 中国农村经济 | 2018 | 117 | 3608 |
| 10 | 《乡村振兴战略下新型职业农民从业素质提升研究》 | 杨艳丽；李丽；李冰 | 成人教育 | 2018 | 110 | 2292 |
| 11 | 《新农人现象与乡村人才振兴机制构建——基于社会与产业双重网络视角》 | 张慧泽；高启杰 | 现代经济探讨 | 2021 | 107 | 5591 |
| 12 | 《高素质农民培育政策的演变、效果与完善思路》 | 彭超 | 理论探索 | 2021 | 101 | 2925 |
| 13 | 《乡村振兴战略下新型职业农民职业教育与培训》 | 吴兆明；郑爱翔；刘轩 | 教育与职业 | 2019 | 100 | 2253 |
| 14 | 《乡村人力资本振兴：中国农民工回流意愿研究》 | 蒋海曦；蒋玲 | 四川大学学报（哲学社会科学版） | 2019 | 79 | 3668 |
| 15 | 《乡村振兴战略下农村职业教育的改革与创新发展》 | 孙莉 | 教育与职业 | 2018 | 75 | 2007 |
| 16 | 《乡村振兴背景下新型职业农民培育策略研究》 | 吕莉敏 | 职教论坛 | 2018 | 73 | 1767 |

续表

| 序号 | 文 献 名 | 作者 | 期刊 | 年份 | 被引用次数 | 下载次数 |
|---|---|---|---|---|---|---|
| 17 | 《乡村振兴背景下新型职业农民培育》 | 陈新忠；庹娟 | 教育与职业 | 2020 | 69 | 1455 |
| 18 | 《"新农人"引领中国农业转型的功能值得重视》 | 杜志雄 | 世界农业 | 2015 | 68 | 4987 |
| 19 | 《乡村振兴视域下新农人短视频带货的身体叙事——以快手五位短视频带货新农人为例》 | 马梅；姜淼 | 传媒观察 | 2021 | 68 | 1554 |
| 20 | 《乡村人才振兴视野下职业教育的功能定位及实践指向》 | 瞿连贵；石伟平；李耀莲 | 中国职业技术教育 | 2021 | 67 | 3057 |

### 三、文献作者与机构

采用CiteSpace软件绘制发文作者的共现可视化图谱，进而挖掘发文作者之间是否存在研究合作关系，有助于发现值得关注的科研人员。图2-2中的节点为每年发文量前50的作者，从图谱中不难看出，该研究领域形成了以西

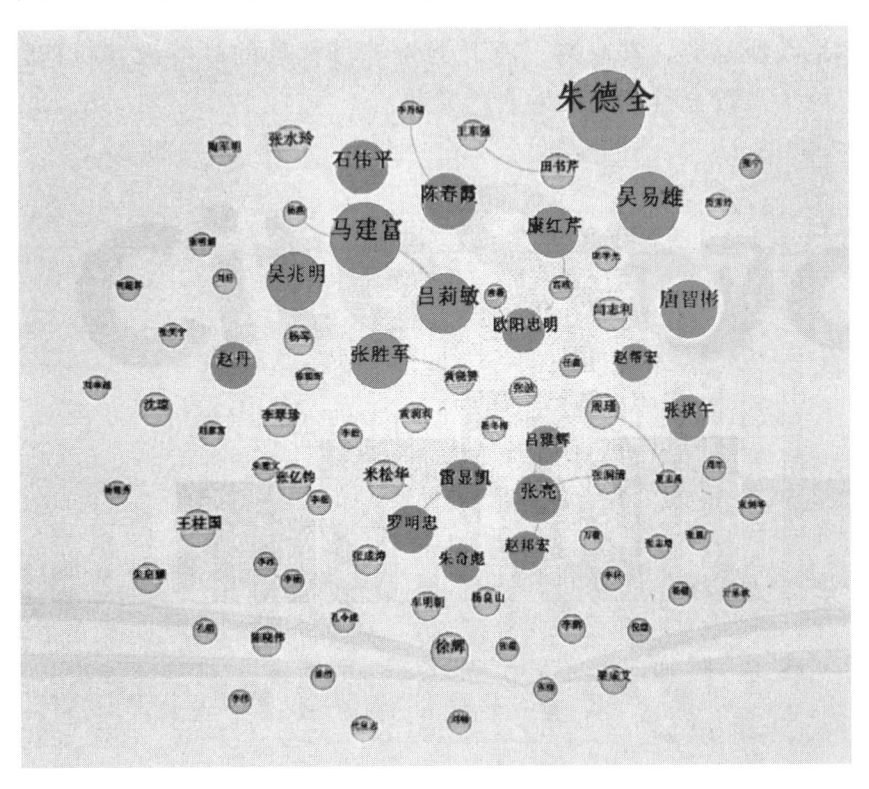

图2-2 2012—2024年乡村工匠理论研究领域发文作者共现图谱

南大学朱德全（26篇）、江苏技术师范学院马建富（11篇）和职业教育研究所唐智彬（6篇）等为核心的合作研究团队。这些作者的研究领域主要集中在教育学、职业教育学、农学、经济学、马克思主义理论等，跨学科的学者共同开展研究，有利于激发学术思想的碰撞，实现优势的互补。在该研究领域中，可以发现有大量零散发文作者，他们仅构成了少数几个核心的合作网络。通过深入分析作者共现关系，我们可以识别出领域内的关键人物以及作者间的合作关系。整体而言，研究者之间的合作网络呈现出分散的状态，尽管如此，仍有部分作者之间保持着较为紧密的合作关系。这些紧密的合作关系通常建立在导师与其指导的学生之间。为了推动该领域的进一步发展，未来有必要加强不同研究团队之间的联系与协作。

文章发表数量是衡量研究机构在某一领域研究基础和研究力量的重要衡量标准。选取研究机构作为共现分析对象，如图2-3所示为发文量达到或超过14篇的科研机构。可以看出以江苏理工学院、西北农林科技大学、河北农业大学等科研机构、院校为中心，形成若干个合作关系网。发文量较高的研究机构有：江苏理工学院（61篇）、西北农林科技大学（49篇）、河北农业大学（45篇）、中国农业大学（34篇）、西南大学（31篇）等。发文量较多的单位大多是以师范类、农业类、理工类为学科背景的高等教育机构，并且展现出农业科学与教育科学交叉融合的趋势。

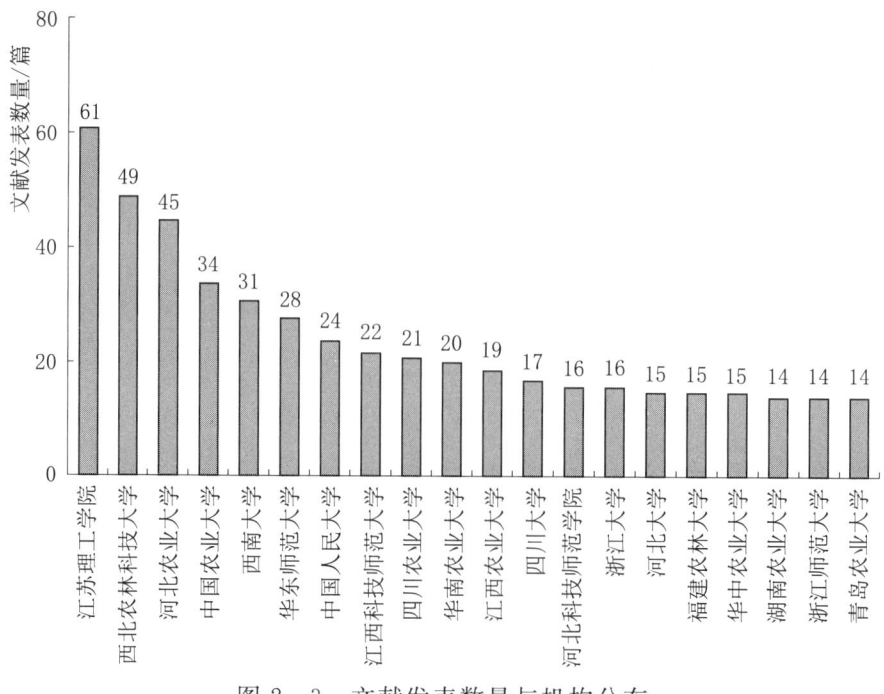

图2-3 文献发表数量与机构分布

## 四、发文期刊

通过对发表期刊及其刊载论文数量的分析，可以发现研究主题所依托的学科领域及其多样化的研究视角。《农业经济》（934 篇）、《成人教育与特殊教育》（715 篇）、《职业教育》（259 篇）、《政党及群众组织》（111 篇）、《人才学与劳动科学》（75 篇）、《宏观经济管理与可持续发展》（64 篇）、《新闻与传媒》（45 篇）等刊物所发表的生态旅游主题文章较多。相关研究涉及的主要领域有乡村振兴战略实施、乡村工匠和职业教育、身份认同与职业标准认定、农村电商以及行业合作伙伴关系等方面（图 2-4），这些领域体现了乡村工匠研究的多学科交叉、跨学科融合的特性，以及政策扶持与激励机制等方面的特征。

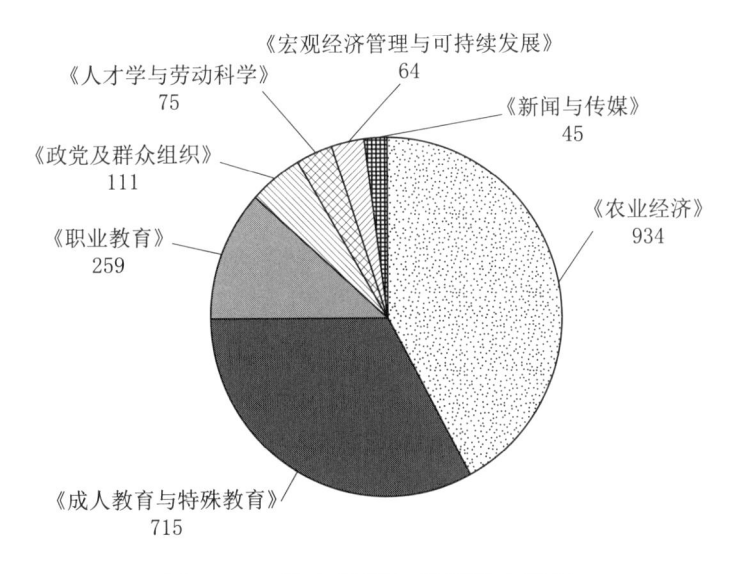

图 2-4 发文期刊与期刊发文数量

## 五、研究热点分析

关键词能够聚焦到每篇文献的研究重点。基于文献关键词构建的社会语义网络分析，是分析特定领域核心议题、研究视角及发展阶段的有效方法。本节通过 CiteSpace 知识图谱工具绘制关键词共现网络图谱，去除不相关的文献资料，导入 2005 篇文献数据，绘制作者合作网络、机构合作网络、关键词共现分析、聚类分析及突现词分析等，旨在进一步分析乡村工匠研究领域的热点与前沿趋势。如图 2-5 所示，图中的每个矩形节点代表一个关键词，其大小与该关键词的关注度成正比，从而反映出研究领域的热点。圆环从内圈到外圈，象征着文献发表的时间从早期至近期。节点间的连线表示关键词之间的共现关系，连线的粗细程度反映了共现频率，即连线越粗，表明两个关键词之间的关联性越强。同时，关键词的出现频率和中心性也是衡量其是否为研究热点的重要指标。"乡村振兴""职业教育""人才培养""农村""产教结合"等高频关键词相互交织，反映出学界较多关注乡村振兴、乡村工匠、职业教育、培育策略以及新型职业农民等领域；还有"乡村教育""新型职业农民""发展路径""现实困境"等高频关键词，表明有关乡村工匠的相关研究更倾向于理论体系构建，同时也逐步探索在乡村工匠培育的实践中遇到困境和路径研究。

图 2-5　2012—2024 年乡村工匠职业教育研究领域关键词共现图谱

本节还依据高频关键词的数量特征以及所反映内容的价值特征，表 2-2 中提取了频次在 4 次以上的高频关键词 21 个，这些高频关键词中，供给类的有职业教育、人才培养、人才振兴；需求类的有农村电商、共同富裕；产业及其发展类的有乡村振兴、产教融合、乡村建设、改革发展；理念与政策类的有发展路径、实现路径、精准扶贫等。这表明关于乡村工匠的研究已发展成为相对系统完善的研究体系。关于乡村人才振兴研究，包含新型职业农民，乡村工匠，新农人等研究已发展成为一个庞大且综合的体系，研究的视角、对象以及内容有明显的跨学科特征。该领域与乡村振兴、共同富裕、职业教育现代化发展中国家战略紧密相连，研究重点主要聚焦于乡村人才振兴的政策理论，培育路径，存在的困境等领域。然而，相较于实践应用，对乡村工匠培育的学术概念和理论层面的探索则相对不足。同样，乡村工匠培育标准体系的概念理论和实践探索方面也存在类似的不足。

表 2-2　　　　　　　　乡村工匠研究领域高频关键词

| 序号 | 关键词 | 出现次数 | 中心性 | 序号 | 关键词 | 出现次数 | 中心性 |
| --- | --- | --- | --- | --- | --- | --- | --- |
| 1 | 乡村振兴 | 272 | 0.9 | 11 | 发展 | 6 | 0.13 |
| 2 | 职业教育 | 101 | 1.15 | 12 | 价值取向 | 6 | 0.14 |
| 3 | 人才培养 | 19 | 0.41 | 13 | 人才振兴 | 5 | 0.41 |
| 4 | 农村 | 16 | 0.05 | 14 | 对策 | 4 | 0.1 |
| 5 | 产教融合 | 11 | 0.12 | 15 | 耦合 | 4 | 0.01 |
| 6 | 乡村教育 | 10 | 0.13 | 16 | 改革发展 | 4 | 0.03 |
| 7 | 发展路径 | 19 | 0.35 | 17 | 实现路径 | 4 | 0.07 |
| 8 | 共同富裕 | 7 | 0.04 | 18 | 困境 | 4 | 0.18 |
| 9 | 路径 | 7 | 0.19 | 19 | 实践困境 | 4 | 0.28 |
| 10 | 农村电商 | 7 | 0.2 | 20 | 精准扶贫 | 4 | 0.33 |

关键词聚类分析是指通过对样本进行归类，将关键词进行集合分组，侧重体现聚类之间的特性，突出关键节点及重要连结点，以此反映一段时间内的研究热点与主题。如图 2-6 所示，生成的关键词聚类图谱中共有 253 个共被引节点和 275 条共被引连线。图中共有 11 个聚类，结合标注词的权重、内容以及聚类叠加的表现情况，11 个聚类可主要归总为乡村工匠培育、职业农民培训、高职院校推动乡村技能人才培养、职业教育助力乡村振兴 4 个研究主题，展现出党的十八大以来乡村工匠培育的核心议题。

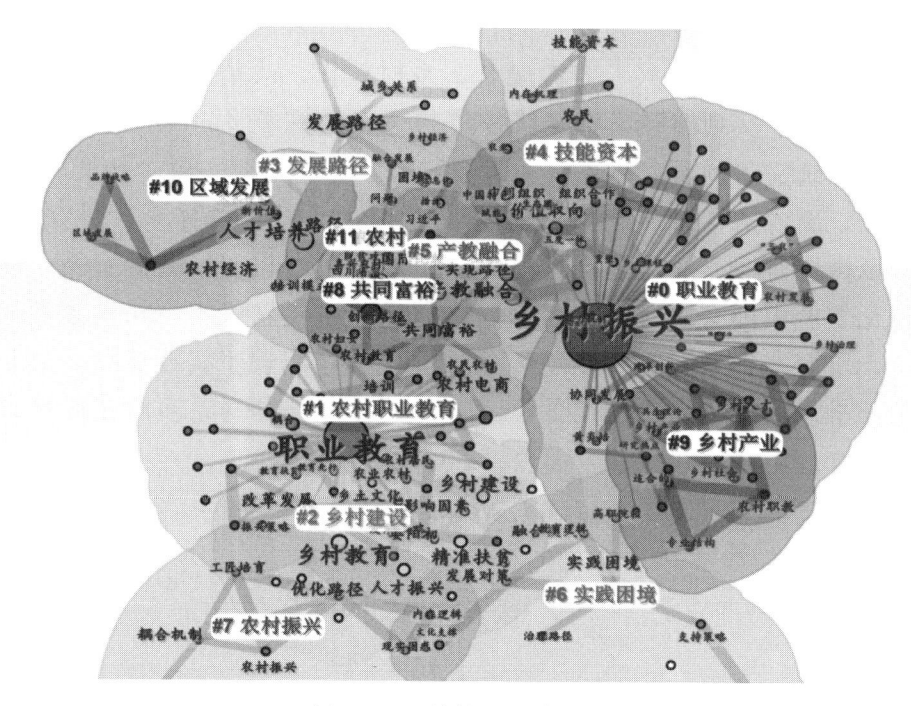

图 2-6 关键词聚类图

## 第二节　乡村工匠培养研究现状

乡村工匠与新型职业农民是传统乡村工匠与现代农业在新时代的继承与发展。与传统乡村工匠一样，乡村工匠与新型职业农民都是有技能、有知识、有创新、有潜力的乡村建设能手，他们大多是生于斯、长于斯的本土精英，热心乡村产业发展，凭借自身的技术、知识和创新等资源优势积极参与乡村建设，在推进乡村产业升级、实现乡村可持续发展方面扮演着重要角色。不同的是，乡村工匠与新型职业农民更加趋于多元化，人员构成更为广泛，而且参与乡村建设的方式更具多样性。鼓励、支持和引导乡村工匠与新型职业农民回归乡村建设，充分发挥乡村工匠与新型职业农民在乡村建设中的个体价值，不仅是对乡村产业发展需求的积极回应，而且对于强化乡村内生主体基础、创新现代乡村产业体系以及实现乡村全面振兴战略具有重要意义。

乡村工匠培育以培养"新型乡村建设人才"和"新农民群体"[1]为主要使命。乡村工匠的职业化发展为高职院校培育乡村工匠提供了可能，职业教育的普及化和跨领域特性为乡村振兴提供必要的人力支撑。乡村振兴和美丽乡村建设的战略发展，需要大批量的乡村建设的专业人才，坚守乡村的手工艺人、曾经转行的匠人、怀揣着返乡创业的技术人才有了新的"用武之地"。乡村工匠无论是从历史进程中对农业农村发展的作用，还是当前在乡村振兴战略发展中扮演的角色，政府和学术界都有必要进一步挖掘乡村工匠培养的内涵概念以及价值。本节紧密围绕乡村工匠、乡村振兴、新型职业农民和职业教育等核心概念，通过搜集、阅读、整理和分析国内外相关文献，对与乡村工匠培育密切相关的主题进行探讨，包括乡村工匠培育的历史发展轨迹；在乡村振兴战略下，乡村工匠培育政策的演变；职业教育与乡村工匠培育的协同发展；以及新型职业农民和新农人的相关问题。

### 一、乡村工匠培育的研究

1. 乡村工匠的历史渊源

尽管历史文献中对"乡村工匠"没有详尽的描述，但由于古代农业社会的特点，除了官方的手工业者外，工匠多为服务于乡村的手艺人。民间有

---

[1] 《中共中央 国务院关于实施乡村振兴战略的意见》．

"九佬十八匠"的说法，传统手工匠往往世代相传，一生专注于一种技艺，他们凭借自己的手艺在乡土社会中游刃有余，是民间社会中不可或缺的一部分❶。在春秋战国时期，齐国的宰相管仲在其著作《管子》中提到将"士农工商"四种不同身份的人实施分开居住并进行培养的做法，有单独在册的户籍，其中"工"指的就是"工匠"，也就是手工业者❷。乡村工匠在宗法伦理保守和"聚族而居"的乡村社会中成长，他们是"伴随着人类生产生活而藏于民间的木匠、铁匠、竹匠、银匠等，是孕育于乡村、耕耘于乡村、内涵于乡村的'民间艺人'"，他们集设计、制作、生产于一体，满足人们对物质生活需求的基本性，是农耕社会经济稳定发展的主要推动力。在现代社会，乡村工匠指的是从事和乡村有关的更高级的一种劳动，有着技艺专长的精益求精的乡村建设者。从职业教育的发展历史来看，工匠的培育经历了从传统学徒制、学校职业教育到现代学徒制的演变❸。

2. 乡村工匠的内涵概念

在学术界，对于工匠的定义和角色有着不同的观点。关于工匠的定义及分类有：余同元认为，工匠是指那些在手工业领域拥有专业技能的劳动者❹；郑美珍认为，我国古代技术创新的主体是工匠，在家庭手工业作坊、私营手工业作坊、手工工场中起核心作用❺；朱丹认为，我国乡村工匠可以分为三大类，即民间艺人、工艺类匠人和生产生活物品和用品的生活类手艺人。❻ 关于工匠精神的研究有：王力认为，工匠对所做的事情和生产的产品精雕细琢、精益求精、追求完美和极致就是工匠精神❼；孔宝根认为，高职院校通过认识工匠大师的作用、传输完整的产业链知识、邀请民间能工巧匠参与教学等实践途径培养工匠精神。❽ 关于乡村工匠和职业教育关系的观点有：韩英丽等认

---

❶ 邹其昌，李青青.《史记》的工匠文化观——中华工匠文化体系研究系列之八 [J]. 同济大学学报（社会科学版），2017（6）：59-61.

❷ 刘学良，路荣平. 从产业经济发展的角度考证我国古代职业教育的发源 [J]. 管子学刊，2006（3）：61-64.

❸ 唐洪鹏. 现代学徒制与学校职业教育对比研究 [J]. 中国成人教育，2015（10）：60-62.

❹ 余同元. 传统工匠及其现代转型界说 [J]. 史林，2005（4）：57-66，124.

❺ 郑美珍. 工匠是我国古代技术创新的核心主体简论 [J]. 南通纺织职业技术学院学报，2014，14（4）：28-31.

❻ 朱丹. 乡村传统手艺人的生存博弈——以浙江台州S村为个案 [D]. 武汉：华中科技大学，2009.

❼ 王力. 呼唤工匠精神 [J]. 施工企业管理，2015（5）：100.

❽ 孔宝根. 高职院校培育"工匠精神"的实践途径 [J]. 宁波大学学报（教育科学版），2016（5）：53-56.

为，高等院校应用型人才培养中要用宣传教育引领工匠精神价值观的形成、课程体系要辅助工匠精神落地、创新创业教育要诠释工匠精神精髓[1]；叶桉等认为，要将红色文化有机融入职业院校德育和素质教育工作中，为培育具有当代工匠精神的"大国工匠"寻找新的途径[2]；余同元认为，从历史维度看，乡村工匠的传承发展与手工业的发展具有高度统一性和内在关联性，同时也与职业教育的变革发展有着紧密关系[3]。

3. 乡村工匠的蕴含价值

乡土社会中传统工匠的价值内涵不容忽视，他们既吸收了农村的过剩劳动力，也提高了农民的经济收入。何康在其1935年发表于《纺织周刊》的文章中提出，在近代之前，中国农民的耕地非常有限，因此几乎所有农民都从事副业，即农村的农民与各行业的手工艺者实际上是密不可分的[4]。随着西方技术的传入，农村手工业进入了"半工业化"的新阶段，这一变化标志着传统工匠命运的首次重大转变[5]。从新中国成立到改革开放之前，农业集体化和手工业社会主义改造的实施，带来了乡村工匠的命运发生了第二次重大转变。研究表明手工业的改造实际上是工匠技能控制权的被动转移，同时有研究认为集体化为技艺的传播提供了条件[6]。总体来看，从近现代手工业的半工业化到20世纪80年代的去集体化，传统乡村工匠的命运经历了多次重大变革。改革开放以来，随着市场化和城市化的推进，中国乡村社会的劳动、就业、农业、生活和教育状况发生了根本性的变化。一方面，一些传统工匠的消失已成为不可避免的趋势[7]；另一方面，城镇化快速发展和数字经济时代的到来为乡村工匠带来了新的挑战和机遇。

4. 乡村工匠、新型职业农民、新农人的政策演变

乡村工匠是乡村人才振兴的重要组成部分，深入分析我国乡村建设人才

---

[1] 韩英丽，等. 论应用型人才培养中的工匠精神培育[J]. 湖北第二师范学院学报，2016（6）：91-94.

[2] 叶桉，等. 略论红色文化与职业院校当代工匠精神的培育[J]. 职教论坛，2015（12）：62.

[3] 余同元. 传统工匠现代转型及其历史意义[J]. 鲁东大学学报（哲学社会科学版），2020（5）：111-115.

[4] 何康. 我国今日之经济地位[J]. 纺织周刊，1935（4）：3-5.

[5] Robert P. Gardella. Economic Imperialism in China：Silk Production and Exports，1861—1932 [J]. Berkeley：Institute of East Asian Studies，1986：49-53.

[6] 艾约博. 以竹为生：一个四川手工造纸村的20世纪社会史（1920—2000）[M]. 韩巍，译. 南京：江苏人民出版社，2017.

[7] 唐锡海. 职业教育培育乡村工匠：历史演进、意蕴与规定性[J]. 河北大学学报（哲学社会科学版），2023，48（6）：20-30.

政策的发展脉络，探究当前乡村建设人才培养政策的演变逻辑，以及职业院校如何在政策框架下更有效地参与乡村工匠的培养，对于推动乡村振兴战略的全面实施和提升职业教育的适应性具有重要的现实意义。

随着市场经济的快速发展和农业农村现代化的稳步推进，加之数字经济的创新发展，共同促进了乡村产业结构的优化升级。这一进程推动了农业与现代产业要素的跨界融合，作为农业农村发展主体的农民，经历了从"传统农民"到"职业农民""新型农民""新型职业农民""乡村工匠"，以及当前"数字经济"背景下"新农人"的演变，在身份界定、社会地位以及参与乡村建设的方式等方面发生了显著变化。

（1）农民概念的提出。最早基于户籍管理体制的改革，1958年《中华人民共和国户口登记条例》中提出农民的概念，即"传统农民"或"身份农民"，职业流动性低。

（2）职业农民概念的提出。为了推进农业产业化、农业专业化的进程，2005年在《关于实施农村实用人才培养"百万中专生计划"的意见》中提出相似称谓"专业农民"。

（3）新型农民概念提出。基于新农村建设、城镇化建设，2006年中央一号文件《关于推进社会主义新农村建设若干问题的建议》提出新型农民的概念，之后，《中共中央扎实推进社会主义新农村建设的若干意见》、党的十七大报告、《关于加快发展面向农村的职业教育的意见》等政策文件提及了新型农民及其培育问题。

（4）新型职业农民的概念完善。基于"四化"同步发展，2012年中央一号文件《关于加快推进农业科技创新持续增强农产品供给保障能力的若干意见》首次提出新型职业农民的概念，《新型职业农民培育试点工作方案》、《新型职业农民培育试点工作的指导意见》、"十三五"规划纲要、2013—2018年中央一号文件、《"十三五"全国新型职业农民培育发展规划》等相关重要文件的出台，标志着新型职业农民这一称谓趋向稳定。

5. 乡村工匠概念提出及培育政策的逐渐完善

农业供给侧结构性改革、乡村振兴战略背景下，2017年中央一号文件《关于深入推进农业供给侧结构性改革加快培育农业农村发展新动能的若干意见》首次提出乡村工匠的概念，并于2017—2022年间国家出台系列政策文件，指出要扶持和培育乡村工匠，将乡村工匠纳入了"新农民"群体，"农村能工巧匠"可视为对"乡村工匠"概念的延伸，同时强调培育乡村工匠的重要性，凸显乡村工匠的社会地位。我国乡村工匠培育政策从理论探讨走向了实践操作，标志着我国乡村工匠培育政策的基本成熟。

6. 新农人概念的提出

最早在清华大学新闻研究中心与新浪微博数据中心联合发布的《2014新农人微博研究报告》中提出新农人的概念。随着互联网技术升级和物联网快速发展，农业现代化发展进入了智慧农业的全新阶段。2015年全国两会期间，由全国人大代表提交设立"全国新农人日"的建议，引起热议。2020年党"中央一号文件"再次强调了智慧农业是农业发展的根本出路。2024年中央一号文件强调，要以新质生产力引领农业强国建设，强化农业科技人才和农村高技能人才培养使用。

## 二、乡村工匠培育问题及路径研究

伍慧玲强调了农业供给侧结构性改革背景下，乡村工匠在美丽乡村建设中的重要性及当前乡村工匠缺失导致的一系列问题，并提出高职院校通过校村合作、教学改革等措施构建乡村工匠培育体系，为高职院校培育乡村工匠提供了具体路径和政策建议[1]。毕树沙强调了乡村工匠作为乡村文化守护者和特色产业生产者的独特价值，指出队伍规模不足、技艺水平有待提升等问题，并建议建立认定和回流机制、实施职业教育计划等措施来壮大和提升乡村工匠队伍[2]。姜乐军等系统地梳理了中国乡村工匠培育的政策发展，并探讨了其在乡村振兴战略中的内在逻辑和重要性，提出了职业院校在培育乡村工匠方面的具体路径，包括确立服务乡村振兴的功能定位、加强专业建设和创新培养模式，为职业院校助力乡村工匠培育提供了理论支持和实践指导[3]。程洁提出了高职院校通过培养方式、教学内容和教学方式的创新来加强乡村工匠的培育，明确了各级政府在培育乡村工匠过程中的政策支持和资金保障责任，为高职院校培育乡村工匠提供了理论依据和实践指导[4]。邓晓宇等针对农村职业教育在培育乡村工匠过程中遇到的挑战进行了深入分析，指出了包括管理体系不健全、培育体系与工匠特性不契合、乡村人民参与意愿低等问题，针对这些问题提出系列解决方案，包括建立更加完善的培养机制、构建与工匠

---

[1] 伍慧玲. 农业供给侧改革下高职院校培育乡村工匠研究[J]. 农村经济，2018（2）：111-115.
[2] 毕树沙. 培育乡村工匠助推乡村振兴：价值、问题与路径[J]. 岳阳职业技术学院学报，2024，39（2）：60-63.
[3] 姜乐军，马海燕. 我国乡村工匠培育的政策演进、内在逻辑与路径选择[J]. 教育与职业，2023（15）：97-102.
[4] 程洁. 乡村振兴战略下高职院校培育乡村工匠的路径与保障[J]. 中国职业技术教育，2019（3）：74-78.

特性相适应的新培训体系，以及发展以育人为核心的新理念❶。唐锡海等探讨了在乡村振兴战略背景下，职业教育与乡村工匠培育的耦合发展路径包括增强职业教育内生动力、政府统筹、行业企业资源整合以及社会大众共识等，为职业教育与乡村工匠培育的结合提供了新的视角和实践指导❷。

综上所述，可以看出乡村工匠的培育是一个系统工程，涉及政策支持、教育改革、文化传承等多个方面。高职院校和职业院校在这一过程中扮演着至关重要的角色，需要通过创新教育模式、加强专业建设、提升教育质量等措施，为乡村工匠的培育提供坚实的基础。同时，政府的政策支持和资金保障也是不可或缺的，需要各级政府明确责任，为乡村工匠的培育提供必要的条件。此外，乡村工匠的培育还需要社会各界的共同参与和支持，形成合力，共同推动乡村振兴战略的实施。

## 三、乡村工匠培育与职业教育研究

### （一）职业教育助力乡村振兴发展研究

近年来，学术界对职业教育在促进乡村振兴方面的作用进行了广泛研究，主要聚焦于三个核心领域。首先，研究者们探讨了职业教育与乡村振兴之间的逻辑联系，比如朱德全等❸提出应建构"跳出来""走下去""融其中"为核心的"融其中"逻辑主线；梁裕等认为培养乡村人才技能是逻辑起点，不断优化专业结构和人才培养规格是逻辑动力，最终目标是培育具有深厚"三农"情感的技术技能人才❹。其次，不少研究者揭示了职业教育在服务乡村振兴过程中遭遇的挑战。田真平等指出，职业教育的人才培养模式过于单一，难以满足乡村振兴的多元化人才需求❺；邱金林等认为，农业产业链与人才培养的全面对接尚未实现，农业人才的成长路径需要进一步构建❻；祁占勇等提出，

---

❶ 邓晓宇，董晓璇. 农村职业教育助力乡村工匠培育的困境与路径 [J]. 宁波职业技术学院学报，2024，28（4）：79-86.

❷ 唐锡海，董晓璇. 乡村人才振兴背景下职业教育与乡村工匠培育的耦合发展 [J]. 当代职业教育，2023（3）：30-37.

❸ 朱德全，王志远. 协同与融合：职业教育服务乡村振兴的逻辑理路 [J]. 陕西师范大学学报（哲学社会科学版），2021，50（5）：114-125.

❹ 梁裕，韦大宇. 职业教育服务乡村产业振兴的内在逻辑、实践困境与实现路径 [J]. 教育与职业，2021（22）：35-40.

❺ 田真平，高鹏. 职业教育助力乡村产业振兴的实践困境和服务模式 [J]. 教育与职业，2021（9）：5-10.

❻ 邱金林，韦家旭. 乡村振兴背景下农村职业教育的困境与转型 [J]. 教育与职业，2021（16）：85-89.

由于职业教育培养的大学生不愿留在农村，以及农村人口向城市转移就业，导致乡村人才建设面临"空心化"问题[1]。最后，学者们提出了职业教育助力乡村振兴的创新途径。如韦妙等指出应完善乡村优质职教师资补充机制，填补非认知能力培养短板，重视人力资本长期投资，支撑终身学习型科技人才生涯全程[2]；杨莉娟等提出通过建立数字化人才培养模式、亲农型质量评价体系、点群式校地职教联盟和集团化县域产教综合体，以推动农村职业教育高质量发展[3]；朱忠义等主张建立学校、乡村和企业之间的产教融合关系，通过专业群内部的跨专业资源共享和复合型人才培养，满足乡村振兴产业融合发展的需求[4]。

## （二）职业教育与乡村工匠培育的耦合发展

乡村工匠培育对于打造美丽乡村的重要性日益凸显，已成为农村人才培养的新趋势。然而，高职院校在培养乡村工匠以及培育符合我国美丽乡村建设需求的专业人才方面，仍需进一步地探索和研究。现代职业教育中的学徒制属于传统职业教育的范畴，而学校职业教育与现代学徒制则归类于现代职业教育。职业教育与乡村工匠培养的结合并非偶然，而是在历史和现实逻辑的支撑下自然而然的结果。在农业社会中，随着手工业从农业中分离，职业教育与乡村工匠培养的关系变得密不可分，这一点在职业教育的发展变革与人类技术生存方式的转变中表现得尤为明显。在传统农业社会，学徒制是培养乡村工匠的主要途径。然而，在工业化社会中，现代职业教育主要聚焦于为经济社会培养技术技能人才，并未继续承担乡村工匠的培养任务。随着工业化和城市化的加速，乡村手工业经济逐渐衰退，传统的乡村工匠几乎消失，学徒制也渐渐淡出人们的视线。但在乡村振兴和传统手工艺复兴的背景下，乡村工匠的时代价值被重新认识，乡村工匠的培养再次成为职业教育的重要议题。

乡村工匠与职业教育的紧密结合是乡村振兴战略中的关键议题。这些工匠不仅是乡村工艺的传承者，也是乡村文化的守护者，他们的技艺和文化传

---

[1] 祁占勇，王志远. 乡村振兴战略背景下农村职业教育的现实困顿与实践指向 [J]. 华东师范大学学报（教育科学版），2020，38（4）：107-117.

[2] 韦妙，刘小艳，谯欣怡. 职业教育助力乡村人才振兴：价值定位、现实困境与行动路向 [J]. 职教论坛，2024，40（2）：5-14.

[3] 杨莉娟，谭福河. 职业院校赋能农村职业教育高质量发展的内涵、困境及破解路径 [J]. 教育与职业，2023（14）：85-90.

[4] 朱忠义，郭广军，周凌博. 高职教育产教融合赋能乡村振兴战略的问题与推进策略 [J]. 教育与职业，2021（15）：12-18.

承对于推动乡村振兴具有重要的现实意义。职业教育在培育乡村工匠方面发挥着核心作用,通过改革培养模式、教学内容和教学方法,增强了对乡村工匠的培养力度。张驰在其研究中深入分析了职业教育与乡村工匠培养之间的耦合关系,强调了乡村工匠在推动农村产业升级和现代化建设中的关键作用,指出尽管职业教育在培育乡村工匠方面具有明显优势,但当前培育体系仍面临生源危机、培训定位不清晰、方式固化和制度环境待优化等问题。为此,提出了重新定位职业教育、采用多样化培训模式、提升培育活动吸引力和完善评价机制等优化路径,以期提高乡村工匠培育质量,满足乡村振兴的人才需求,并充分发挥工匠在乡村发展中的重要作用[1]。综上所述,职业教育与乡村工匠的耦合关系是实现乡村振兴战略的关键,需要政府、教育机构和行业企业的共同努力,通过政策支持、教育创新和产业合作,培养出既懂技艺又懂市场的乡村工匠,以推动乡村经济和文化的发展。

---

[1] 张驰. 农村人才振兴背景下职业教育与乡村工匠培育的耦合发展[J]. 农村经济与科技, 2023, 34 (20): 264-267.

## 第三节 职业教育乡村人才培育研究

### 一、新型职业农民培育研究

2012年,中央一号文件首次提出"大力培育新型职业农民"的概念。自此,"新型职业农民"迅速成为中国理论研究和实践中的流行名词和讨论热点。自2012年起,以"新型职业农民"为主题的相关研究在中国知网的检索量显著增加。多数研究在应然层面侧重于政策解释和理论阐述,同时结合农业现代化、人口老龄化、新型城镇化等时代背景进行探讨。研究聚焦于规范性研究,探讨新型职业农民的标准、规范和政策建议,以及经验性研究,旨在总结和分析新型职业农民的实际案例和实践经验。

#### (一)关于新型职业农民规范性概述研究

1. 对新型职业农民来源的研究

这一群体的重要来源包括传统农民、农村两后生、返乡农民工、留守妇女以及有志从事农业的劳动群体。例如,朱启臻等提出,新型职业农民主要是从传统农民中发展而来的[1]。而蒋平则持有不同观点,他认为新型职业农民是一种个人自愿选择的职业路径,任何人均有"自由选择"成为新型职业农民的可能性[2]。

2. 对新型职业农民的内涵和特征的研究

这一概念近年来逐渐引起学术界的关注,但在现有文献中,对这一领域的专门论述仍相对匮乏。魏学文和刘文烈两位学者较早地界定了新型职业农民的基本内涵,并清晰地阐述了他们与传统农民之间的区别[3]。更多研究强调了培养新型职业农民的重要性和迫切需求,这一概念并非突然产生,而是与特定的时代背景紧密相连。研究主要聚焦于"新型"和"职业"这两个核心词汇,普遍观点认为新型职业农民与传统的继承制农民不同,他们不仅拥有知识、擅长经营、懂得管理,而且还具备深入市场、追求最大化收益的职业特质。简而言之,新型职业农民是知识型农民与市场导向型职业农民的融合体。例如,曾一春认为新型职业农民是新型农民与职业农民的有机结合,既

---

[1] 朱启臻,闻静超. 论新型职业农民及其培育[J]. 农业工程,2012,2(3):1-4.
[2] 蒋平. 新型职业农民培育的几点思考[J]. 农民科技培训,2012(4):6-8.
[3] 魏学文,刘文烈. 新型职业农民:内涵、特征与培育机制[J]. 农业经济,2013(7):73-75.

具备现代农业的技术和管理能力，又在职业素养和市场意识上有显著提升[1]。郭智奇等提出，新型职业农民已经突破了传统农民角色的局限，成为具有理性思考能力的个体[2]。很多研究者通过分析当前的社会背景，如人口老龄化背景[3]和新型城镇化现象[4]等，进一步强调了培育新型职业农民的重要性；部分研究者不仅仅停留在对宏观政治经济趋势的泛泛分析，而是深入探讨了农业现代化的理论框架，以揭示传统农民向新型职业农民转变的深层次路径。朱启臻和胡方萌对培养新型职业农民所需的关键环境因素进行了明确，他们指出，土地制度、农业组织架构、政府的扶持与服务以及农民教育体系是促成新型职业农民成长的关键环境要素[5]，金绍荣与肖前玲专注于分析地方政府在培养新型职业农民中的作用、面临的挑战以及可能的解决方案[6]。此外，黎家远的研究重点放在了财政支持体系在新型职业农民培育中的作用[7]。总体而言，这些研究大多从宏观层面着手，倾向于从高层政策的角度进行广泛的讨论；而深入结合具体理论框架来分析新型职业农民群体的情况则相对较少。

3. 对新型职业农民特征的研究

学者们从多个角度探讨了新型职业农民的基本特征，尤其关注其与传统农民和兼业农民的区别，以及新型职业农民应具备的基本素质。例如，庄西真从现代农业发展的角度分析，认为新型职业农民群体具有以下特点：以市场为导向、专业化操作、规模化经营以及高素质人才[8]。郭智奇等提出，新型职业农民与常规农民的一个关键区别在于他们拥有选择职业的自由[9]。朱启臻等指出，与兼职农民不同，新型职业农民展现出较高的职业稳定性和强烈的

---

[1] 曾一春. 完善制度设计强化实践探索[J]. 农机科技推广，2012（7）：10-13.

[2] 郭智奇，齐国，杨慧，等. 培育新型职业农民问题的研究[J]. 中国职业技术教育，2012（15）：7-13.

[3] 胡小平，李伟. 农村人口老龄化背景下新型职业农民培育问题研究[J]. 四川师范大学学报（社会科学版），2014（3）：57-62.

[4] 刘阳，胡晶. 新型城镇化中的新型职业农民教育[J]. 黑龙江社会科学，2014（5）：82-85.

[5] 朱启臻，胡方萌. 新型职业农民生成环境的几个问题[J]. 中国农村经济，2016（10）：61-69.

[6] 金绍荣，肖前玲. 新型职业农民培育：地方政府的角色、困境及出路[J]. 探索，2015（3）：108-112.

[7] 黎家远. 新型职业农民培育中的财政支持问题研究——以四川省为例[J]. 农村经济，2015（5）：113-117.

[8] 庄西真. 从农民到新型职业农民[J]. 职教论坛，2015（10）：23-28.

[9] 郭智奇，齐国，杨慧，等. 培育新型职业农民问题的研究[J]. 中国职业技术教育，2012（15）：7-13.

社会责任感❶。王乐杰和陈春霞等参考了管理学领域的胜任力素质模型,从而开发了针对新型职业农民的素质模型❷❸。

4. 对新型职业农民职业资格的研究

我国在新型职业农民的职业认证标准方面尚处于初步阶段,而在一些工业化国家,如德国、法国、英国和加拿大,已经建立了成熟的职业农民资格认证体系,见表2-3。以德国为例,该国为不同级别的职业资格证书制定了相应的政策,并由相关行业协会监管职业农民认证机构,负责对农场主、农业工人以及培训教师进行资格认证和管理工作。

表2-3  发达国家职业农民职业资格等级证书制度❹

| 国家 | 证书类(级)别 | 获取要求 | 从业资格 |
| --- | --- | --- | --- |
| 德国❺ | 1级学徒工证书 | 结业考试 | 不能从业 |
|  | 2级专业工证书 | 学徒工证书+3年农业职业教育+结业考试 | 可以从业 |
|  | 3级师傅证书 | 专业工证书+1年农业职业教育+专科考试 | 独立经营农场、招收学徒 |
|  | 4级技术员证书 | 师傅证书+2年农业职业教育+专科考试 | 技术员、领导 |
|  | 5级工程师证书 | 技术员证书+附加考试+高等农业院校进修+毕业考试 | 农业工程师 |
| 法国❻ | 农业教育证书 | 3~5年的农业实践+200小时专业培训 | 获得国家补助 |
|  | 农业专业证书 | 680~920小时专业培训 | 独立经营农场 |
|  | 农业技术员证书 | 2年专业培训 | 技术服务 |
|  | 高级技术员证书 | 2~3年专业培训,农业专科学历 | 指导农场经营 |

---

❶ 朱启臻,闻静超. 论新型职业农民及其培育[J]. 农业工程,2012,2(3):1-4.

❷ 王乐杰,沈蕾. 城镇化视阈下的新型职业农民素质模型构建[J]. 西北人口,2014,35(3):90-95,101.

❸ 陈春霞. 新型职业农民胜任素质模型构建及培育路径研究[D]. 上海:华东师范大学,2019:68.

❹ 李宏伟,屈锡华,杨淑婷. 西方发达国家职业农民认定管理的经验及启示[J]. 世界农业,2016(3):39-43.

❺ 朱英霞. 德国新型农民培育经验对我国农村区域经济协调发展的启示[J]. 中国市场,2019(9):35-36.

❻ 胡静,闫志利. 中外新型职业农民资格认定标准比较研究[J]. 职教论坛,2014(10):57-58.

续表

| 国家 | 证书类（级）别 | 获取要求 | 从业资格 |
|---|---|---|---|
| 英国[1] | 农业技术教育证书/农业职业培训证书 | 一定范围从事常规可预测的工作 | 半熟练工 |
| | | 较大范围从事复杂非常规工作 | 熟练工 |
| | | 广泛从事复杂非常规工作 | 技术员/初级管理人员 |
| | | 广泛从事复杂、专业、多变的工作 | 高级技术员/中级管理员 |
| | | 独立运用基本原理和复杂技术 | 高级工程师/高级管理员 |
| 加拿大[2] | 农业生产技术员 | 独立完成种养殖的程序和规范 | 独立经营农场 |
| | 农业生产指导员 | 具有较强的综合判断和评估能力 | 指导农场经营 |
| | 农业生产管理员 | 协调管理农业生产、营销和日常财务工作 | |

### （二）关于新型职业农民经验型的研究

1. 在探讨国外职业农民教育和培养经验方面

李国祥和杨正周指出，培养新型职业农民是美国2012年农业法案的关键议题，该法案通过能力提升、农业参与、补贴和信贷等措施来培养新型职业农民，以巩固美国的农业优势。他们建议参考美国的经验，通过改善农村基础设施和生活条件，鼓励年轻人投身农村，加强职业教育培训，并为职业农民提供优惠政策[3]。倪慧等对法国职业农民教育体系进行了分析[4]。法国主要通过建立"农业教育体系"，涵盖了从基础到高端的多层次教育形式，旨在全方位培养职业农民。其中，高等农业教育主要由高等专科学院负责实施，注重实用技能的培养，既有公立院校也有私立机构参与，为学生提供了多样化的选择空间。这类教育致力于培养高级农业机械设计师、园艺师等高端人才，使他们能够应对现代农业发展的需求。在中等农业职业技术教育方面，该体系提供了两种不同的学习路径。对于高中毕业生，提供为期两年的课程；而对于初中毕业生，则提供更为系统的三年课程。此外，还设有专门针对农业生产经营者的短期培训项目，以满足不同层次的学习需求。法国政府对这一

---

[1] 李宏伟，屈锡华，杨淑婷. 西方发达国家职业农民认定管理的经验及启示[J]. 世界农业，2016（3）：39-43.

[2] 马建富，吕莉敏，陈春霞. 职业教育视阈下的新型职业农民培育研究[M]. 北京：科学出版社，2015.

[3] 李国祥，杨正周. 美国培养新型职业农民政策及启示[J]. 农业经济问题，2013，34（5）：93-97，112.

[4] 倪慧，万宝方，龚春明. 新型职业农民培育国际经验及中国实践研究[J]. 世界农业，2013（3）：134-137.

教育体系实行严格的预算管理，确保其健康稳定地发展。教育内容不仅包括传统的农业生产、加工、管理和服务业知识，还涵盖了畜牧业保护、土地整治、环境保护以及森林养护等多个领域，体现了对农业可持续发展的高度重视。

2. 在职业农民培育的问题与对策分析方面

国家近年来大力倡导新型职业农民的培育，然而，由于各地政策存在差异，这一过程中仍面临诸多问题。针对职业农民培育对策的研究主要集中在两个方面：一是构建农民培育的制度基础，二是完善具体的培育措施。首先，学者们普遍认为，应建立城乡人才双向流动机制和农业职业准入制度，以保障职业农民的培养和发展。例如，朱启臻提出建立"职业农民培育工程"，旨在为新型职业农民提供系统化培训和支持[1]。殷瑛通过建立职业准入制度、改革农村教育体系、加大政策支持和立法力度，构建"三位一体"的职业农民教育模式[2]。张桃林则在2012年强调了农业经营资格准入的重要性，他建议实行农民资格考试，确保农业资源由高素质农民经营[3]。此外，还有学者提出要完善农村土地市场，加快土地合理流转，并构建政府主导的职业农民培育模式，以促进农业现代化进程。这些研究和建议为新型职业农民的培养提供了理论依据和实践指导。其次，构建一套完善的教育和培训体系。莫广刚和张治霆在研究中强调，在培养职业农民的过程中，要确保培训内容与农民的实际需求相匹配，必须先进行农民需求的调查研究以及对他们所从事产业的实际情况进行调研[4]。李金文认为我国农民的科技和文化素质普遍不高，与现代农业的发展以及农村的实际需求存在较大差距，认为通过建立新的职业农民培训体系和模式，提高职业农民的素质，可以有效解决限制我国现代农业发展和新农村建设的人力资源问题，并建议建立一个有统一领导和统筹规划的培训体系，积极尝试"订单式"培训模式，并充分利用农业高校和科研机构专家的培训和示范作用[5]。郭智奇和齐国在2012年的研究中强调，为了更好地培养职业农民，需要强化相关的支持政策和措施。这包括加速推进农民职业教育的立法进程、明确政府的角色和责任、优化工作流程和机制、增加财政投入以及提升教育培训设施。另外，周一波等认为可以建立农民科技教

---

[1] 朱启臻. 建立良性机制 培养现代化职业农民 [J]. 农村工作通讯, 2011 (21): 28.
[2] 殷瑛. 职业农民教育培养模式的构建 [J]. 职业技术教育, 2009, 30 (28): 62-66.
[3] 张桃林. 培育新型职业农民将伴随农业现代化发展全过程 [J]. 农民科技培训, 2012 (5): 4-7.
[4] 莫广刚, 张治霆. 浅谈职业农民的培养 [J]. 中国农学通报, 2013, 2 (14): 98-102.
[5] 李金文. 基于现代农业发展的职业农民培训体系构建研究 [J]. 农业经济, 2007 (11): 21-22.

育培训中心,并建议从职业农民培训预算中划拨10%的资金,专门用于体系构建,包括培训中心的基础设施建设、教师培养和人员交流等费用❶。

3. 在国外相关研究现状方面

国际研究中,关于职业农民的探讨主要集中在人力资本投资这一领域,重点在于职业农民的培养。这些研究主要探讨农村人力资本投资如何促进农村经济的发展以及提高农民个人收入。具体来说,研究涉及以下几个方面。

一是关于新型职业农民培训的理论基础研究。在那些农业现代化水平较高的国家,职业农民的教育和培训受到了普遍的重视,并且在这一领域的研究中积累了大量的理论和实践知识。学者们普遍从经济学的人力资本理论出发,探讨农民培训议题,他们认为农村经济发展和农业现代化的核心在于增强农村劳动力的人力资本。例如,包括英国的经济学先驱亚当·斯密、德国杰出的经济学家弗里德里希·李斯特以及德国农业科学家冯·杜能在内的多位学者。在这些学者中,美国经济学家西奥多·W. 舒尔茨尤其具有影响力,他在著作《改造传统农业》中提出,提升农民素质对于转型传统农业至关重要。他强调,通过教育和培训提高农民的现代科学素养,使他们能够掌握和运用新的生产要素,是农业国家转型传统农业的关键策略❷。约翰·冯·杜能将教育视为社会问题的核心,坚信对农民的教育和培训是提升农业劳动生产率和增加产出的关键因素。❸

二是农民教育和培训的重要意义。经济学界的重要人物 Alfred Marshall 在1920年提出,最有益的投资是那些对人自身的投资。他强调市场无法完全弥补个人教育投资的不足,因此政府在教育投资中扮演着至关重要的角色。政府通过增加教育投资总额,提高职业技术水平,从而推动经济增长。另外,Van Crowder 在1998年通过实证研究分析了农业职业教育在减少农民贫困和促进农村经济改善方面的积极影响。经济学家 Schultz 在2002年的研究中提出,教育水平与劳动生产率之间有着明显的正相关关系,人力资本是推动农业增长的重要动力,而职业农民的教育是转变传统农业的关键因素之一。Wallce 在2006年也提出,职业农业教育是现代农村发展的关键要素,他强调通过增强对农民的教育和完善培训体系,可以促进农业的发展。因此,全球

---

❶ 周一波,储健. 构建新型职业农民培育机制的探索[J]. 江苏农村经济,2012(8):61-63.
❷ [美]西奥多·W. 舒尔茨. 改造传统农业[M]. 梁小民,译. 北京:商务印书馆,2013:167.
❸ [德]约翰·冯·杜能. 孤立国同农业和国民经济的关系[M]. 吴衡康,译. 北京:商务印书馆,1986:14.

学者积极投身于农民教育和培训的研究工作。Van Crowder 在 1997 年提出，农业职业教育培训课程需要改革，以适应市场需求，同时确保粮食安全和解决农村贫困问题。Zinnah 在 2008 年强调，农业课程的设置应紧密结合农业从业者的利益和培训需求，只有在进行全面评估后，才能确保培训体系与农村发展相适应。Bennell 在 2008 年的实证分析中发现，一些农业技能培训内容与农业的实际就业市场脱节，未能有效满足农民的实际技能需求。农民培训的反馈渠道不够畅通，导致难以收集到及时的培训建议。此外，缺乏动态的课程评审和更新机制。因此，农业培训项目必须依据当前农业发展状况和实际需求来设计和实施农业技能课程。

三是关于新型职业农民培训的模式研究。研究领域主要涵盖：一是国外模式：专家们通过分析国外农民教育和培训的模式，归纳出了三种具有代表性的模式（详见表 2-4）；二是实践模式：各地区遵循中央和地方的政策指引，进行了积极的探索和实践，发展出众多具有代表性的新型职业农民培养模式。例如，上海浦东新区实施的"2+1+X"培养模式[1]、浙江湖州推行的"七位一体"模式，江苏太仓实行的校地联动教产衔接模式，以及安徽针对青年农场主的培养模式[2]等；三是理论模式：学者们通过分析不同实践模式的特点，并依托特定理论框架，构建了理想的教育培训理论模型。例如，田书芹和王东强通过对比"校园结合田园""学历融合技能""中职衔接高职"以及"定制化协同"四种农民培训的典型实践模式，提出了一个基于多中心治理理念的理论模型[3]。

表 2-4　　　　　　　　　农民教育培训典型模式

| 典型模式 | 主 要 特 点 | 代表国家 | 具 体 做 法 |
| --- | --- | --- | --- |
| 东亚模式 | 人多地少、政府主导、主体多元、立法保障、体系完备 | 日本 | 政府：法律保障资金扶持 |
| | 多层次、多目标、多元地培训模式 | | 培训主体：农业大学、中等农业学校、农科类大学、综合性大学的农学部 |
| | 重视培养"农业后继者" | 韩国 | 培训主体：农协、农村振兴厅、农业大学 |

---

[1] 张大鹏，张伯平，于艳洁. 试点地区新型职业农民培育模式及经验研究 [J]. 天津电大学报，2018，22（1）：61-64.

[2] 文承辉，魏亚萍，胡越. 新型职业农民培育典型模式研究 [J]. 中国农业教育，2016（6）：35-39.

[3] 田书芹，王东强. 基于多中心治理理论的新型职业农民职业教育模式比较研究 [J]. 教育发展研究，2020（21）：77-84.

续表

| 典型模式 | 主 要 特 点 | 代表国家 | 具 体 做 法 |
| --- | --- | --- | --- |
| 西欧模式 | "双元制"农民培训模式；发达的机械水平和农业职业教育，校企参与、互联网传播 | 德国 | 双元制 |
| | 注重培训质量（考核、资格证书）；"持证上岗" | 英国 | 培训主体：农业培训网 |
| 北美模式 | 人少地多，耕地规模化经营、高度机械化和集约化运作的农业生产模式；以农学院为主要载体，集农业教育、科研和推广为一体的培训模式 | 美国 | 完备的农民培训法律体系和完善的信息化系统 |

四是关于新型职业农民培训的必要性研究。学者们普遍认同，培养新型职业农民对于社会主义新农村的建设、现代农业的进步、促进工业化、信息化、城镇化、农业现代化同步发展发展以及乡村振兴等国家战略的实施至关重要，同时也是解决农村人口流失和劳动力短缺问题的关键。教育被看作是提高农民收入的根本动力。受过教育的农民更倾向于采纳新技术，更能灵活应对市场变动，且农民的教育水平与他们的农业生产经营能力之间存在正相关关系[1]。Fielke 和 Bardsley 在澳大利亚进行的研究揭示，对农民的培训能够增强他们的社会竞争力以及提升经济收入[2]。Marlaine 与 Lawrence 在对 37 个低收入国家的农场进行调研后指出，与常规农业相比，农民教育和培训在现代农耕中扮演着更加重要的角色[3]。Hayami 和 Ruttan 在对以色列进行的研究中指出，职业农民培训是推动该国特色农业发展的关键因素之一[4]。Foster 和 Rosenweig 在印度的研究中发现，教育水平较高的农民更倾向于采纳新的作物品种[5]。

## 二、新农人的理论研究

关于新农人的研究目前仍未有统一的概念，有关新农人培育的研究还相

---

[1] 吕莉敏. 新型职业农民培训效果评价研究 [D]. 上海：华东师范大学，2022.

[2] Fielke S J, Bardsley D K. The Importance of Farmer Education in South Australia [J]. Land Use Policy, 2014 (39): 301.

[3] Marlaine E, Lawrence J L. Farmer Education and Farm Efficiency: A Survey [J]. ETS Research Report Series, 1979 (2): 37-76.

[4] Hayami Y, Ruttan VW. Agricultural Development: An International Perspective [M]. The Johns Hopkins University Press, 1985.

[5] Foster AD, Rosenweig M R. Technical Change and Human Capital Returns and Investments: Evidence from the Green Revolution [J]. The American Economic Review, 1996 (86): 931-953.

对较少。以下从新农人内涵概念，群体特征及身份构成，新农人培育各方面进行分析。

(一) 新农人的内涵概念

新农人与新型职业农民类似但又有所区别。新型职业农民作为一个动态发展的概念[1]，许多学者视新农人为新型职业农民的延伸和发展，可以看作是新型职业农民的进阶形态。从概念和内涵来看，新农人和新型职业农民看似无太大差异，但由于新农人具有独特的个性和时代特征，这促使许多学者对这一群体进行深入研究。具体而言，新农人这一概念存在广泛和狭窄两种解释。从宽泛的角度来看，根据清华大学新闻研究中心与新浪微博数据中心共同发布的《2014新农人微博研究报告》，新农人被定义为那些与传统农民在生产和流通方式上有区别，采用现代经营理念参与农林牧渔全产业链的个体。杜志雄进一步阐释，新农人包括所有在农业全产业链中从事生态农业的生产、营销，或为这些活动提供支持与服务的个人和企业[2]。这表明，广义上新农人包括了为农业提供宣传、推广、指导和咨询服务的个人或集体。相对地，狭义的新农人概念专注于那些管理现代农业生产经营的人员。张波和申鹏将新农人描述为具有生态农业理念、能够运用互联网思维、致力于生产安全农产品、以提升农业价值为目标的群体[3]。谢艳华在总结前人研究的基础上，提出了一个更具体的定义，认为新农人是利用互联网、具备市场和信息意识、拥有较高文化素养和广阔视野，并且掌握现代农业技术和管理能力的新兴群体[4]。总体上，新农人以其新思维、新理念、新营销、新组织和新知识，在转变农业生产方式、推动三产融合、增加农业收入等方面扮演着重要角色。

(二) 新农人的群体特点和身份构成

这个群体主要由年轻、受过较高教育，并且常在城市生活与工作的人群构成[5]。王文龙提出，新农人这一群体涵盖了工商资本跨界经营者、城市白领或大学毕业生在农村的创业活动，以及青年农民的返乡创业[6]。根据农业农村部农村经济体制与经营管理司在2016年的研究，通过问卷、现场调研和讨论

---

[1] 朱启臻，胡方萌. 新型职业农民生成环境的几个问题 [J]. 中国农村经济，2016 (10)：61-69.

[2] 杜志雄. "新农人"引领中国农业转型的功能值得重视 [J]. 世界农业，2015 (9)：248-250.

[3] 张波，申鹏. 我国新型职业农民群体研究回顾与展望：一个文献综述 [J]. 理论月刊，2019 (7)：131-138.

[4] 谢艳华. 新农人的特征及成长趋势 [J]. 乡村科技，2020，11 (26)：12-13.

[5] 黄建平. 新时期对农广播节目如何让农民"买账"——以河北廊坊地区对农广播为例 [J]. 中国广播电视学刊，2017 (11)：114-116.

[6] 王文龙. 中国美丽乡村建设的动力整合及其制度创新 [J]. 现代经济探讨，2015 (12)：53-57.

会等方法，他们发现新农人普遍具有较高的教育背景，多数是在其他行业积累了一定的工作经验或创业经历后，选择进入农业领域进行"二次创业"的青年群体。研究还将新农人划分为三个主要类别：大学生创业型、返乡农民工创业型和跨界创业型。牛耀红有相似的观点，他认为新农人是指那些跨行业投身农业的人士，这些人士倾向于运用科技手段，并通过团队协作方式进行农业的生产经营活动。他们通常具备较高的文化素养，其中一些人拥有硕士学位，并且有新农人曾经参与过农业技术的研发或管理工作❶。张波和申鹏❷全面梳理了新农人与新型职业农民之间的差异，新型职业农民虽然身份特征有所弱化，但仍保持着农民的身份；在职业流动性方面，新农人显示出更高的流动性。尽管两者存在细微差别，但将新农人理解为生态文明时代新型职业农民的新表达，这一观点是可以接受的。总体来看，新农人的"新"体现在其"跨界"特性上，这指的是那些在非农业领域积累了丰富的知识、技能（通过学习或工作）、创业经历以及资本，然后转向农业领域发展的人们。新型职业农民不仅包括在农村出生并从事农业的农民，也包括那些愿意从非农业领域转向农村从事农业活动的人们❸，而新农人特指那些自发选择回到农村从事农业的非农业背景人士。

**（三）新农人培育研究**

一是新农人培育的重要性。新农人培育是乡村振兴战略中的关键一环，它不仅关系到农业农村现代化的进程，也是实现农业供给侧结构性改革的有生力量。在市场经济快速发展和数字经济创新的背景下，新农人培育显得尤为重要。如赵亚娟等通过对安徽省106位新农人进行调查研究发现，新农人培育有助于实现乡村振兴战略，新农人运用互联网技术和思维发展乡村特色产业，并针对新农人发展乡村产业存在困境提出相关建议❹。另外，农业新质生产力的发展对新农人培育提出了新的要求，包括职业价值取向、创新思维、数字素养和生态理念❺。二是新农人培育的模式探索，如杨芩等对新农人培育

---

❶ 牛耀红. 新农人与农业技术传播体系整合研究［J］. 哈尔滨工业大学学报（社会科学版），2017，19（4）：56-61.

❷ 张波，申鹏. 我国新型职业农民群体研究回顾与展望：一个文献综述［J］. 理论月刊，2019（7）：131-138.

❸ 王丽萍，尹卿. 职业农民培育研究文献综述［J］. 农村经济与科技，2018，29（13）：49-52.

❹ 赵亚娟，章汪丽. 安徽省新农人特征及其助力乡村产业振兴研究［J］. 农村经济与科技，2024，35（19）：130-132，165.

❺ 海华，宋怡宁，闫孟宇. 农业新质生产力之于新农人培育的应然要求与实践路径［J］. 职教论坛，2024，40（10）：81-88.

模式的进行探索，涉及师资队伍、教学平台、课堂革命、实践资源等多个方面，形成了"一体系两机制五融合"的模式，旨在培养实用技能型卓越农林人才[1]。呼延静怡探索新农人培育路径强调了壮大人才队伍、转变思想、政策支持和提高数字素养的重要性[2]。三是新农人培育困境及路径探索；章洪娟等认为新农人培育过程中存在政策了解不深入、农业技术不精、管理能力不足等问题，并对此提出了针对性对策以发挥新农人在乡村振兴中的积极作用[3]。古晶认为新农人培育的难点在于如何构建有效的培育体系和机制，以及如何激发新农人的创新活力和发展潜力[4]。

### 三、职业教育标准研究

#### （一）关于职业教育标准

在职业教育的范畴内，职业教育标准显现了标准化的具体要求，它们是为达成职业教育目标而特别制定的一系列规范和技术指标。这些标准旨在引导职业教育活动顺利进行，并保障教育服务的质量。在2023年，中共中央和国务院发布的《质量强国建设纲要》中强调了构建高质量教育体系的必要性。作为国家教育体系中的关键一环，职业教育的高标准发展对于促进整个教育体系质量的提升起到了关键作用。教育标准不仅为教育活动提供了规范和指导，也是衡量教育成效的重要参考[5]。在职业教育这一范畴，标准体现了国家对职业教育进行顶层架构设计的核心要素[6]。这些标准具有普遍适用性和官方权威，能够维持职业教育的有序运行，并作为衡量职业教育环境和人才培育成效的标准。《国家职业教育改革实施方案》中明确指出，将标准建设作为改革的首要任务，以突出标准在提高职业教育质量中的根本作用。朱琦等在研究职业教育专业目录与学科体系的对接问题时，着重指出了增强专业教学标准研究的科学性和实践性的重要性，并建议从顶层政策引导和基层多方参与

---

[1] 杨芩，刘立波，刘雅兰，等．"一体系两机制五融合"新农人培育模式探索与实践［J］．安徽农学通报，2024，30（20）：135-140．

[2] 呼延静怡．乡村振兴视域下"新农人"的培育路径［J］．农村经济与科技，2024，35（20）：171-174．

[3] 章洪娟，刘建，王奎山，等．乡村振兴背景下新农人培育的思考［J］．现代农机，2024（5）：47-49．

[4] 古晶．培育壮大"新农人"队伍的难点在哪［J］．群众，2024（19）：68-70．

[5] 国家教育标准体系研究课题组，徐长发，孙霄兵等．国家教育标准体系的发展与完善［J］．教育研究，2015（12）：4-11．

[6] 徐国庆．职业教育实现现代化的关键是完善国家基本制度［J］．华东师范大学学报（教育科学版），2021（2）：1-14．

双向发力，同时关注各环节的协调问题❶。王春燕和邱懿通过对职业教育的内外标准进行深入分析，并围绕人才培养的全周期构建了国家职业教育标准体系的框架。他们指出了在中高本人才衔接培养、国际化标准等方面存在的不足，以及质量评价标准缺失等问题。他们提出了一系列优化建议，包括完善职业教育标准体系框架、强化基础标准（元标准）的研究与开发、提高标准制定人员的专业能力、构建具有中国特色的标准体系，并探索与国际职业教育标准认证体系的对接❷。

## （二）关于职业教育标准体系

我国职业教育标准体系的构建是职业教育规范化和现代化进程的起点和关键路径❸，职业教育的教学标准体系是实现职业教育现代化的关键组成部分，也是最贴近实际需求的环节。潘海生等通过对德国与美国职业教育标准体系的对比分析，研究了在追求高质量发展背景下职业教育标准体系的构建问题。他们提出，职业教育标准体系由标准内容和治理结构两大部分组成，对提升职业教育质量具有根本性影响。他们建议构建一个包含两个维度、三个层级结构的现代职业教育标准体系，促进多部门协同治理，明确地方标准的具体要求，提高学校专业领导的能力和校企合作的层次，从而强化学校标准的独特性❹。构建职业教育教学标准体系体现了国家对职业教育管理的职责和承诺。这些标准对职业院校的教学活动进行指导和管理，确保了职业教育的教学品质和人才培养的标准，从本质上支持职业教育的深入发展，并明显展示了职业教育与产业界的紧密结合。职业教育教学标准体系是评估技术技能人才培养质量的关键标准，也是中国职业教育在全球舞台上的显著标志❺。《国家职业教育改革实施方案》由国务院发布，强调了标准对于提升职业教育质量的根本性影响。方案提出，要实现专业设置与产业需求的匹配、课程内容与职业标准的对应、教学过程与生产实践的衔接，并持续更新相关专业目录、教学标准、课程标准、实习标准以及实训设施建设标准，确保这些标准在职业院校中得到有效执行。进一步强化和拓展由国务院教育部门与相关行

---

❶ 朱琦，陈清华. 职业教育教学标准体系建设国内研究综述［J］. 河南科技学院学报，2019，39（12）：26-32.

❷ 王春燕，邱懿. 国家职业教育标准体系及优化研究［J］. 中国高教研究，2023（5）：94-100.

❸ 姜乐军，马成荣，濮海慧. 改革开放40年国家职业教育标准体系建设的发展现状、主要做法及基本经验［J］. 中国职业技术教育，2018（34）：17-22.

❹ 潘海生，汤杰. 高质量发展背景下职业教育标准体系的构建研究［J］. 高等工程教育研究，2023（6）：138-143，151.

❺ 王继平. 职业教育国家教学标准体系建设有关情况［J］. 中国职业技术教育，2017（25）：5-9.

业共同制定国家教学标准,以及职业院校根据这些标准来规划人才培养计划的工作模式。政府的领导、行业的指导、学校的主体作用和企业的参与构成了职业教育教学标准体系建设的核心机制,这深刻反映了该体系建设的权威性、专业性和全面性[1]。

---

[1] 胡茂波,王思言. 职业教育国家教学标准体系的价值诉求与实施策略[J]. 职业技术教育,2018(10):24-28.

# 第四节 研究述评

## 一、乡村工匠研究述评

从时间线来看,政策的发布与文献发文数量之间存在一定的关联性。在2003—2012年,中国开始逐步重视职业教育在乡村发展中的作用,但具体针对"乡村工匠""职业农民""新型职业农民"的政策条例较少。这一时期的文献发文数量相对较少,表明这一时期对乡村工匠和职业教育的关注度不高。2012—2017年,即党的十八大到十九大期间,发布的中央一号文件中首次强调了积极培养新型职业农民的重要性,标志着对农村人才振兴的初步尝试。农业农村部随后发布了《"十三五"全国新型职业农民培育发展规划》,其中详细规定了培育新型职业农民的关键任务和具体措施,这一政策的出台可能激发了相关学术文献的涌现。2017—2024年,即从党的十九大到二十大期间,特别是在乡村振兴战略的推进下,一系列相关政策的连续推出可能加深了学术界对农村工匠和职业教育议题的关注,进而促进了相关学术文章数量的增长。这表明政策导向对学术研究具有显著的影响,政策的发布不仅为研究提供了方向,还可能为研究提供了资金和资源支持。随着政策的不断深化和完善,预计未来相关文献的发表数量将继续增加。总体来看,职业教育中乡村工匠培育政策呈现出从初步探索到逐步完善、从单一培训到全面发展的趋势,政策内容更加丰富,实施措施更加具体,为乡村振兴提供了有力的人才支撑。

## 二、新型职业农民研究述评

国内外相关研究为当前我国新型职业农民培育提供了可资借鉴的参考依据,但基于我国的特殊国情和农民身份变迁历史,现有的研究中仍然存在一些不足之处:①当前,"新型职业农民"的概念、实质和基本属性尚未被充分阐释。作为农业分工专业化、产业化和市场化进程的产物,"新型职业农民"的定义和特征需要综合这些因素来精确确定。然而,现有的研究往往没有充分考虑这一理论基础。②未能明确区分农民教育训练与职业农民成长之间的差异。职业农民与传统农民不同,具有组织性、文化素养、技术能力和经营技巧等基本特质,因此,提升农民文化素质的普通教育或训练仅是新型职业农民成长过程中的一部分。③尚未充分顾及我国职业农民发展的独特国情。当前，小规模经营依然是我国农业的主要形态，农业的规模化、产业化和市场化发展水平整体不高，且各地区农业发展水平存在显著差异。④目前尚未明确指出新型职业农民成长的详细路线图。研究中通常只涉及宏观层面和指导性的政策方向，而缺乏具体的、可执行的措施来指导如何增加财政支持、构建新型职业农民的培养体系以及提升职业农民的专业素质，导致这些研究在实际应用方面不够有力。

因此，关于新型职业农民的研究预计将显现两种发展方向：①从广泛概述国际职业农民发展的成熟做法，转变为深入考虑我国新型职业农民发展的历史变迁和独特国情，研究新型职业农民培养的内在规律。②从提出指导性宏观政策建议，转向深入挖掘新型职业农民具体的培养方式和成长路径。本项研究基于这一转变，旨在分析我国在培养职业农民过程中遭遇的挑战，并通过实际案例的考察来评估新型职业农民培养计划的实际效果，进而探索适合我国国情的新型职业农民培养模式和具体实施策略。

### 三、新农人研究述评

综合上述分析，以上学者的观点可以看出其定义的新农人范围十分广泛、关注焦点落脚于致力于农业农村生产创业活动，将这类新农人界定为四个新：新思想——互联网思维、新渠道——视听传播平台、新血液——多元新生力量、新价值——激活乡村生机。总而言之，是指了解互联网的丰富多元的传播平台，熟悉互联网中用户至上的传播法则，以乡村作为生产场域和取材来源，以受众喜闻乐见的方式创作视听作品从而提高乡村的传播影响力，最终实现乡村文化传播价值的乡村发展新型主力军。随着政府推行的支农惠农富农政策的持续推行，农业的根本在于农村，农民的收益得到了更多满足。新农人在社交网络上的积极活跃，将农村的真实声音、崭新样貌传递出去，不仅使农村的景观变得更加美丽，也增强了农民的自信心和自豪感，提高了社会的认可度，从而推动了农业的可持续发展，实现农村振兴的宏伟愿景。本项研究将新农人视为新型职业农民群体中的一部分，代表着具有鲜明特色的新型职业农民，其具有丰富的大城市求学、工作经历，或者在其他领域积累了足够的创业经验及资本，具备较高科学文化素质和现代经营管理才能，跨界就业创业，发展现代农业的群体，是推动我国农业现代化发展的核心力量。

学术界对乡村工匠培育的研究已经有一定的理论基础，但实践探索还很少，还不能够形成系统的理论体系，本节旨在通过系统梳理乡村建设人才培育研究，包含新型职业农民、乡村工匠、新农人，进一步充实理论研究框架。乡村工匠培育的理论研究有其深厚的历史逻辑、理论逻辑和重大的实践逻辑，从历史逻辑来看，乡村工匠不仅是技艺的传承者，更是乡村文化的守护者，其承载着手工艺技能特殊性及文化性，对乡村工匠培育的理论研究对于保持和弘扬传统文化具有重要理论意义。从政策演变与内在逻辑来看，乡村工匠培育政策的演进反映了国家对乡村人才振兴的重视。通过系统梳理乡村工匠培育的政策框架，挖掘其内在逻辑，为政策制定和实现乡村振兴战略提供科学的理论支撑，同时对增强职业教育培养乡村建设人才培养适应性具有重要的现实意义。从耦合协调和系统优化来看，职业教育和乡村振兴是耦合协调的关系，职业教育为乡村振兴提供了人力资源保障，职业教育链接乡村产业发展的劳动力供给端，乡村振兴需求推动职业教育的提质培优。职业教育与乡村工匠培育的结合，不仅能够提升乡村工匠的专业技能，还能促进大学生返乡创业，这对于乡村经济的发展和农民就业具有重要意义。

# 第三章 "乡村工匠"理论建构

## 第一节 乡村工匠基本概念及时代特征

### 一、乡村工匠的起源

萌芽时期：在新石器时代，随着农业生产的发展，人们开始使用石器、陶器等工具进行生产和生活。这些工具的制作需要一定的技术和经验，于是，一些擅长制作石器、陶器的人逐渐脱颖而出，成为了最早的乡村工匠。他们凭借一双巧手和丰富的经验，制作出各种实用的石器、陶器等工具，为当时的社会生产和生活提供了重要的支撑。

初步发展时期：到了夏商周时期，随着青铜器的广泛使用，乡村工匠的技艺得到了进一步的发展。他们不仅掌握了青铜器的铸造技术，还开始制作各种精美的青铜器饰品和器具。同时，乡村工匠还开始涉足其他领域，如纺织、漆器制作等，为社会发展作出了重要贡献。

繁荣发展时期：在春秋战国至秦汉时期，随着社会经济的繁荣和文化交流的加强，乡村工匠的技艺得到了空前的发展。他们不仅掌握了各种先进的制作技术，还开始注重产品的艺术性和实用性相结合。这一时期的乡村工匠已经具备了较高的艺术修养和创新能力，他们的作品不仅在实用性上有所突破，而且在艺术性上也有了很大的提高。同时，乡村工匠还开始涉足建筑、雕刻等领域，为当时的社会经济与文化发展起到了重要的推动作用。

传承与创新时期：在唐宋元明清时期，乡村工匠的技艺得到了进一步的传承和创新。他们不仅保留了传统的制作技术，还不断吸收新的技术和理念，使得乡村工匠的技艺更加精湛和多样化。同时，随着商品经济的发展和市场的繁荣，乡村工匠的作品开始进入市场流通，成为了当时社会的重要商品。这一时期的乡村工匠不仅在农村地区发挥着重要作用，还开始与城市的手工业者进行交流和合作，共同推动了当时手工业的发展。

保护与传承时期：进入近现代以来，随着工业化进程的推进和现代化的发展，乡村工匠的传统技艺逐渐受到冲击和挑战。为了保护和传承乡村工匠的技艺，我国政府和相关部门采取了一系列措施。例如，将乡村工匠技艺纳入非物质文化遗产保护范围、举办培训班和技能比赛等活动来吸引乡村青年参与传统手工艺的学习和传承等。这些措施在一定程度上促进了乡村工匠技艺的传承和发展。

## 二、乡村工匠的发展

为深入贯彻党的二十大精神，认真落实习近平总书记关于推动乡村人才振兴的重要指示精神，2022年国家乡村振兴局等八部门联合印发的《关于推进乡村工匠培育工作的指导意见》中指出，建立和完善乡村工匠培育机制，挖掘培养一批、传承发展一批、提升壮大一批乡村工匠，是为乡村振兴提供重要的人才支撑❶。《乡村工匠"双百双千"培育工程实施方案》进一步明确了乡村工匠的社会地位和重要作用。自国家实施乡村振兴战略以来，乡村工匠经历了以下几个发展阶段。

### （一）转型阶段（2010年至今）

随着互联网技术的普及和电子商务的兴起，乡村工匠开始尝试利用互联网拓展市场。他们通过建立电商平台、开设网店等方式，将传统手工艺品推向全国乃至全球市场。这一发展阶段下的乡村工匠不仅注重技艺的传承，更开始关注市场需求的变化，积极创新产品设计和制作工艺，以满足消费者的多样化需求。同时，政府也加大了对乡村工匠的扶持力度，出台了一系列政策措施，如提供技能培训、资金支持等，为乡村工匠的发展提供了有力保障。

### （二）发展阶段（约2015年至今）

在政府的引导和市场的推动下，乡村工匠开始注重技艺的提升和品牌的建设。他们通过参加技能培训班、与高校合作等方式，不断提升自己的专业技能和综合素质。同时，他们也开始注重品牌形象的塑造和推广，通过注册商标、参加展会等方式，提高自己的知名度和影响力。这一阶段的乡村工匠不仅成为了乡村特色产业的领军人物，还带动了周边农民的就业和增收。

### （三）深化阶段（约2020年至今）

随着乡村振兴战略的深入实施，乡村工匠的发展进入了深化阶段。他们开始积极探索产业融合与创新发展的路径，将传统技艺与现代产业相结合，

---

❶ 中华人民共和国国家乡村振兴局. 国家乡村振兴局关于推进乡村工匠培育工作的指导意见.

推动乡村特色产业的转型升级。例如，一些乡村工匠将传统手工艺与乡村旅游相结合，通过开发旅游纪念品、举办手工艺体验活动等方式，吸引游客前来体验和消费。同时，他们也开始注重产品的创新和研发，通过引入新材料、新技术等方式，不断提升产品的附加值和市场竞争力。

从乡村工匠在乡村振兴中的发展来看，乡村工匠在乡村振兴进程中扮演着文化传承者、经济推动者和社会治理者的多重角色。因此，政府和社会各界十分重视和支持乡村工匠的发展，为他们提供更多的培训机会和政策扶持，以促进乡村的全面振兴。

### 三、乡村工匠培育的历史脉络

从历史维度看，乡村工匠的传承发展与手工业的发展具有高度统一性和内在关联性，同时也与职业教育的变革发展有着紧密关系。在中国手工业的发展过程中，乡村工匠以其精湛的技艺和传统工艺为当地经济发展提供了强大支撑。其传承发展也伴随着职业教育变革，先后经历了师徒传授、传统学徒制和现代学徒制阶段❶。

**（一）师徒传授**

"乡村工匠"源于春秋战国，属《管子》中"士农工商"之"工"，即手工业者和工匠。古代手工业基于农耕，涵盖纺织、陶瓷、木工等，满足生活需求，促进经贸文化交流。乡村工匠不仅是生产者，还是文化传承和社会稳定的关键，通过技艺传承创新，推动社会文化繁荣。其技能传承起初为家庭内部垂直式师徒传授，随技术进步，手工业与农业分离明显，家族通过血亲关系传授技术，形成"子承父业"模式。此模式的特点如下：一是个性化传授，根据学徒情况因材施教；二是亲缘性联系，师徒间情感深厚，利于技艺投入与继承；三是代际化传承，保护手工艺技能，确保技艺延续，为传统手工艺保存至今奠定基础❷。

**（二）传统学徒制**

自汉代至清中叶，中国为商品出口大国，小农经济是其辉煌与落后的双重根源。小农经济的自给自足特性导致缺乏外部交流动力，而欧洲因生产力落后更重视贸易与探索，后通过工业革命等逐步超越中国手工业。随着手工

---

❶ 张羽，陈晨. 乡村工匠培育的历史脉络、发展困境与纾解策略［J］. 教育与职业，2024（11）：93-99.

❷ 唐锡海. 职业教育培育乡村工匠：历史演进、意蕴与规定性［J］. 河北大学学报（哲学社会科学版），2023，48（6）：20-30.

业发展和市场需求，手工艺传承由血亲转向师徒制，培养更全面规范，师徒心传身授成为主要方式。学徒制度从"父子相传"转为"师徒相承"，技艺传承依赖口头交流，并传递耐心、专注等精神特质。传统学徒制下，乡村工匠技能传承进入系统、专业阶段，形成"乡间自身培养系统"，注重系统性传授、实践与理论结合及传统与创新结合。但第一次工业革命后，现代职业教育兴起，提倡现代化人才培养模式，传统学徒制发展受阻，部分技艺面临断层。

**（三）现代学徒制**

在近代中国工业化的浪潮中，现代职业教育应运而生并逐步壮大，为乡村工匠的传统技艺带来了前所未有的挑战与机遇。一方面，随着现代化机械生产的普及，乡村工匠的手工技艺面临着失去市场、被机械取代的风险；另一方面，这也为乡村工匠技艺的传承与发展开辟了新的道路。在此背景下，现代学徒制逐渐取代了传统的师徒传承模式，成为主流，引领乡村工匠技能传承进入了一个更加开放、多元且富有创新活力的新阶段。

现代学徒制是学校职业教育与传统学徒制度的深度融合，它不仅仅关注传统技艺的保护与传承，更强调技艺的创新与发展，以适应现代社会的快速变化与多元化需求。在这一模式下，乡村工匠的技能传承展现出了新的特点。

首先，现代学徒制更加注重技术与信息的更新。随着科技的飞速发展和信息技术的广泛应用，乡村工匠不再局限于传统的师徒口耳相传，而是开始利用在线教育平台、远程指导等现代科技手段，与全国各地的专家学者进行交流与学习，获取最新的技术资讯和研究成果，从而不断提升自身的技能水平和创新能力。

其次，现代学徒制的形式更加多样化。在这一模式下，乡村工匠不仅可以学习并掌握传统的手工艺技能，还可以接触到更多元化的艺术形式，不断拓宽自己的专业领域和视野。这种多元化的传承方式不仅有助于推动传统手工艺的创新与发展，也为乡村工匠提供了更广阔的发展空间和更多的就业机会。

最后，现代学徒制强调将文化传统与现代需求相结合。在保持传统文化精髓的基础上，乡村工匠通过学习和实践，将古老的手工艺技巧与现代设计理念、市场需求相结合，创造出既符合时代潮流又满足现代社会需求的作品。这种结合不仅让传统手工艺焕发出新的生机与活力，也为乡村工匠的传承与发展注入了新的动力。

**四、乡村工匠培育的时代特征**

2022年，国家乡村振兴局等八部门联合印发的《关于推进乡村工匠培育工作的指导意见》指出，乡村工匠主要为县域内从事传统工艺和乡村手工业，能够扎根农村，传承发展传统技艺，转化应用传统技艺，促进乡村产业发展和农民就业，推动乡村振兴发展的技能人才❶。结合乡村工匠的历史发展，可以将其特点总结为以下几点。

**（一）技艺精湛**

乡村工匠通常具备高超的手艺技能，他们在长期的学习和实践中积累了丰富的经验，能够熟练掌握并应用传统技艺进行创作和生产。他们的技艺往往代代相传，经过时间的沉淀和打磨，形成了独特的风格和特点。

**（二）经验丰富**

乡村工匠拥有丰富的实践经验，他们通常从年轻时就开始学习手艺，通过不断地实践和学习，逐渐掌握了高超的技能。他们的经验不仅体现在手艺的精湛程度上，还体现在对材料的选择、加工和制作过程的熟悉程度上。这使得他们能够在创作中灵活应对各种问题和挑战，制作出高质量的产品。

**（三）重要的文化传承者**

乡村工匠是传统文化的重要传承者。他们通过学习和实践传统技艺，将传统文化融入手工艺品中，使得这些手工艺品成为传统文化的载体和传承者。他们的创作不仅体现了传统文化的魅力，还为传统文化的传承和发展作出了重要贡献。

**（四）持续的创新精神**

虽然乡村工匠注重传统技艺的传承，但他们并不拘泥于传统，而是积极创新，将传统技艺与现代审美和市场需求相结合，创作出具有时代特色的手工艺品。这种创新精神不仅使得他们的作品更加符合现代人的审美需求，也为他们赢得了更广阔的市场空间。

**（五）高度的社会责任感**

乡村工匠通常具备强烈的社会责任感。他们不仅关注自己的手艺事业，还积极参与乡村建设和公益事业。他们通过自己的手艺为乡村经济发展作出贡献，同时也为乡村文化的传承和发展尽自己的一份力量。

### 五、乡村工匠培育的概念、分类及内涵

乡村工匠是在我国古代社会已经存在的一类从事手工业的人员，在以往通过传统的师徒传承作为乡村工匠技艺传承的主要方式之一，通过面对面的

---

❶ 《国家乡村振兴局关于推进乡村工匠培育工作的指导意见》.

指导和实践，使学员能够深入理解和掌握传统技艺的精髓。随着现代教育体系的不断完善，现代学徒制逐渐取代了师带徒、父传子等传统的培育方式。自乡村振兴战略提出到全面推进乡村振兴以来，对乡村工匠的类型需求已不仅在手工业领域，主要包括乡村手工业传承型乡村工匠、乡村非物质文化遗产传承型乡村工匠、乡村特色发展规划型乡村工匠、乡村传统建筑类乡村工匠、新兴产业乡村工匠等。

2023年，中央一号文件强调，加强乡村人才队伍建设，包括培育高素质农民和创业带头人。乡村工匠作为关键人才，需具备以下素养：爱农兴农情怀，愿扎根乡村；适应时代的科技文化素养，弘扬传统并洞察科技文化；乡村文化振兴意识，为乡村建设贡献力量；弘扬工匠精神，营造尊重劳动、人才、创造的社会氛围，助推乡村人才振兴❶。

**（一）乡村工匠的概念**

厘清了乡村工匠的发展历程，再结合相关的制度文件，可以将乡村工匠定义为：乡村工匠是指在县域地区，具备深厚专业技能与丰富实践经验，熟练掌握农业生产技术、经营管理知识，并融合一定文化素养、科技创新能力和商业运营智慧的复合型人才。他们不仅是传统手工艺的传承者和创新者，更是现代乡村发展与振兴的重要推动力量。

**（二）乡村工匠的分类**

传统意义上的乡村工匠分类，主要侧重于他们所从事的行业属性，如乡村手工业、乡村建筑业以及农业生产加工等，或者依据他们手工制造的器物进行区分。然而，随着时代的发展，乡村工匠的角色和职责已经发生了显著的变化。从乡村传统手工艺振兴、文旅产业融合发展等多角度来看，乡村工匠的划分呈现出新业态增多、与产业融合更加紧密、技能兼业化等趋势或特征。因此，传统的乡村建筑类、作坊制造类、日用手工类、器物艺术类等划分方式，已经难以满足新时期乡村工匠培育的需求。

1. 从美丽乡村建设需求的视角分类

从美丽乡村建设需求的视角来看，乡村工匠的分类可以更加细致和全面。具体来说，他们可以被分为乡村建筑类、乡村设计类、乡村文化传承类、乡村手工制造类以及乡村新业态类等五种类别。这是近年来相关研究比较创新的一种分类方式，它更加贴近乡村振兴的实际需求，有助于更好地发挥乡村

---

❶ 刘文敏，徐洪亮．全面推进乡村振兴视域下高职院校培育乡村工匠路径思考［J］．辽宁农业职业技术学院学报，2024，（第2期）：55-58．

工匠的作用。

（1）乡村建筑类工匠。乡村建筑类工匠主要负责乡村建筑的规划、设计、施工与维护等工作，他们具备丰富的建筑知识和实践经验，能够根据乡村的自然环境、文化背景和居民需求，设计出既实用又美观的乡村建筑。

这些工匠不仅拥有专业的技能，还将这些技能应用于乡村建设的乡村规划、建筑设计、施工与维护等环节中，为乡村的全面发展贡献力量。

乡村规划：负责乡村的整体规划，包括道路、水系、绿化、公共设施等布局，确保乡村建设的合理性和可持续性。

建筑设计：根据乡村特色和文化内涵，设计符合乡村风貌的住宅、公共设施等建筑，注重建筑的实用性和美观性。

施工与维护：负责建筑的施工和日常维护，确保建筑质量和安全，同时注重建筑与自然环境的和谐共生。

（2）乡村设计类工匠。乡村设计类工匠主要负责乡村环境的美化和提升工作，包括景观设计、室内设计等，他们具备创新思维和审美能力，能够打造具有乡村特色的美丽环境。

为了将这些理念和技能付诸实践，他们在景观设计、室内设计、环境美化等设计领域中发挥着重要作用。

景观设计：利用乡村的自然资源和文化背景，设计具有乡土气息和生态价值的景观，如公园、绿地、花坛等。

室内设计：结合乡村建筑的特点和居民的生活习惯，设计实用且美观的室内空间，提升乡村居民的生活品质。

环境美化：通过绘画、雕塑、园艺等手段，对乡村环境进行美化，营造宜居宜游的乡村氛围。

（3）乡村文化传承类工匠。乡村文化传承类工匠主要负责乡村文化的挖掘、保护和传承工作，他们具备深厚的文化底蕴和传承意识，能够传承和弘扬乡村的优秀传统文化。

他们深知乡村优秀传统文化的价值与意义，致力于通过文化挖掘、文化保护、文化传承将这些宝贵的文化遗产传承下去。

文化挖掘：深入挖掘乡村的历史文化、民俗风情等，为乡村文化的发展提供丰富的素材和依据。

文化保护：对乡村的文化遗产进行保护，如古建筑、传统技艺等，确保乡村文化的传承和延续。

文化传承：通过教育、培训等方式，将乡村文化传授给年轻一代，培养乡村文化的传承人和接班人。

（4）乡村手工制造类工匠。乡村手工制造类工匠主要负责乡村手工艺品的制作、创新和销售，他们具备精湛的手艺和丰富的创造力，能够制作出具有乡村特色的手工艺品。

为了将这些独特的手工艺品推向市场，他们不仅专注于手工艺品的制作，还积极寻求创新与销售之道。

手工艺制作：利用乡村的自然资源和传统技艺，制作各种手工艺品，如陶瓷、刺绣、编织等。

产品创新：在传统手工艺的基础上进行创新，开发出符合市场需求的新产品，提升手工艺品的市场竞争力。

销售推广：通过线上线下的方式，将手工艺品销售给消费者，同时宣传和推广乡村文化，提升乡村的知名度和美誉度。

（5）乡村新业态类工匠。乡村新业态类工匠主要负责乡村新兴产业的发展和推动工作，他们具备敏锐的市场洞察力和创新思维，能够引领乡村产业的转型升级。

为了将这些新兴理念和技术应用于实践，他们积极探索并推动了一系列乡村新业态的发展。

农村电商：利用电商平台，将乡村的农产品、手工艺品等销售到全国各地，拓宽销售渠道，增加农民收入。

农业物联网：运用物联网技术，对农业生产进行智能化管理，提高农业生产效率和产品质量。

乡村旅游：结合乡村的自然景观和文化资源，开发乡村旅游项目，吸引游客前来观光、休闲和度假，推动乡村经济的发展。

乡村新业态类工匠的崛起尤为引人注目，他们包括农村电商、农业物联网技术等专业人员，这些新兴职业不仅为乡村经济发展注入了新的活力，也突出了乡村工匠作为实用技能人才的特征。他们利用现代科技手段，推动乡村产业转型升级，为乡村振兴贡献了自己的力量。

2. 从乡村工匠对乡村振兴的职业价值和贡献角度分类

从乡村工匠对乡村振兴的职业价值和贡献角度来看，新时期的乡村工匠应被划分为三大类：技能升级类、产业融合类和返乡创业类。技能升级类工匠主要是那些肩负乡村技艺传承重任、需要转型升级的年长技能型乡村工匠；产业融合类工匠则是新增并参与农业与文旅产业融合发展的年轻技术型乡村工匠；而返乡创业类工匠则是那些怀揣乡土情怀、返乡创业并以技术致富的创新型乡村工匠。他们均具备不同程度的乡土情怀、技艺技能、乡村文化素养以及工匠精神等，是具有技术能力、职业素养的复合型匠人。

（1）技能升级类乡村工匠。技能升级类乡村工匠是指那些在传统乡村技艺领域有着深厚基础，同时积极学习新技术、新知识，以适应现代市场需求，实现技艺传承与创新的工匠。他们通常年龄较长，拥有丰富的实践经验和深厚的文化底蕴，是乡村传统技艺的重要传承者。同时，他们也具备开放的学习态度，愿意接受新技术、新材料和新方法，以提升自身技艺水平，使传统技艺焕发新生。

（2）产业融合类乡村工匠。产业融合类乡村工匠是指那些将农业、文旅等产业与乡村传统技艺相结合的工匠。他们通常具备跨领域的知识和技能，能够将传统技艺融入现代农业、乡村旅游等新兴产业中，实现产业的融合发展。

（3）返乡创业类乡村工匠。返乡创业类乡村工匠是指那些在外地学习、工作多年后，怀揣乡土情怀和技术能力，选择回到乡村创业的工匠。他们通常具备先进的理念和技术，能够运用所学知识和技能，推动乡村经济的发展和社会的进步。

**（三）乡村工匠的内涵**

舒尔茨认为，人力资本的价值不仅体现在劳动者的数量上，更在于其知识程度、技术水平、工作能力以及健康状况等劳动力质量的综合体现。乡村工匠作为一类优质的劳动力资源，不仅具备高超的技艺和丰富的经验，更拥有强烈的能动性和时效性，是乡村经济发展的重要驱动力。

然而，乡村工匠与城市建设中的专业技术工匠或技术工人有所不同。他们往往具有一定的兼业性，不仅从事手工艺制作，还可能参与农业生产或其他经济活动。这种兼业性使得乡村工匠在职业选择上更加灵活，但同时也对他们的职业技能和综合素养提出了更高的要求。此外，乡村工匠的行业独特性也尤为显著，他们的技艺往往承载着丰富的历史文化内涵，是乡村文化的重要组成部分。但是，长期以来，乡村工匠并没有得到企业、职业院校等育人主体的充分关注，他们的教育与培训更多依赖于自身内部的驱动和传承。

在乡村振兴的大背景下，乡村工匠的定位逐渐清晰，内涵也日益丰富。随着农业、旅游、文化产业的融合发展，乡村工匠不再仅仅是传统手工艺的传承者，更是乡村新业态项目的建设者和技能扶贫的引领者。他们凭借独特的技艺和丰富的经验，积极参与乡村建设，推动乡村经济的多元化发展。同时，乡村工匠也面临着新的挑战和机遇，他们需要不断提升自身的职业技能和综合素养，以适应新业态下的市场需求。

在这个过程中，乡村工匠的价值定位、角色转换和技术转型显得尤为重要。他们不仅是农村中具有特殊技艺或技能的专业技术人员，更是成长于农村、服务于农村的新型职业农民。他们活跃在乡村建筑、家居器物制造、纺织鞋服、民俗文化等多个领域，以能工巧匠和技术能手的身份，为美丽乡村的建设贡献着自己的力量。通过参加职业教育和技能培训，乡村工匠不仅能够提升自身的技艺水平，还能够增强自身的职业认同感和社会价值感。

培育乡村工匠不仅是传承和创新乡村手工技艺的需要，更是提升乡村人力资本质量、推动乡村经济多元化发展的重要举措。在乡村振兴的征程中，我们应该充分发挥乡村工匠的积极作用，为他们提供更多的教育和培训机会，让他们成为乡村振兴的中坚力量。同时，我们也应该深入挖掘乡村工匠的文化内涵和历史价值，让他们的技艺和精神在乡村振兴中焕发出新的光彩。

# 第二节　乡村工匠理论体系及岗位创业

2021年2月，中共中央办公厅、国务院办公厅印发《关于加快推进乡村人才振兴的意见》，提出鼓励职业学校开展传统技艺传承人教育。2022年11月18日，国家乡村振兴局等八部门联合印发《关于推进乡村工匠培育工作的指导意见》（以下简称《意见》），要求加快推进乡村工匠培育工作，并明确指出要建立和完善乡村工匠培育机制，挖掘一批、传承一批、提升壮大一批乡村工匠，带动乡村特色产业发展，为乡村全面振兴提供重要人才支撑。党的二十大报告也明确指出要推动乡村人才振兴。在这一背景下，推进乡村工匠培育成为乡村人才振兴战略中的重要任务。职业教育作为培育技术技能型人才的类型教育，承担着技术教育与技能发展的重要任务，是培育乡村工匠的有效途径[1]。为了培养具备专业技能、创业精神和数智化能力的乡村工匠，本书提出一种基于"标准引领、实岗竞炼、数智工坊"的高职院校"乡村工匠"的职业教育人才培养理论，明确学生应掌握的基本知识、必备素质及核心能力，明确培养目标、岗位适应性以及解决教育的根本问题——培养什么人、怎样培养人、为谁培养人，旨在通过标准化的培养流程、实践岗位的锻炼以及数智化工坊的创新实践，培养出适应乡村振兴需求的高素质技能人才。

## 一、乡村工匠培育的理论基础

### （一）能力本位教育理论

能力本位教育（competency based education，CBE）是把培养学生的职业能力作为职业技术教育根本目的教育思想，通过对职业的分析来确定学生学习后所应具备的能力、具体技能和适用的教学方法，强调校企合作，以学习者为中心，注重学习者的自我管理和自我评价，强调学习者能力的培养和教育结果的可评可测。CBE对能力的解不仅包括必需的综合能力和核心能力，还包括职业要求的相关通识知识、专业知识和工作态度[2]。能力本位教育的核心在于从职业岗位的需要出发，确定能力目标，这通常涉及学校聘请行业中

---

[1] 邓文勇，孙婵婵. 职业教育培育乡村工匠的现实困境及实践路径［J］. 教育与职业，2023，（20）：98-104.

[2] 康春晓. 能力本位教育理念在加拿大何以落地？——基于加拿大应用技术与职业学院协会主推项目的分析［J］. 职业技术教育，2022，43（36）：71-75.

具有代表性的专家组成专业委员会，按照岗位群的需要，层层分解并确定从事该行业所应具备的能力，从而明确培养目标。随后，学校会组织相关教学人员，以这些能力为目标，设置课程、组织教学内容，并最终考核学生是否达到这些能力要求。

能力本位教育理论在乡村工匠的培育体系中具有广泛的应用价值。通过明确培养目标、设计课程与教学内容、创新教学方式与方法、建立评价与考核体系以及构建支持体系等措施，可以有效地提升乡村工匠的职业能力和市场竞争力。同时，这也为职业教育在乡村工匠培育中提供了有力的理论支持和实践指导。

### （二）工作场所学习理论

传统上，"学习"这一概念往往与正规教育体系紧密相连，而工作场所学习则作为一个新兴领域，正逐渐受到研究者和实践者的关注。工作场所学习是一种将工作与学习深度融合的实践方式，它聚焦于探索和理解个体及组织在工作环境中的学习过程，并致力于提升学习者的学习成效及组织的学习能力。

工作场所学习的范畴广泛，涉及个体、团队、组织、社区、网络乃至地区等多个层面，其学习方式也多种多样，包括非正规学习、非正式学习，如专业培训、导师指导、研讨会交流、自我导向学习以及知识共享等。与正规教育相比，工作场所学习更加贴近职业实际需求，其学习过程紧密嵌入日常工作任务之中，展现出高度的灵活性和实践性❶。工作场所学习理论是一种强调在工作环境中促进个人成长和发展的教育理念。该理论认为，工作场所是职业知识产生和应用的真实情境，学习者通过与周围人群和资源的互动，共享学习资源和工作经验，从而实现知识的有效转化和技能的不断提升。这一理论打破了传统教育将学校视为唯一教学环境的固有观念，提倡学校与工作场所的紧密结合，为职业教育的发展提供了新的视角和路径。

在乡村工匠的培育过程中，工作场所学习理论具有广阔的应用空间。通过实现学校与工作场所的深度融合、强化师徒间的互动交流、促进学习资源的共享利用、建立完善的评价与反馈机制以及加强职业精神的培育，可以显著提升乡村工匠的职业素养和市场竞争力，为乡村振兴和产业发展注入新的活力。

---

❶ 赵艺凡，黄健. 被遮蔽的学习之境：国际工作场所学习研究新进展［J/OL］. 比较教育学报，1-18.

### (三) 生涯发展理论

生涯发展理论重在强调职业选择的过程性，这也决定生涯教育的长期性和系统性，它不是当个人需要求职择业时才临时出现，而是需要提前思考，长期准备[1]。生涯发展理论是一个综合性的理论框架，它关注个体从青少年到成年，乃至整个职业生涯中的职业选择、职业发展及职业适应等过程。该理论强调个体在生涯规划中的主动性，认为生涯是一个动态发展的过程，受到个人特质、社会环境、教育经历等多种因素的影响。生涯发展理论为职业教育提供了重要的理论支撑，帮助教育者更好地理解学生的职业需求和发展路径，从而制定更有效的教育策略。

在职业教育领域，生涯发展理论的应用主要体现在以下几个方面：一是职业兴趣的培养与探索，通过生涯教育，帮助学生了解自己的职业兴趣、能力和价值观，从而明确职业方向；二是职业能力的开发与提升，根据生涯发展理论，职业教育应注重培养学生的职业技能、职业素养和综合能力，以适应未来职业市场的需求；三是职业决策的辅导与支持，生涯发展理论强调个体在职业决策中的主动性和自主性，因此，职业教育应提供职业决策辅导，帮助学生做出明智的职业选择。

生涯发展理论在乡村工匠培育体系中具有广泛的应用价值。通过激发学生的职业兴趣、提升职业能力、提供职业决策辅导和持续支持等措施，可以有效地促进乡村工匠的职业发展。

### (四) 创新创业教育理论

创新创业教育是一个诞生于中国本土的概念[2]，有多种蕴含，代表了一种新的教育发展方向[3]。它最显著的特征是面向全体学生，倡导"广谱式"教育[4]，其中蕴含了一个基本理论假设，即每个大学生都具有创新创业潜能[5]，从而大学有责任提供适宜的条件把它激发出来，使他们都成为创新创业人才。这一理论强调，教育不仅仅是传授知识，更重要的是激发学生的创造力和创新精神，使他们具备独立思考、解决问题的能力，以及敢于冒险、勇于实践的勇气。

创新创业教育理论与乡村工匠培育体系相结合，是提升乡村工匠创新能

---

[1] 钟谷兰，杨开. 大学生职业生涯发展与规划 [M]. 2版. 上海：华东师范大学出版社，2016.
[2] 王占仁. 创新创业教育的历史由来与释义 [J]. 创新与创业教育，2015 (4)：6.
[3] 王洪才. 论创新创业教育的多重意蕴 [J]. 江苏高教，2018 (3)：5.
[4] 王占仁. "广谱式"创新创业教育体系建设论析 [J]. 教育发展研究，2012 (3)：5.
[5] 王洪才. 创新创业教育的意义、本质及其实现 [J]. 创新与创业教育，2020 (6)：1-9.

力、创业精神和创业能力的重要途径。通过创新能力的培养、创业精神的培育、创业实践的探索、创业资源的整合以及创业文化的营造等措施，可以有效地促进乡村工匠的创新创业发展。同时，这也为乡村工匠培育中的职业教育提供了坚实的理论支撑和实践指引。

## 二、乡村工匠岗位创业与职教模式

### （一）培养理念

1. 岗位创业教育理念

岗位创业教育理念是一种将创业精神和实践融入职业教育中的教育理念，它强调在特定岗位或职业领域内培养学生的创业能力和创新精神。在职业教育中融入创业精神和实践，使乡村工匠不仅具备专业技能，还能在岗位上发挥创业能力，推动乡村经济发展。这一理念要求教育者注重培养学生的创新思维、市场意识和团队协作能力，使他们能够在乡村工匠岗位上实现个人价值和社会价值的双重提升。

2. 根植乡村的情怀理想

在乡村振兴战略背景下，培养乡村工匠的乡土情怀和服务乡村的信心至关重要。通过融合热爱乡村的情感、宣传乡村工匠的成功案例、普及乡村振兴政策等方式，激发受教育者的乡土情结，增强他们的职业认同感，为乡村提供高质量的人才资源。

### （二）培养目标

全面提升乡村从业人员的综合素养与专业技能，旨在打造一支适应乡村振兴需求的新时代工匠精英。具备良好的道德品质、职业道德和严谨的工作态度，同时掌握劳动保护、安全生产、乡村振兴及法律法规等基础知识。在职业能力方面，具备基本的专业知识和操作技能，具备解决问题和创新的能力，能独立完成工作任务；熟练掌握专业技能，具备出色的管理、创新和引领能力，能推动乡村产业创新发展和农民就业增收。整体而言，乡村工匠的培养目标旨在通过系统化的培训与实践，造就一批既有理论知识又有实践经验，既能独立工作又能团队协作，既能传承传统技艺又能创新发展的乡村工匠，为乡村振兴战略的深入实施和乡村产业的繁荣发展奠定坚实的人才基础。以下是具体的培养目标：

1. 牢固的岗位创业理念

重视岗位创业理念与能力的塑造，旨在激发工匠个体的创业热情与内生动力。主动领办或创办具有特色的乡村企业，并积极打造乡村工匠的专属品牌。

2. 职业素养

乡村工匠的职业素养包含以下几个方面。

(1) 工匠精神：弘扬敬业、精益、专注、创新等工匠精神内涵，提高乡村技术技能人才的社会地位。

(2) 责任意识和安全意识：在培育乡村工匠的过程中，提高他们的责任意识和安全意识，确保农房和村庄建设的质量安全。

(3) 法治意识和项目管理能力：注重"乡村建设带头工匠"综合素质的提高，培养他们的法治意识和项目管理能力。

3. 专业技能

乡村工匠的专业技能包含以下几个方面。

(1) 技能培训和提升：建立和完善工匠培训和管理工作机制，提高工匠的技能水平和综合素质。

(2) 传统技艺传承：挖掘和培养乡村手工业者、传统艺人，传承发展传统技艺，鼓励高等学校、职业院校开展传统技艺传承人教育。

(3) 技艺技能水平提升：通过"双百双千"培育工程，认定乡村工匠名师、大师，提升乡村工匠的技艺技能水平。

(4) 跨工种培训：鼓励"一专多能"，跨工种参加培训，引导工匠熟练掌握具有地域特色的农房建造技术。

综上所述，乡村工匠的培养目标是通过提升岗位创业能力、职业素养和专业技能等，培育一支能够扎根乡村、服务农民的高技能人才队伍，为乡村振兴提供有力的人才支撑。

(三) 培养体系

1. 知识体系

乡村工匠的专业知识是其从事相关行业的核心竞争力，它不仅包括对传统技艺的深入了解，也涵盖了对现代科技和产业经营知识的掌握。

熟悉传统技艺的历史与文化背景：乡村工匠应熟悉所从事技艺的历史渊源、发展脉络以及与之相关的文化故事和传说。这有助于他们更好地理解技艺的文化价值，从而在传承中融入更多的文化内涵。

熟悉行业标准和规范：乡村工匠需要熟悉所在行业的标准和规范，包括产品质量标准、安全生产规范等。这有助于他们确保产品的质量和安全，提升产品的市场竞争力。

熟悉市场趋势和消费者需求：乡村工匠应关注市场动态，了解消费者的需求和偏好。这有助于他们根据市场需求调整产品设计和营销策略，实现更好的经济效益。

掌握传统技艺的核心技艺：乡村工匠需要掌握所从事技艺的核心技艺，包括制作工艺、材料选择、工具使用等。这些技艺是他们传承和发扬传统技艺的基础，也是他们成为行业佼佼者的关键。

掌握现代科技的应用：乡村工匠需要掌握一些现代科技知识，如数字化设计、智能制造等。这些科技的应用可以提高生产效率，提升产品质量，拓宽市场渠道。例如，他们可以利用数字化设计软件进行产品设计和优化，利用智能制造技术进行批量生产等。

掌握产业经营和管理知识：乡村工匠需要具备一定的产业经营和管理知识，包括市场分析、品牌建设、营销推广、财务管理等。这些知识有助于他们更好地了解市场需求，制定合适的经营策略，实现可持续发展。例如，他们可以通过市场调研了解消费者需求，通过品牌建设提升产品附加值，通过营销推广拓展销售渠道等。

2. 能力体系

乡村工匠作为乡村经济与文化的传承者与创新者，其专业能力不仅体现在技艺的精湛上，更在于能够运用这些能力解决乡村发展中的实际问题。

传统技艺传承与创新能力：熟练掌握并传承乡村传统手工艺技能，如编织、陶艺、木工等，同时具备将这些传统技艺与现代设计理念相结合的创新思维。保护和传承乡村文化遗产，提升乡村手工艺品的附加值，满足市场对个性化、高品质手工艺品的需求，促进乡村经济多元化发展。

农业技术应用与推广能力：了解并掌握现代农业技术，如智能农业、生态种植、农产品加工等，具备将这些技术应用于乡村农业生产实践的能力。提高农业生产效率，优化农产品结构，增加农产品附加值，促进乡村农业可持续发展，同时提升农民的收入水平。

乡村旅游开发与运营能力：熟悉乡村旅游市场的趋势和需求，具备乡村旅游资源的开发与整合能力，以及旅游服务的运营管理能力。挖掘乡村旅游资源，打造特色乡村旅游项目，吸引游客，促进乡村旅游业的繁荣，带动乡村经济的整体发展，同时提升乡村的知名度和美誉度。

乡村社会治理与公共服务能力：了解乡村社会治理的法律法规和政策，具备参与乡村公共事务管理、提供公共服务的能力，如环境保护、乡村规划、社区服务等。改善乡村居住环境，提升乡村居民的生活质量，推动乡村社会的和谐稳定，同时促进乡村的可持续发展。

3. 素质结构

乡村工匠作为乡村发展的重要力量,除了专业知识、能力外,还需要具备以下关键素质。

强烈的乡土情感与文化认同:应深深热爱自己的家乡,对乡村文化有深厚的认同感。这种情感不仅促使他们致力于保护和传承乡村文化,还能激发他们为乡村发展贡献力量的动力。

持续学习与自我提升的能力:保持对新知识、新技术、新理念的敏锐感知和学习态度。通过不断学习,他们能够适应市场变化,提升技艺水平,为乡村发展注入新的活力。

良好的沟通与协作能力:在乡村发展中,乡村工匠往往需要与政府、企业、社区等多方合作。因此,他们应具备良好的沟通技巧和团队协作能力,以有效整合资源,推动项目落地实施。

敏锐的市场洞察力:关注市场动态,了解消费者需求,以便及时调整产品策略,开发符合市场需求的产品和服务。这种市场洞察力有助于他们在竞争中保持优势。

强烈的创新意识和实践能力:创新是乡村工匠持续发展的关键。他们应具备敢于尝试新事物的勇气,以及将创新理念转化为实际行动的能力。通过创新,乡村工匠可以推动乡村产业升级,提升乡村经济的竞争力。

良好的社会责任感和环保意识:乡村工匠在追求经济效益的同时,也应关注社会公益和环境保护。他们应积极参与乡村公益事业,推动绿色生产,为乡村的可持续发展贡献力量。

坚韧不拔的毅力和耐心:乡村工匠在创业和发展过程中可能会遇到各种困难和挑战。因此,他们应具备坚韧不拔的毅力和耐心,勇于面对困难,坚持不懈地追求目标。

(四) 职教模式

1. 确立服务乡村振兴的功能定位

在职业院校的教育版图中,"功能定位"是指其在特定社会环境中展现的独特优势和核心功能,尤其在服务乡村振兴这一国家战略下显得尤为关键。职业院校作为技能人才培养的摇篮,其核心使命在于对接国家发展战略,紧密服务区域经济社会发展,通过系统的职业教育和培训,培育出适应时代需求的高素质技术技能人才。党的二十大报告明确提出了全面推进乡村振兴的任务,要求职业教育体系优化其类型定位,探索与新时代相匹配的教育建设路径。这不仅从国家宏观政策的视角,也从职业教育本质属性的层面,强调了职业院校在乡村振兴伟大事业中的不可或缺性。

在此背景下，职业院校的首要战略考量是将服务乡村振兴作为其"功能定位"的核心，并将这一理念深深植根于学校的长远发展规划之中。为实现这一目标，职业院校需围绕"功能定位"，精心制定实施路径（即"路线表"），并细致描绘出具体的行动蓝图（即"施工图"）。正如福斯特在其经典著作《学校职业教育在发展规划中的谬误》中所强调的，唯有通过清晰而具体的规划，职业院校方能充分发挥其应有的社会功能。因此，当职业院校明确了自己在服务乡村振兴战略中的"功能定位"后，它们便能更好地承担起农村现代化建设中工匠人才培养的基础性支撑角色，从而清晰地认知自身角色、突破传统职业教育的局限、采取更为有效的行动策略。这不仅促使职业院校更加积极地将优质教育资源如课程、师资队伍、实训基地等向乡村工匠培育等乡村振兴关键项目倾斜，还能有效规避项目实施过程中的短期行为和碎片化倾向，确保教育资源的有效整合与持续利用。

2. 夯实乡村工匠培育的专业基础

乡村工匠的培育基石在于涉农专业的坚实构建，这已成为国家赋予职业院校的明确任务与重大责任[1]。从中央层面的政策引导来看，无论是中共中央、国务院的高瞻远瞩，还是教育部、人力资源和社会保障部的具体规划，均将职业院校视为乡村工匠培育不可或缺的中坚力量，并明确指出，职业院校需通过强化涉农专业建设，为乡村工匠的孕育与成长提供强有力的支撑。诸如《关于深入推进农业供给侧结构性改革 加快培育农业农村发展新动能的若干意见》这一开创性文件，首次将"乡村工匠"纳入官方视野，并特别强调职业院校应增设乡村规划建设、乡村住宅设计等特色课程，以培养专门服务于乡村建设的专业人才。同样，《关于实施乡村振兴战略的意见》也着重指出，职业院校应充分利用其教育资源优势，灵活调整专业设置，创新人才培养模式，以满足乡村振兴的多元化、深层次人才需求。此外，相关政策文件还着重提出，高校与职业院校需加强传统工艺特色专业的建设，以培养该领域的专业人才，传承与发扬传统文化。

职业院校涉农专业的开设数量与招生规模，不仅是对其助力乡村振兴力度的直观体现，也是衡量其能否有效实施乡村工匠培育战略的重要指标。然而，当前职业院校涉农专业的开设情况却不尽如人意，尤其是直接服务于第

---

[1] 姜乐军，马海燕. 我国乡村工匠培育的政策演进、内在逻辑与路径选择[J]. 教育与职业，2023（15）：97-102.

一产业农林牧渔领域的专业更是屈指可数。以江苏省为例，据《江苏省高等职业教育质量年度报告（2023）》统计，2022年全省91所高职院校中，仅有12所开设了与第一产业直接相关的专业，而在南通的6所高职院校中，更是仅有1所涉足该领域。同时，这些专业的招生人数也相对匮乏，2022年江苏省高职院校在校生总数为820683人，而农林牧渔大类专业的在校生人数仅为21734人，占比仅为2.6%，这反映出当前涉农专业建设的紧迫性与重要性。

针对这一现状，职业院校一方面要增加涉农专业的"存量"，这不仅仅意味着数量上的简单增加，更重要的是质量上的提升与结构的优化。职业院校应深入调研教育链、人才链与产业链之间的对接需求，构建一套科学、合理的专业适应性评价指标体系。这一体系需综合考虑市场需求、技术进步、产业发展趋势以及学生职业成长路径等多个维度，确保专业设置能够紧密贴合乡村振兴的实际需求。在此基础上，结合学生就业市场的反馈与企业用工的实际状况，对现有涉农专业进行深入的优化调整。这包括课程内容的更新、教学方法的创新、实践环节的强化以及师资队伍的建设等多个方面，以推动涉农专业的供给侧改革与转型升级，使其更加符合现代农业发展的需求，更好地服务于乡村振兴战略的实施。

另一方面，要做优涉农专业的"增量"，这要求职业院校不仅要紧跟现代农业发展的步伐，还要积极响应美丽乡村建设的号召，主动融入乡村振兴战略的大局之中。职业院校应深入研读《新农科人才培养引导性专业指南》及《关于加快新农科建设推进高等农林教育创新发展的意见》等文件，准确把握现代农业与乡村发展的新趋势、新要求。在此基础上，聚焦粮食安全、生态文明、智慧农业、营养与健康、乡村发展等五大关键领域，结合区域传统工艺与院校自身的专业特色，科学布局和建设新专业。例如，可以开设生物育种科学专业，培养能够运用现代生物技术进行作物育种的高素质人才；开设土地科学与技术专业，培养能够解决土地资源管理与利用问题的专业人才；开设生态修复学专业，培养能够从事生态环境保护与修复工作的专业人才等。同时，职业院校还应适度扩大涉农专业的招生规模，通过优化招生政策、提高奖助学金力度、加强专业宣传等多种方式，吸引更多有志于投身乡村振兴事业的青年学子报考涉农专业，为规模化培养乡村工匠等乡村建设所需的专业人才奠定坚实基础。这样，不仅能够满足乡村振兴战略对高素质人才的需求，还能够为职业院校的涉农专业发展注入新的活力与动力，推动高等农林教育的创新发展，为乡村振兴战略的深入实施提供有力的人才保障与智力支持。

3. 创新乡村工匠培育的培养模式

乡村工匠培育活动是一项旨在塑造乡村技艺传承者与创新者的社会工程，其培养体系的稳健运作直接关乎培育成果的质量与实效。因此，我国职业院校在设计乡村工匠培育模式时，需细致考量管理架构、教学主体、教学内容、教学方法及评价体系等多个核心要素，这些要素是乡村工匠培育从理论蓝图转化为实践行动、从政策规划迈向落地实施的关键桥梁。

（1）构建全面而高效的"乡院"多元共治体系。首要且核心的任务是构建一个全面而高效的"乡院"多元共治体系。这一体系的构建，不仅是对治理现代化核心理念的一次生动实践，更是对乡村工匠培育这一复杂社会系统工程深刻内涵的精准把握。该系统工程广泛涵盖了包括学习者、教育者、管理者、服务者在内的多元化主体，以及自然生态、社会经济、政策法规等多重维度环境，要求各要素间形成紧密互动与和谐共生。因此，职业院校需紧密依托地方政府的强大驱动力，充分发挥其引领与协调作用，有效整合政府、学校、企业及乡村社区四方资源，开创"地方政府＋乡村＋职业院校"的协同治理新模式。这一模式旨在通过构建信息高速流通平台、实现资源精准配置、强化责任共担机制，从而加速推进乡村工匠培育治理体系的现代化转型，确保培养出的乡村工匠既符合市场需求，又深植于乡村文化土壤。

（2）打造"乡情"深厚、技艺精湛的师资队伍。师资队伍的建设成为提升乡村工匠培养质量的关键一环。为了打造一支"乡情"深厚、技艺精湛的师资队伍，职业院校需采取双轨并行的策略：一方面，积极"引智入校"，即通过建立全面的专家资源库和工匠名录，广泛吸引那些热爱乡村、技艺高超且拥有市场潜力的传统工艺传承人担任兼职教师或客座教授。同时，改革现有的职称评审体系，为这些传承人在教学岗位上的技艺传授提供政策支持和制度保障，确保他们的宝贵经验和独特技艺得以有效传承。另一方面，推行"送教下乡"计划，选派具有深厚理论功底和丰富教学经验的优秀教师深入乡村一线，走进工艺品生产企业，通过实地调研、参与生产实践等方式，加深对乡村文化、生产工艺及市场需求的理解，将理论与实践紧密结合，为教学提供更加生动、实用的案例和素材，进一步夯实教学基础，提升教学质量。再者，实施"乡味"浓郁的课程与教学。课程与教学是乡村工匠培育的核心载体，它们不仅承载着知识的传授，更肩负着工匠精神的传承与乡村文化的弘扬。为了培养具有生存、发展与创新能力的新时代乡村工匠，必须让课程与教学深深扎根于乡村的土壤之中，融入丰富的乡村元素，关注并尊重乡村的特性和需求。

(3) 构建包含公共基础、专业核心与专业拓展课程的课程体系。职业院校应构建一套包含公共基础、专业核心与专业拓展课程的课程体系，旨在全面培养学生的综合素质与专业技能。

公共基础课程：在公共基础课程中融入乡村案例，如乡村历史、乡村文化、乡村治理等，通过案例分析、讨论交流等方式，让学生深入了解乡村的过去、现在与未来，增强对乡村的认同感和归属感。同时，结合时事热点，如乡村振兴战略规划、乡村绿色发展等，提升学生的政策理解能力和社会责任感。

专业核心课程：专业课程应聚焦"粮食安全"等国家重点发展领域，如现代农业技术、乡村电商、乡村旅游等，通过理论与实践相结合的方式，培养学生的专业技能和实践能力。同时，结合乡村产业特点，开发具有地方特色的专业课程，如特色农产品加工、乡村手工艺制作等，提升学生的就业竞争力和创业能力。

专业拓展课程：专业拓展课程旨在拓宽学生的知识视野和创新能力，如数智乡村、乡村社会治理创新等，通过邀请行业专家、企业家举办讲座、研讨等方式，让学生了解乡村发展的前沿动态和趋势，激发学生的创新思维和创业热情。

(4) 采取"校园＋田园""线上＋线下"的教学模式。为了打破传统教学壁垒，提升教学效果，职业院校应采取"校园＋田园""线上＋线下"的灵活教学模式。

"校园＋田园"教学模式：将课堂延伸至乡村田间，让学生在真实的乡村环境中学习、实践和创新。通过组织田间教学、乡村调研、农户访谈等活动，让学生深入了解乡村的生产生活、文化传承和社会变迁，培养学生的实践能力和社会责任感。同时，与乡村企业、合作社等建立合作关系，为学生提供实习实训和就业创业机会。

"线上＋线下"教学模式：利用数字化技术，如在线教学平台、虚拟现实技术等，打破时间和空间的限制，为学生提供便捷的学习资源和个性化的学习路径。通过线上课程学习、线下实践操作相结合的方式，实现理论与实践的深度融合。同时，建立线上学习社区，鼓励学生进行互动交流、资源共享和协作学习，提升学生的自主学习能力和团队协作能力。

(5) 开展形式多样的教育培训活动。为了让农民在本土接受系统教育，职业院校应深入乡村田间，贴近农户社区，开展形式多样的教育培训活动。

开展乡村工匠培训：针对乡村工匠的实际需求，开展针对性的技能培训、创业指导和政策宣讲等活动，提升他们的专业技能和创业能力。同时，建立乡村工匠人才库，为乡村工匠提供职业发展路径规划和跟踪服务。

建立乡村教育基地：在乡村地区建立教育基地，如乡村图书馆、乡村文化中心等，为农民提供学习交流的平台和资源。通过举办讲座、展览、文化活动等方式，提升农民的文化素养和审美能力。

推动乡村教育普及：利用职业院校的教育资源和师资力量，开展乡村教育普及活动，如乡村夜校、远程教育等，为农民提供便捷的学习机会和途径。同时，加强与乡村学校的合作与交流，推动乡村教育的均衡发展。

（6）开展"乡适"精准的质量评价。这一评价体系的设计，需紧密围绕乡村工匠学习者的特性及其成长路径，确保评价与结果的应用能够精准对接工匠的实际需构建"自评、生评、师评、督导评"四维评价体系，旨在全面、客观地反映学习者的学习状态与成长轨迹。自评鼓励学习者自我反思，促进自我认知与自我提升；生评则通过同伴评价，增强团队协作与沟通能力；师评由专业教师根据学习者的专业技能掌握程度、学习态度及创新能力等方面进行综合评定；督导评则引入第三方机构或校内督导团队，确保评价的公正性与专业性。四维评价体系的建立，既注重理论知识与实践能力的双重考核，又兼顾了评价的全面性与多元性。

评价方式的选择需灵活多样，结合定量与定性、过程与阶段、校内与校外等多个维度，确保评价的全面性与准确性。定量评价可通过考试成绩、作品完成度等量化指标衡量学习者的知识与技能掌握情况；定性评价则关注学习者的学习态度、创新思维、团队合作等非量化因素；过程评价关注学习过程中的表现与进步，阶段评价则在不同学习阶段结束时进行总结性评价，确保评价的连续性与阶段性。校内评价主要侧重于教学环境与资源的利用情况；而校外评价则关注学习者在实习实训、社会实践中的表现与反馈，实现评价的内外结合，全面反映学习者的成长历程。

评价指标体系的建立需从政策、教学、实践到成效等多维度出发，确保评价的科学性与针对性。政策层面关注教育政策与乡村工匠培育目标的契合度；教学层面评价教学内容、方法与手段的适用性；实践层面考察实习实训、项目参与等实践活动的有效性；成效层面则关注学习者的就业创业情况、收入增长及对社会经济的贡献等，确保评价的实用性与导向性。

建立传统技术工艺培训的反馈机制，通过定期收集工匠学习者的就业创业信息、收入增长情况及市场反馈，及时调整培训内容与方法，确保培训内容与市场需求的高度契合。同时，根据反馈结果进行后续培训规划，为学习者提供持续的学习与发展支持，助力其成长为兼具传统技艺与现代素养的技术能手、能工巧匠乃至大国工匠，为乡村振兴与产业升级贡献力量。

  乡村工匠培育的职业教育理论体系是一个综合性的框架，旨在通过标准化的培养流程、实践岗位的锻炼以及数智化工坊的创新实践，培养出适应乡村振兴需求的高素质技能人才。该体系不仅注重传统技艺的传承与创新，还强调现代科技的应用和创业精神的培养，为乡村工匠的个人成长和职业发展提供了坚实的理论基础和实践指导。

# 第四章 "乡村工匠"人才培养模式与路径

乡村振兴，关键在人，包括生产经营人才、创新创业人才、乡村治理人才、技术服务推广人才等各类人才；基础靠教育，涉农相关专业学生培育、从事农业农村从业人员培训、院校科技服务人才培养等；发展靠机制，须建立涉农相关专业学生、培训学员、科技服务人才培养机制，努力培养服务乡村振兴的高技艺农业农村技能人才队伍。职业教育是高技能人才培养的"职业赛道"、高素养劳动者队伍建设的"技能通道"，浙江同济科技职业学院在乡村振兴和高质量共同富裕建设中发挥自身优势，做出了一定成效，成果实施以来，培育"乡村工匠"共富乡村创新路径等得到光明日报、新华网、教育厅官网等媒体报道10余篇，成效显著。成果着力打造高素养劳动者队伍，助力浙江省"三支队伍"建设，培养高技能应用型服务乡村振兴人才。

## 第一节 "乡村工匠"人才培养模式

2023年中央一号文件指出"大力发展面向乡村振兴的职业教育"，这为新时代职业院校开展职业教育，助力乡村振兴提供了科学指引和行动指南。浙江同济科技职业学院是一所由浙江省水利厅举办的全日制公办高等职业院校，是全国文明单位、浙江省首届文明校园，入选教育部现代学徒制试点单位、全国水利职业教育示范院校、浙江省"双高计划"建设单位等。近年来，学校在乡村振兴和高质量共同富裕建设中发挥自身优势，积极开展教育培训、政策咨询、科技服务、人才培养等建立"立体化"服务共富联盟，探索精准高质量共同富裕模式，协同推进乡村振兴人才培养的新路径。构建"乡村出题，高校解题，真题实做，学生出彩"的"乡村工匠"模式，基于"理论＋实践"的行动方法和"高校＋乡村"模式，提出要从"参与式"到"服务型"理念、从"单一式"到"融合型"方式、从"双向服务"到"多元协同"机制等层面转变思维逻辑,探索协同推进乡村振兴和共同富裕的路径,取得较好效果,毕业生质量显著提升,乡村人才供给数量显著增加。

师生服务团队联系指导山区海岛县开展乡村振兴服务,解决农村人居环境提升、乡村产业发展、制定实用性发展规划等多重需求,打造"乡村工匠"创新培养模式,以适应新质生产力客观发展需求,创新构筑"学校乡村双主体、教师师傅双导师、学生工匠双身份、教室田间双场所"和"校园＋乡村、专业＋产业、教师＋技师、学生＋村民、课程＋村情"的"四双五融"的共育体系。同时,丰富浙阿乡村振兴结对共建机制,拓展浙江援疆路径,选派师生参与新疆维吾尔自治区大学生乡村振兴创意大赛,助力课程思政融入下的高素质技能型人才培养,在全国属于先试先行,具有一定的示范性。

近三年,组建上百支师生服务团队,主动对接永嘉、泰顺、文成、苍南、平阳、松阳、桐庐、绍兴、萧山、余杭等地开展未来乡村规划设计、和美乡村共富、乡村农业文化遗产振兴等,累计指导 200 余个村庄环境提升、415 个基层小微型工程改(建)造、480 个农村电商发展,每年为基层提供技术指导服务近 5000 人次。学校连续 3 年获评全国高校设计赋能乡村振兴志愿服务先进单位等(全国 34 所),《新型设计工匠的赋能乡村振兴的探索与实践》案例入选 2023 年工信部典型案例一等奖(全国一等奖 19 个)、案例成果《基于工作制平台的现代学徒制艺术设计人才培养模式探索与实践》分别荣获教育部全国艺术实践工作坊一等奖、高校美育改革创新优秀案例二等奖等。成果《泰顺县库村村非遗米塑体验馆艺术设计》《永嘉县江枫村"艾桑侬"研学空间艺术设计》等入选全国第 61 届中国高等教育博览会"全国高校设计赋能乡村振兴"创新案例(数量省内高校排名第一),获评全国"设计赋能乡村振兴先进单位"。《培育"乡村工匠"赋能共富发展》在教育部职业院校艺术设计类专业教学指导委员会上作乡村振兴优秀案例专题报告(全国仅 4 所),反响强烈,得到全国与会学者一致认可。

### 一、校村协同育人,重构"乡村工匠"人才培养体系

落实"乡村工匠"培养标准,深化村校协同育人模式改革,聚焦专业建设、教学评价、实习创业等方面,创新构筑"四双五融"共育体系。以乡村振兴技能需求为导向,重点深化人才培养学程模块与课程改革,实现服务乡村振兴课程链在学校 26 个专业全覆盖,目前已开设乡村振兴创意设计、乡村景观设计与施工实训等多门"校-企-村"合作共建特色课程,多维度拓宽人才培养路径。

2024年6—10月，学校作为全国首家高校参与联合承办新疆维吾尔自治区大学生乡村振兴创意大赛、浙江省大学生乡村振兴创意大赛。近三年，免费开展助力"浙江省大学生乡村振兴创意大赛""浙江省大学生助力旅游业'微改造、精提升'创意策划大赛"等活动。学生奚琳璐登上新华社《半月谈》杂志视频号向全国做乡村振兴服务经验分享，学生张盼欣在全国大学生乡村振兴大赛宣讲会上经验分享等。青年教师张峰、刘益曦等扎根山区乡镇助力乡村振兴，用汗水彰显了同科（浙江同济科技职业学院）人的担当，并入选首届省"最美浙江人·最美水利人"提名人物、省委省政府"浙江省农业推广先进个人"等。

## 二、搭建校企平台，展现"全方位"人才培养服务

聚合"校-企-政-村"多方力量，共建劳模工作室、大师工作室、产业学院等多个协同育人平台，建成全省规模最大、功能最全的水利行业公共实训基地，把教学课堂搬到工程现场、田间地头、建设一线，切实提升学生实用技能与乡村情怀。作为全国高校设计赋能乡村振兴专项办公室委员单位，学校与安吉中心共建"乡村振兴教学实践基地"，与松阳县政府共建"茶产业电子商务学院"，成立萧山区域经济环境艺术产业学院等，给予乡村新技术、新标准教学指导，帮助村民孵化创业项目，带动地方致富增收。

近三年，学校打造技能大师、企业工作室16个，培育行业产教融合型企业近10家，入选省级机械设计制造专业类现场工程师联合培养项目、省级水利电力行业产教融合共同体、省级"1+4+X"模式的水利工程建设管理学徒制育人生产实训项目、省级数字化精密制造产教融合实践中心等产教融合项目。创建事前主动介入、事中主动服务，事后主动跟踪的"全程服务"实践载体，为乡村振兴提供规划、农产品品牌设计推广、市场运营等一系列设计与服务。

## 三、党建引领专业，健全"融发展"人才保障机制

发挥好党建引领作用，建设一支政治强、情怀深、思维新、视野广、自律严、人格正的思政课教师队伍。打造专业群"双带头人"服务乡村振兴的聚力平台，实现人、事、物同频共振。建立健全服务乡村振兴保障制度，对参与乡村振兴服务的师生给予绩效评价、业绩评定、评奖评优等方面政策倾斜，如教师职称评定中设置社会服务特聘岗、学生实行学时互认与学分互通制度等。

发挥好党建引领作用，2024年，参与由浙江援疆指挥部组织的"千万工程"阿克苏行动，与新疆理工学院、经济贸易与管理学院、教师第一党支部等签订党建共同体，丰富浙阿乡村振兴结对共建机制。学校强化与阿克苏地区校地合作，党员教师带领学生图苏古丽·艾力等团队服务阿克苏地区佳木镇兰杆村，以电商、规划、培训等助力乡村振兴，得到乡镇党委书记高度赞扬。此外，组建"乡村振兴规划与理论协同创新"等专业运作团队"安营扎寨"，采用以赛促教、以赛促研等开展乡村振兴创意大赛，形成近百人的校内外专家学者组建的专业智库团队，团队被授予校"高水平科技创新团队"等。

## 第二节 "乡村工匠"人才培养路径

通过建设与实施，形成完善的服务乡村振兴国家战略的办学体制机制，形成人才培养新模式，培养引领农业农村现代化发展的卓越人才和高素质技术技能人才。主动布局市域产教联合体，有序建设行业产教融合共同体。夯实人才培养与成果转化推广保障新举措，形成一批涉农类"双师型"教师队伍，开发国家级乡村振兴专题资源库，建成系列服务乡村振兴专业、课程、教师、基地、教材等，建成集教学实践、社会培训、技术服务等于一体的乡村振兴产业学院，实现"教育链、人才链、产业链、创新链"在纵向上内部融通，在横向上相互打通。形成农业科技成果转化与推广的新机制，产出一批先进实用的科技创新成果，推广一批农业新技术、新模式、新品种。将学校建设成为全省乃至全国优质学校培养优质人才的重要窗口。

### 一、全省现代农水专业集群建设的"领航者"

以强农兴农为己任，依托水利行业，聚焦乡村振兴战略，围绕现代种植业、乡村建设产业、乡村休闲产业等省重点产业发展需求，坚守"水"，紧扣"农"，紧盯"特"，建立特色专业群优化升级、协同发展机制。到2027年，现代农业水利工程专业群坚守农业发展"命脉"，聚焦水利全产业链转型升级，打造浙江省农水安全保障人才支撑源、现代水利行业转型升级技术服务重地；农村智能建造运维专业群紧扣以"智"助"农"，聚焦"乡村振兴战略"和智慧农业行业发展需求，打造助力"百千万"[1]工程示范区的"浙江方案"；数字乡村营销设计专业群紧盯优化农村人居环境，聚焦新时代"千万工程"[2]，打造助力服务业高质量发展"百千万"工程（图4-1）。

### 二、全省乡村振兴技能人才培养的"排头兵"

发挥自身优势助力乡村振兴与共同富裕，构建"乡村出题，高校解题，

---

[1] 2023年3月，省政府办公厅印发了《浙江省服务业高质量发展"百千万"工程实施方案（2023—2027年）》，"百千万"指的是建成100个数字赋能、特色鲜明、业态高端、能级突出的服务业重点平台，打造1000家左右创新能力强、发展潜力大、示范引领作用突出的服务业领军企业，实施1000个左右战略导向鲜明、业态模式先进、示范引领突出的服务业重大项目。

[2] "千万工程"是习近平总书记2003年在浙江工作期间亲自谋划、亲自部署、亲自推动的一项重大决策，是"千村示范、万村整治"工程的简称。

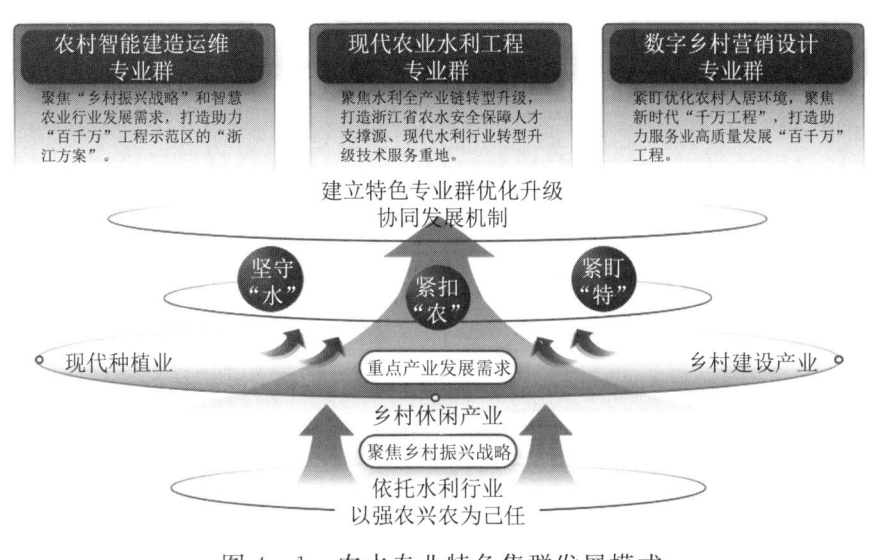

图 4-1 农水专业特色集群发展模式

真题实做，学生出彩"的"乡村工匠"培养路径，着力打造高素养劳动者队伍，助力浙江省"三支队伍"建设。积极探索现代职业教育服务乡村发展的新路径，学校构建"四双五融"村校共生机制，五大专业群师生发挥各自的专业优势，全方位聚焦乡村共富的重点领域，多维度赋能助力山区县跨越式高质量发展，探索创新"村校共建＋城乡帮扶"的共富新路径，把服务乡村振兴打造成为落实立德树人、提高办学成效的新课堂，培养"爱农业、懂技术、善经营、会创业"的高素质复合型技术技能人才，争当高素质乡村振兴人才培养的"排头兵"（图4-2）。

### 三、全省农水名师名匠队伍建设的"领头雁"

围绕农业农村人才培养、科技创新、成果转化、社会服务、创新创业需求，通过师德师风、"双师型"教学团队、"结构化"创新团队等建设，不断提升专业素养和实践能力，运用数字技术和智能技术开展教学改革创新，打造一批师德高尚、素质优良、技艺精湛、数字技能过硬的农科教师教学创新团队和农水科技服务创新团队，让教科研人员成为科技服务推广人才的主力军，支撑乡村振兴高技术人才培养（图4-3）。

### 四、全省涉农科技创新成果转化的"新标杆"

紧紧围绕乡村振兴战略部署要求，聚焦深化新时代"千万工程"，遵循"以水兴农、服务产业、集聚协同、开放共享"理念，以"三农"需求与问题

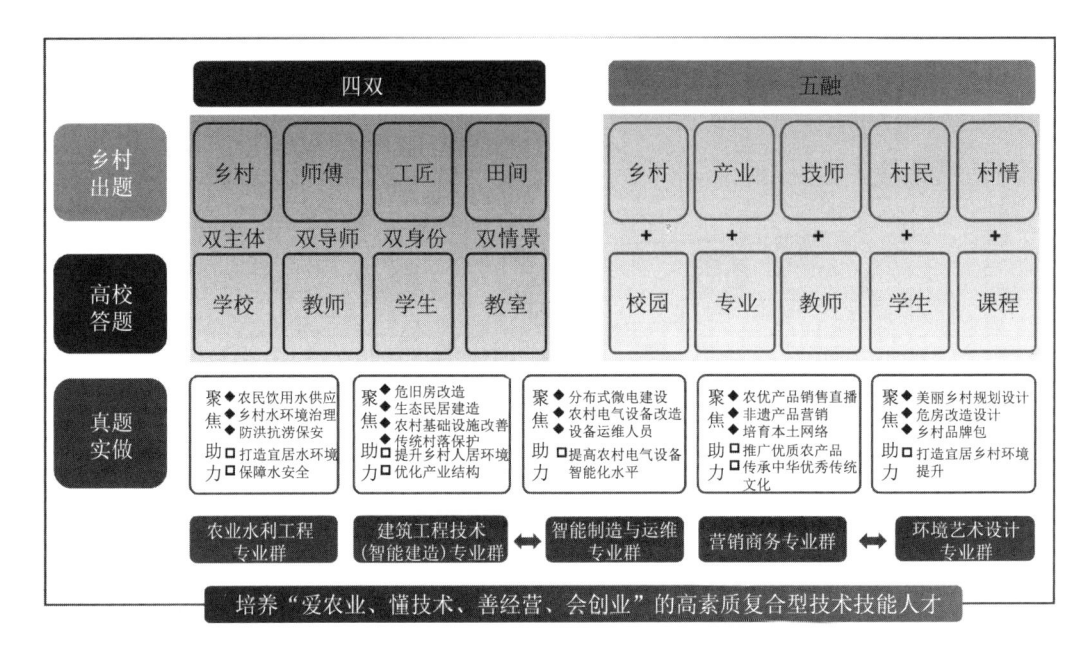

图 4-2 "四双五融"乡村振兴人才培养模式

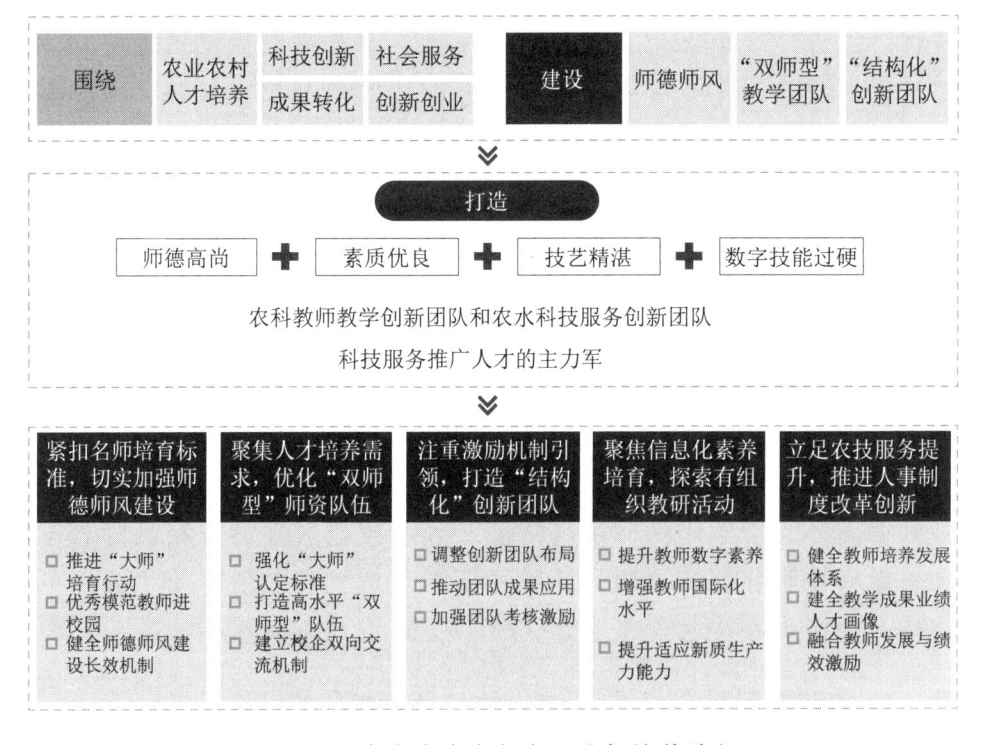

图 4-3 全省农水名师名匠队伍培养路径

为导向，深化水利、艺术、信息、智能等多学科融合，赋能乡村振兴，打造集人才培养、团队建设、科学研究、技术服务于一体的技术技能创新服务平台。到2027年，成为推动浙江水利高质量发展、服务乡村振兴的重要载体，创建科教融汇、产教融合的技术技能创新样板，技术服务合同额5000万元以上、厅级及以上创新平台2个以上、省部级以上奖项3项以上（图4-4）。

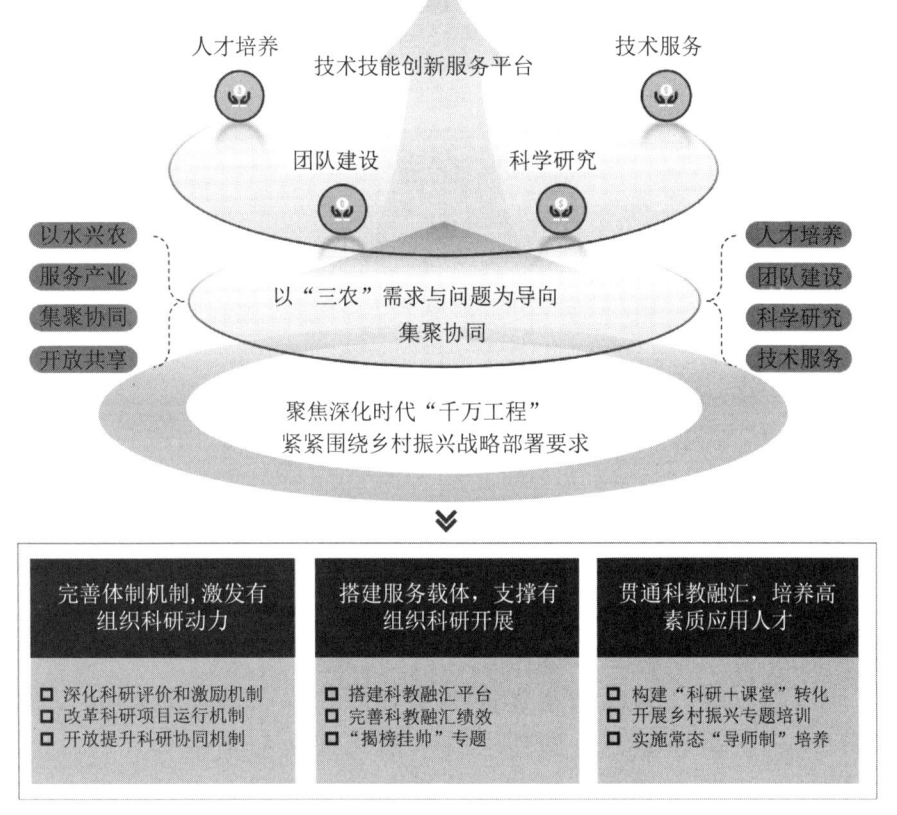

图4-4 技术技能创新服务成果转化

### 五、全省育训一体保障平台建设的"新典范"

聚焦产教融合，着力培养更多高素质技术技能人才，推进学校主动对接市域产教联合体，牵头建设行业产教融合共同体，推进职业院校赋能乡村振兴专题资源库建设，建设一批集实践教学、技术展示、创业孵化等功能于一体的公共实训基地，建设服务支柱产业相关专业领域校企共享的数字化课程资源库、案例库，稳步推进省级以上技能大师工作室的建设工作。紧紧围绕乡村振兴国家战略，以高质量校企合作职业教育专业群建设为契机，立足区域产业发展，创新构建金团队、金专业、金教材、金课程、金基地等育训一体服务乡村振兴平台建设（图4-5）。

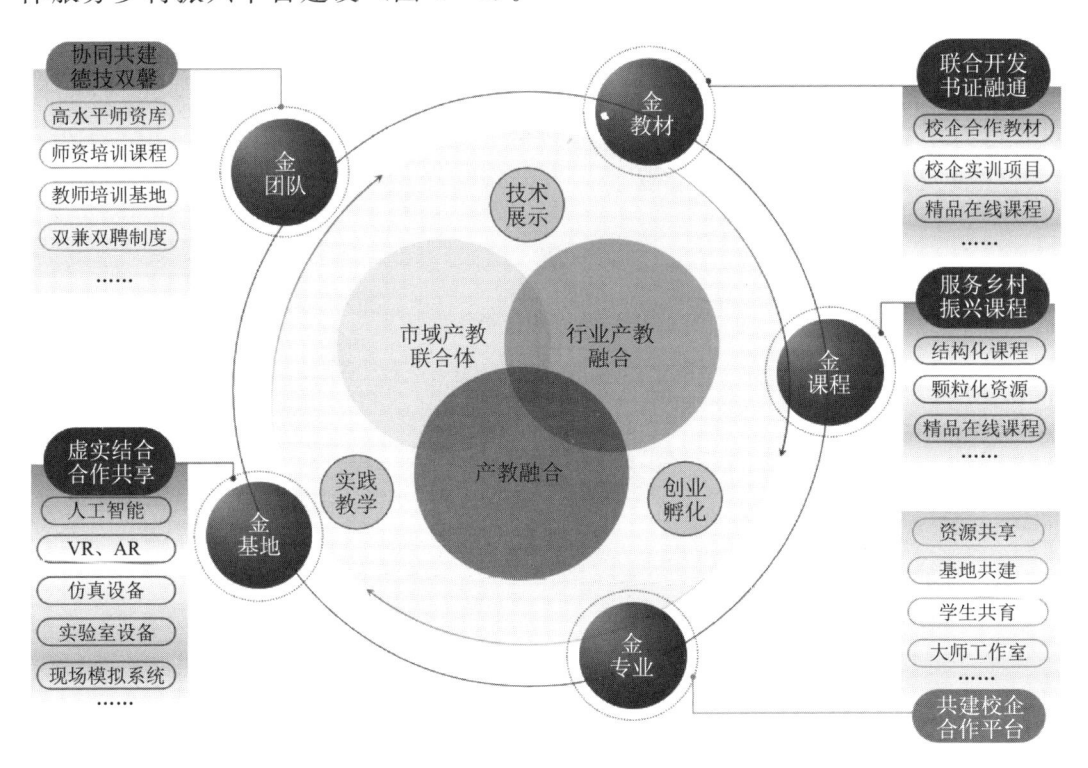

图4-5 育训一体服务乡村振兴平台建设

## 六、全省农村水利行业人才培训的"新高地"

紧紧围绕持续提升农村供水保障水平、强化农村防洪抗旱能力建设、增强水生态环境保护治理能力、提高农村水利管理服务水平等乡村振兴水利保障重点，开展乡村振兴水利保障"三支队伍"建设，实施乡村振兴水利保障人才培育工程，力争2027年前，实现农村水利员培训全覆盖，全省乡村振兴水利保障队伍培训10万人次，培育乡村振兴技能人才2.5万人，其中：全国水利技术能手10人，浙江省技术能手20余人，高技能人才5000人；开展"科技工作者服务基层助力乡村振兴大行动"，提供乡村振兴技术服务100余项，实现全省山区海岛25县全覆盖（图4-6）。

## 七、全省职教助力乡村振兴出海的"新品牌"

坚持开放办学、突出涉农特色，主动对接国家教育对外开放战略，全面推进共建"一带一路"教育行动。通过开展国际课程合作、培养来华国际学生、开展海外技术培训、成立海外示范基地等形式走出一条独具特色的国际

## "乡村工匠"人才培养路径 第二节

图中内容：

- 提升农村供水保障水平
- 提高农村水利管理服务水平
- 强化农村防洪抗旱能力建设
- 乡村振兴水利保障"三支队伍"建设
- 增强水生态环境保护治理能力
- 实施乡村振兴水利保障人才培育工程

中心：全省农水技能人才集聚培养的"新高地"

科技工作者服务基层助力乡村振兴大行动

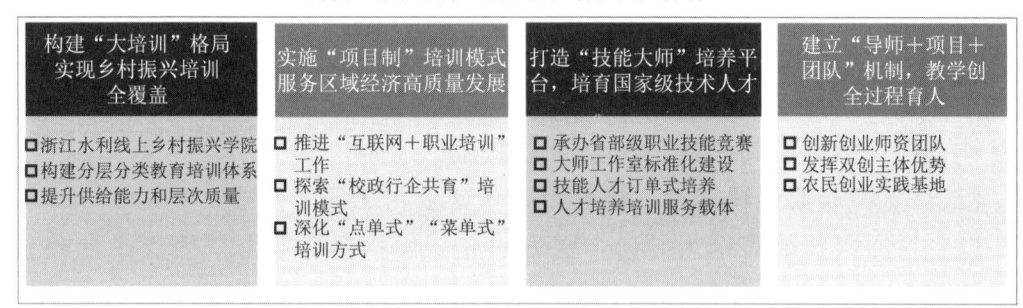

| 构建"大培训"格局实现乡村振兴培训全覆盖 | 实施"项目制"培训模式服务区域经济高质量发展 | 打造"技能大师"培养平台，培育国家级技术人才 | 建立"导师+项目+团队"机制，教学创全过程育人 |
|---|---|---|---|
| □ 浙江水利线上乡村振兴学院<br>□ 构建分层分类教育培训体系<br>□ 提升供给能力和层次质量 | □ 推进"互联网+职业培训"工作<br>□ 探索"校政行企共育"培训模式<br>□ 深化"点单式""菜单式"培训方式 | □ 承办省部级职业技能竞赛<br>□ 大师工作室标准化建设<br>□ 技能人才订单式培养<br>□ 人才培养培训服务载体 | □ 创新创业师团队<br>□ 发挥双创主体优势<br>□ 农民创业实践基地 |

图4-6 乡村振兴水利保障人才培育工程

化育人之路，进一步提升学校对外交流合作水平和国际影响力。在讲好美丽中国故事的旋律下，打造涉农教育国际合作知名品牌（图4-7）。

全面推进共建"一带一路"教育行动

坚持开放办学　突出涉农特色

对接国家教育对外开放战略 → 国际课程合作 / 开展海外技术培训 / 培养来华国际学生 / 成立海外示范基地 → 提升学校对外交流合作水平和国际影响力

| 互联互通教学资源，塑造鲜明特色中外办学品牌 | 做强做优"丝路学校"，提升服务国际化技能水平 | 做强国际培训教育，打造服务乡村振兴国际化样本 | 找寻国际合作平台，促进农水技术人才培养与研究 |
|---|---|---|---|
| □ 完善学分互认机制<br>□ 打通"2+1+X"专升本硕留学通道<br>□ 打造中外合作办学机构示范品牌 | □ 联合柬埔寨、乌兹别克斯坦共建"丝路学院"<br>□ 共建"巴基斯坦水电运行维护培训基地"<br>□ 形成"三农"走出去同科模式 | □ 积极服务"一带一路"倡议<br>□ 承办各类涉农国际研修班<br>□ 培训"一带一路"沿线学员 | □ 成立长三角"乡村振兴"国家化产教联盟<br>□ 开展"三农"国际人才培养和学术交流合作<br>□ 提升"三农"职业师资水平和技术创新能力 |

图4-7 共建"一带一路"教育行动

## 第三节 乡村工匠人才培养内容

### 一、实施专业特色凝练行动,服务现代农水产业集群

**(一)提升专业集群融合力,构建互融共生的专业群体系**

服务乡村振兴国家战略,紧密对接现代种植业、农资农机产业、乡村休闲产业等浙江省重点产业,基于现代农业水利工程、农村智能建造运维、数字乡村营销设计三个专业群服务面向,实施"扶强做优"特色专业群打造工程,"做强"现代农业水利工程省高水平专业群,"做优"农村智能建造运维、数字乡村营销设计专业群,构建"1+2"梯度发展、优质资源共享、特色优势互补、社会服务协同的特色专业群体系。

**(二)重构专业课程体系,培养新时代"乡村工匠"范式**

以乡村振兴技能需求为导向,探索建立三大特色专业群"底层平台共享、中层技能分层、高层专业方向任选"的个性化人才培养的课程体系。校企行(行业指导委员会)共同开发专业群平台课程,推动专业与企业需求、项目与乡村任务、课程与岗位目标等协同调整。精准对接行业岗位技能和职业技能竞赛要求,突出专业与创新能力的融合,激发学生服务乡村振兴通用潜力。完善专业课程与职业等级证书的深度融合,增强课程体系的职业岗位适应性。

**(三)激发乡村振兴原动力,保障高质量发展长效机制**

主动对接乡村振兴战略部署,持续优化"调整专业""停招专业""专业划转""新增专业""专业随产业发展"的动态调整机制,建立科学合理的专业分层分类评价体系,开展专业的分层分类评价,实施专业动态调整,为乡村振兴提供人才支撑。建立并运用专业群大数据平台,通过信息化手段建立专业建设检测评价机制,对专业设置(方向)、人才培养进行动态检测、预警,根据检测评价结果,实施专业动态调整,确保专业群与乡村振兴相关产业链深度融合,实现自我完善的专业群可持续发展。

**(四)提质培优融产业发展,研制育训融合课程标准**

聚焦水生态修复、水环境保护、测绘地理信息、现代农业设施(设备)、智能农业机械、农业数字化生产、植保无人机等乡村振兴前沿技术,优化设计课程教学内容与教学模块。对标育训结合、知行合一,融入思政教育、"三

农"思想、职业规范、职业标准、职业技能、创新能力等要素，研制 6 门专业基础课程、25 门专业核心课程标准，为特色专业群规范教学实施、评价教学质量、开展教材和教法改革提供质量保障。

## 二、实施培养模式创新行动，打造乡村振兴领头雁阵

### （一）坚持"大思政课"建设体系，以耕读教育培养知农爱农新农人

深入挖掘耕读教育课程教学资源列入涉农思想政治教育课程体系，与时俱进更新教学内容并创新教育手段，鼓励教师围绕乡村振兴、农耕文明、美丽中国、农业文化、"三农"等题材编撰耕读教育教材，为"耕读＋思政"课程的开展提供有力支撑，带领学生拓展"三农"宏观视野，积淀"三农"知识储备，形成"三农"认知体系，将耕读教育内容融入思想政治教育授课过程。

### （二）坚持需求导向，因地制宜推动"乡村工匠"人才培养模式创新

坚持"需求导向、技能本位、服务乡村、全面发展"的原则，以全面提升学生技能知识、实践能力、综合素质为核心目标，实现真题实做。聚焦乡村振兴创新链、产业链、资金链，培养各类生产、经营、管理、服务、科技等技术技能人才服务乡村。同时，因地制宜、分类施策，为乡土人才提供更多的实用培训课程、田间课堂，采用"微技能"课程培训包进行线上授课，使得课程学得会、上手快、能致富的模式转变，真正解决人才培养模式的转型创新。

### （三）坚持标准引领，构建"四双五融"服务乡村振兴的共育体系

坚持标准引领，推进"乡村工匠"培养标准制定，包含乡村工匠定义、职业素养、职业知识与职业技能、职业能力培训、培训整体流程与培训机构资质等，确定职业评定原则、申报条件、专家库组成、评定流程、管理与监督、评定指标细则等，深化村校协同育人模式改革，聚焦专业建设、教学评价、实习创业等方面，创新构筑"四双五融"共育体系标准化。依托于《乡村工匠职业能力培训与评定规范》（T/EJCCCSE 225—2024）标准规范，着力培养应用型、技能型服务乡村振兴的专业人才，助力乡村高质量振兴。

### （四）坚持党建与服务乡村振兴相融合，稳步推进保障机制建设

发挥好党建引领作用，按照"支部建在专业上，党建业务相融合"的原则进行专业建设与管理，实现"双带头人"全覆盖、"省级样板支部"全覆盖，建成全国高校样板支部。成立乡村振兴顾问委员会，积极推进国家级乡

村振兴专题资源库建设,建立年、季、月工作进展反馈与沟通机制,确保职业院校服务乡村振兴落地生根。以浙江省乡村振兴人才培养优质校建设为契机,要加快培育现代"新农人"队伍,强化党建引领下对乡村振兴和农业农村现代化教育、科技、人才支撑。

### 三、实施师资培优赋能行动,培育教学服务双师人才

#### (一)紧扣名师培育标准,切实加强师德师风建设

持续推进"大师"培育行动。大力弘扬教育家精神,推动教育家精神融入教师培养培训全过程,贯穿教书育人各环节。常态化开展"优秀模范教师进校园"。以"克己慎独,守心明性"为主线,定期开展师德师风大讲堂,邀请全国、全省优秀教师、优秀教育工作者以及在乡村振兴工作中涌现出的先进典型、模范人物,进校园与教师面对面讲座交流。坚持师德失范一票否决制。把师德师风作为评价教师队伍素质的第一标准,修订完善师德师风管理办法,健全师德师风建设长效机制,对师德违规问题"零容忍"。

#### (二)聚焦人才培养需求,优化"双师型"师资队伍

进一步强化"双师"认定标准。强化"双师"是职业教育师资标签的重要意义,按照"双师"是在真实工作岗位上指导学生完成真实工作任务教师的认定标准,重构"双师"等级认定体系。专业教师中"双师"型教师比例达到93%以上,其中涉农专业"双师"型教师比例达到100%,全面提升教师解决实际问题的能力和动力。分类打造高水平"双师型"队伍。以乡村振兴为重点,打造由大国工匠、技能大师组成的"教练型"双师5名,重点提升学生技术技能水平;引进、培育10名省部级高层次人才,打造由知名专家领衔、教授和青年博士为主的"专业型"双师,重点提升学校服务乡村振兴的科研、服务水平;培养100名中青年骨干教师为主的"竞赛型"双师,重点提升涉农专业教师参加教学能力大赛和指导学生参加全国职业院校大赛成绩水平。建立校企双向交流机制。探索涉农企业人员、基层优秀涉农技术人员的教师资格认定机制,建立行业企业人员兼职授课的评价、考核与激励制度。与涉农企业、基层农校互建技能大师工作室,特设工作岗位,畅通企业经营管理人员、专业技术人员、高技能人才到学校任教和学校教师到涉农企业任职的渠道。

#### (三)注重激励机制引领,打造"结构化"创新团队

调整创新团队布局。对接国家战略、地方产业布局,结合学校专业群建设,以乡村振兴为突破点,以产教融合为重点,以产定团、以产改团、以产

促团，搭建高能级人才载体平台，实现"跨界组团"，打造两支以上国家级高水平、结构化的教师教学创新团队。推动团队成果应用。推动团队教科研成果与产业最新技术融合创新，出台支持政策，加强团队教科研成果与技术实践成果之间的转化，支持团队将产业最新应用的技术创新成果融入课程教学中，提升教育教学质量。加强团队考核激励。定期对教师个人和团队教科研成果进行评估，不定期组织主题教研活动，促进团队持续性发展。突破二级学院绩效限制，探索团队薪酬制，激发创新团队成员干事创业的内在动力。

**（四）聚焦信息化素养培育，探索有组织教研活动**

提升教师数字素养。加强教师人工智能、虚拟现实等新技术在农业领域的应用培训，开展教师数字化、智能化教学能力评价。鼓励教师探索人工智能与涉农教育教学深度融合的路径，合理运用数字工具改进教学行为、优化教学环节、调控教学进程。引进具有国际化视野的高水平、高层次教师，组织青年博士和骨干教师开展"双语"教研，选派优质师资跟随合作企业、合作项目"走出去"，全面加强教师"国际化"水平，为学校"职教出海"提供人才保障。提升教师适应新质生产力能力。加强教改项目力度，让农业领域专业教师人人有项目，通过项目带动课程改革，促进教师主动研究掌握乡村振兴、农业农村产业最新工作过程，实现自我知识结构的重塑，适应乡村振兴、农业农村产业新技术、新工艺的发展，将最新的理论、最新的技术传授给学生。

**（五）立足农技服务提升，推进人事制度改革创新**

健全教师培养发展体系。修订《新教师培养管理办法》《兼职教师管理办法》，全面加强新进教师教学能力培养，充分发挥涉农专业兼职教师在教科研中的作用。加强教师发展、教学督导力量，强化对教师在教学、科研等工作的全过程培养指导。改革教师考评机制，修订职称评聘、岗位聘任和教师教学考核工作制度，激发师资服务乡村振兴队伍活力。建全教学成果业绩人才画像，将人才的能力、特质、个性等素质信息，与工作行为、业绩目标、高绩效行为表现等指标相整合，对教学型、科研型、社会服务型等不同类型的教师采取分类评价与考核，构建起立体多维的虚拟人才形象，符合服务乡村振兴多元价值取向和高效信息社会对人才的需求。探索教师专业发展与绩效激励相结合的模式，鼓励教师围绕乡村振兴人才培养、教育教学、科学研究、社会服务等方面作出贡献，设立服务乡村振兴特色贡献奖励指标，对年度内做出突出贡献的人员，给予突出贡献奖。对高层次人才的职业发展实行"一事一议"精准施策。

### 四、实施科技引擎铸造行动，驱动产业与育人双提升

#### （一）完善体制机制，激发有组织科研动力

深化体制机制改革，进一步优化科研资源配置、激发创新主体活力、深化学科专业交叉融合、推进"有组织科研"实施，更好实现科研力量系统集成、创新动能持续释放。一是创新深化科研评价和激励机制。以创新质量和实际贡献为导向，不断完善和优化科研评价和激励机制，推动教师开展有组织科研，增强创新内生动力，提升高质量成果数量和可持续性。二是改革攻坚科研项目运行机制。以精准服务乡村振兴为目标，深化学科融合、科教融汇，挖掘校内外资源，开展有组织调研，推动形成有效对接服务机制，凝练科学问题，形成"课题＋团队＋导师"协同攻关机制，提升团队凝聚。三是开放提升科研协同创新机制。创新合作模式，推动院校合作、师生合作、校企合作，深化科教融汇、协同攻关创新机制，挖掘和利用博士、引进人才的校外资源共享机制，探索建立教科研设备及实验室开放共享机制。

#### （二）搭建服务载体，支撑有组织科研开展

以"三农"问题和需求为导向，深化学科融合、科教融汇，挖掘凝聚培育科研特色，建立平台团队、设置专题，强化方向引领、明确主攻方向，形成服务乡村振兴优势。一是搭建科教融汇平台。落实上级部门乡村振兴工作部署，对接行业业务部门、乡村振兴发展需求，成立技术服务平台、建立多支团队，持续跟进深化拓展技术服务，提升服务能力和服务的持续性。牵头成立浙江省水利标准化协会，聚集乡村振兴，成立标准化研究院；高标准建设水利工程白蚁防治实验室，在白蚁防治技术服务域取得突破；成立技术转移转化中心，建立一支技术经纪人队伍，主动融入教育部成果转移转化"三大行动"，有效打通"有组织科研"的创新链条，提升成果转移转化的效率。二是完善科教融汇绩效。秉持协同创新、开放共享理念，调动二级学院的主动性和积极性，学校自下而上组织开展校级科研平台遴选，培育校级科研平台，通过平台进一步整合学院资源，打破跨部门之间人才资源、教科设备资源的壁垒；挖掘利用校外资源，与行业企业联合开展协同攻关；深化科教融汇，吸纳学生加入团队，提升学生"双创"能力；培育平台管理和科学研究"双团队"，建立工作例会和学术研讨"双制度"；进一步强化团队成果考核评定，确保平台建设绩效。三是"揭榜挂帅"专题研究。以

"三农"问题和需求为导向，以平台团队研究方向为主线，凝练科研方向，开展选题征集，设置"揭榜挂帅"项目，强化服务乡村振兴领域的特色优势或在某一领域逐渐形成特色优势，在技术服务、科研项目、决策建议等方面实现突破。

**（三）贯通科教融汇，培养高素质应用人才**

构建"科研+课堂"转化机制。积极应对"三农"技术快速更新和发展的问题，构建"科研成果-改编教材-课堂教学"科研成果-教学内容的转化体系，及时更新教学内容。教师将最新的应用型科研成果融入活页教材、工作手册式教材等校本教材，构建并完善教材的基本知识体系，形成与农业产业发展高度融合的教材体系，在教学过程中融入最新的科研成果和科技前沿动态。开展乡村振兴专题培训。鼓励教师将行业前沿的动态信息、专业领域最新的研究成果、学生和农民普遍关注的热点问题集成为专题讲座形式的内容，面向涉农专业学生、扩招农民学生和农民培训学员举办绿色防控技术等专题培训班。实施常态化"导师制"培养。学生作为科研助手参与教师的科学研究，将毕业综合实践与科研过程相结合，教师的科研项目子项目作为毕业生的毕业综合实践（毕业设计）项目。教师指导学生开展项目开题、背景调查、试验研究、数据分析、毕业论文撰写，将学生毕业设计调研报告作为科研项目子报告，使学生全面了解行业发展现状，系统掌握专业核心技术，提高毕业设计的质量与实习效果。

**五、实施产教融合集成行动，筑牢"三农"教育办学质量**

**（一）协同共建德技双馨，打造校企高水平教师共同体**

联合农水行业的两院院士、国家科学技术三大奖获得者、大国工匠、中华技能大奖获得者、全国技术能手、院校学者、企业专家共同组建高水平师资库。以服务华东区域经济高质量发展为导向，围绕农水行业设备制造、勘测设计、施工建造、运维管理等产业全生命周期链中的新业态、新技术、新岗位，从提升教师教科研能力和教育教学水平的角度出发，开发教师能力提升培训课程及企业实践项目。发挥中国电建集团华东勘测设计研究院有限公司作为全国职业教育教师企业实践基地的示范引领作用，牵头推进教师企业实践基地、"双师型"教师培训基地建设，分阶段、分模块组织开展师德师风教育、科教研能力提升培训、专业技术提升实践锻炼、课程思政及课程开发学习，逐步提升职业院校专兼教师团队整体水平。完善企业专家与院校教师双兼双聘制度，畅通校企双向流动、双向兼职、双向培养途径，校企共建共享技艺精湛、专兼结合、充满活力的高素质"双师双能型"高水平教师团队。

**(二) 联合开发书证融通、复合进阶的高质量教学资源**

面向农水类各专业，服务农水产业全生命周期链一线技术工人、技师、工程师等人才梯队各岗位，遵循"一体化设计、结构化课程、颗粒化资源"逻辑，系统化构建"专业平台＋行业应用"的教学资源体系，覆盖"中职-高职-本科"各层次各专业基础课程、专业核心课程、专业拓展课程的知识点与技能点，落实新阶段农水高质量发展要求，动态跟进农水职业场景变化、岗位需求升级、典型任务变化、技术技能更新，研制专业课程标准，以微课、视频、动画、仿真模型、知识图谱、习题库、案例库等颗粒化资源为支撑，校企联合开发新形态教材和实践实训项目，建设一批精品在线课程、专业教学资源库并接入国家职业教育智慧教育平台共享，满足人才培养、技能比武、技术进阶、学历提升各项需求。

**(三) 合作研制先进适用、虚实结合的高技术教学装备**

支持校企单位构建能够反映农水企业运营环节特点，集生产性、教学性及创新性于一体的新型实践、实训体系，建设一批涵盖农水全生命周期链中各实训功能的国家级、省级产教融合实训基地。充分发挥基地内学校的专业优势和企业的技术优势，融合人工智能、VR、AR 等多项数字技术，合作研制开发满足农业设施装备、数智勘测、BIM 协同设计、智能建造、智慧运维等综合实践实训项目开展需求的先进仿真设备、实验室设备以及现场模拟系统等教学装备，在校企合作单位试用实践，并向行业推广应用。基于教学管理云平台，搭建跨专业协同、集教学、实训、创业、培训、科研、服务、比赛于一体的实习实训系统，根据各实训任务特点，通过以实带虚、以虚助实的方式适配教学装备，不断夯实院校学生和企业员工的专业实践能力。

**(四) 共建校企合作平台，全方位提升精准帮扶真质效**

聚合"校-企-政-村"多方力量，设置乡村振兴校企合作特色课程、实训项目、岗位实习等，进行专业与企业需求、项目与乡村任务、课程与岗位目标等协同调整，实现了乡村任务驱动下的校企行联合专业模块重构、创新创业人才培养、教学质量评价等路径促进复合型乡村振兴技术人才培养。作为全国高校设计赋能乡村振兴专项办公室委员单位，推进学校与安吉中心、松阳县政府、遂昌县政府等共建乡村振兴产业学院。打造"资源共享、基地共建、学生共育"校企政村协同育人平台。根据企业生产、地方建设发展和学校教学实际,在校内、企业、乡村等共建劳模工作室、大师工作室、生产性实训基地、实践基地等。通过校地合作,把教学现场搬到乡村,提升学生实用技能与乡村情怀。

**六、实施农民培育提升行动,提升服务乡村振兴能力**

**(一)构建"大培训"工作格局,实现乡村振兴培训全覆盖**

紧紧围绕乡村振兴水利企事业单位和劳动者需求创新培训模式,建立浙江水利线上乡村振兴教育学院,搭建多元化培训载体,构建覆盖市县农业农村、水利局局长、乡镇长、水利员、网格员等分层分类教育培训体系,进一步提高惠农职业培训供给能力和层次质量,实现乡村振兴类培训规模突破 2 万人次/年。

**(二)实施"项目制"培训模式,服务区域经济高质量发展**

充分利用项目制培训具有不受职业资格取证限制、组织方式灵活、实效性强等特点,围绕乡村振兴重点产业、重点建设项目等发展需求,积极推进"互联网＋职业培训"工作,鼓励农村转移就业劳动者、失业人员、高校毕业生、退役军人、贫困劳动力等乡村各类劳动者参加线上学习平台职业技能培训。探索"校政行企共育"培训模式,结合行业企业岗位需求,以"理论知识考试＋实际操作比赛"方式进行,给学生提供了切磋技艺、展示水平的舞台。深化"点单式""菜单式"培训方式,开拓性开展农村水利数字孪生技术、无人机技术应用、机器人安全检测、乡村新媒体直播等新技术培训,为农村产业高质量发展、乡村全面振兴提供人才支撑,助力共同富裕示范区建设。

**(三)打造"技能大师"培养平台,培育国家级技术人才**

依托水利部水利技术技能人才培养基地,发挥学校举办大型竞赛资源优势,积极承办省部级职业技能竞赛;开展大师工作室标准化建设,推动技能大师在水利行业特有工种全覆盖;推行技能人才订单式培养,深化实施技术技能人才"专班培养＋定向就业"等培养模式,每年培育农业水利技能人才 5000 人以上。积极与基层一线大中型水利工程管理单位开展产教融合,力争把基地打造成集技能培训、技能竞赛、技能交流、工匠精神传播于一体的综合型高技能人才培养培训服务载体,为我省乡村振兴现代水利高质量保障提供有力的技能人才支撑。

**(四)建立"导师＋项目＋团队"机制,教、学、创全过程育人**

以科研成果、新技术应用为导向,组建创新创业师资团队,以学员为主体，导师给予技术指导，让专于技术的农业科研专家成为指导农民创业的导师，更好地促进农民创新创业。科研场所转型为农民创业基地，发挥学校、学员企业双主体优势，将学校的实验室、基地、学员的企业作为农民创业实践的基地。

### 七、实施国际特色办学行动，支撑职教出海高效发展

#### （一）互联互通教学资源，塑造鲜明特色中外办学品牌

聚焦当前农村水环境整治的需求，在现有中外合作办学项目基础上与美国圣马丁大学加强合作，结合"设施农业"专业建设增设"水环境"工程专业中外合作办学项目，完善学分互认机制，与圣马丁大学合作成立非独立法人中外合作办学机构，打通"2+1+X"专升本升硕留学通道，注意跨学科、跨专业的交叉融合，培育具备多学科背景的复合型人才，打造特色鲜明的中外合作办学机构示范品牌。

#### （二）做强做优"丝路学院"，提升服务国际化技能水平

联合国内优质"走出去"企业，在柬埔寨共建农田水利技术、农村电商、设施农业技术和无人机应用技术"丝路学院"；联合乌兹别克斯坦国立高校，在乌兹别克斯坦共建水产养殖技术和设施农业技术"丝路学院"；联合水利部农村电气化研究所亚太地区小水电研究所和巴基斯坦科学与技术部可再生能源技术委员会在巴基斯坦合作共建"巴基斯坦水电运行维护培训基地"，该项目前期得到巴基斯坦驻华使馆的高度赞赏和支持，通过远程和现场培训相结合的方式培训海外本土化技术技能人才100人，形成"三农"走出去同科模式，助力打造"丝路学院"浙江品牌。

#### （三）做强国际培训教育，打造服务乡村振兴国际化样本

积极服务"一带一路"倡议，作为国际小水电联合会会员单位，与浙江省商务厅自贸中心、国际小水电中心（水利部）、亚太小水电中心（水利部农电所）、中电建华东水利勘测设计研究院、河海大学等企事业单位紧密合作，参与承办（协办）各类涉农国际研修班，培训共建"一带一路"国家学员100人，展示浙江地区新农村发展取得的成果。

#### （四）搭建国际合作平台，促进农水技术人才培养与研究

依托省水利厅，联合水利部农电所、河海大学等单位、兄弟院校和国外合作院校，成立长三角乡村振兴国际化产教联盟，承办国际学术论坛和技术研讨会，定期开展"三农"国际人才培养和学术等方面的交流与合作；依托"中日水利技术交流中心"，与日本枥木县开展农村生态河道治理、节水灌溉

等方向的技术交流与合作。设立专项计划,结合学校现有涉农专业(农田水利、设施农业、农村电商、乡村规划等),邀请海外相关领域的专家学者、技术骨干回国任教或兼职,通过讲座、工作坊等形式,提升学校"三农"职业师资水平和技术创新能力。

# 第四节　乡村工匠人才培养范式

## 一、效益联动，人才培养有量度

### （一）点亮"千万工程"，服务乡村振兴有路径

组建专业运作团队"安营扎寨"，采用以赛促教、以赛促研等开展乡村振兴创意大赛，开展社科学者赋能山区海岛县等多种形式的活动，并形成近百人的校内外专家学者组建的专业智库团队。发挥高校教育文化资源优势，主动对接永嘉、泰顺、文成、苍南、平阳、松阳、桐庐、绍兴、萧山、余杭等地开展未来乡村规划设计、和美乡村共富、乡村农业文化遗产振兴等，全力打造助力乡村振兴、未来乡村建设、和美乡村共富的全生命周期项目管理30余处。成果参评全省高校参与共同富裕示范区建设典型案例（省教育厅）、高校干部人才助力山区海岛县高质量发展创新案例（省教育工委）等。

### （二）开展"文艺赋能"，技能培训助力乡村振兴

近三年，依托水利部高技能人才培养基地和省专业技术人员继续教育基地，持续开展社会培训，主办企业员技能培训30余项、技能鉴定达2000人次，形成"培训-鉴定"完整技术服务产业链。开展室内花卉培育、插花技能培训以及农林牧渔技术培训总计8次，累计服务400余人次；成立了水博社区老年舞蹈团和老年合唱团，为辖区居民带来每周一次的公益课程，课程开设80余次，累计服务3000余人次；公益为社区青少年带来儿童阅读、垃圾分类知识、非遗文化传承等课堂60余次，累计服务2000余人次。2022年，"同科·水博"社区学院品牌获批省教育厅社区教育示范基地。

### （三）践行"规划先行"，绘制乡村振兴"蓝图"

在省委农办、省农业农村厅、省乡村振兴局开展的"五路人才促振兴奔共富"主题实践活动，本团队承担"规划和文化人才促振兴奔共富"主题活动的温州市牵头专家工作组组长，嘉兴市牵头专家工作组副组长，并联系指导山区海岛县乡村振兴规划服务。因地制宜协助制定实用型村庄规划、解决农村人居环境提升、乡村产业发展等多重需求，累计服务达400个，团队连续3年荣获浙江省乡村振兴创意大赛优秀组织奖和全国高校设计赋能乡村振兴志愿服务先进单位。

## 二、社会带动，人才培养有亮度

### (一) 从"参与式"向"服务型"进行理念转变

做好共同富裕与乡村振兴衔接。高校应转变服务理念，从"参与式"向"服务型"转变，处理好职业教育外部关系规律，发挥社会服务职能，更好服务于乡村振兴。

### (二) 从"单一式"向"融合型"创新方式转变

聚焦高质量共同富裕与乡村振兴，探索教育培训、政策咨询、科技服务、人才培养等等多种形式。但从发展角度来看，未来"理论＋实践""高校＋乡村"模式应逐渐从单一走向融合，才能发挥资源整合优势，达到"1＋1＞2"的效果，更好服务于乡村振兴。

### (三) 从"双向服务"到"多元协同"构建机制

利用高校科学研究和社会服务方面拓展未来乡村服务领域。高校参与共同富裕过程中，应从校地、校企"双向服务"转向高校、政府、乡村产业相互依存、相互促进的"多元协同"方式。

## 三、经验沉淀，人才培养有广度

### (一) 乡村振兴，探索"乡村工匠"培养路径

职业院校应主动寻求乡村振兴与职业院校发展的结合点，以高质量课程思政教育来推动实现乡村振兴。一方面，校企合作、平台支撑，打造职业教育高水平工匠之师，推进教师"政治强、情怀深、思维新、视野广、自律严、人格正"高技能应用型教师团队培养与建设；另一方面，聚焦"乡村出题，高校解题，真题实做，学生出彩"的"乡村工匠"创新培养路径，因地制宜培养更多让党放心、爱国奉献、服务乡村振兴的时代新人。

### (二) 服务乡村振兴，探索岗课赛证教学改革

高校教师需要更多地走出校门通过技术指导和培训等方式服务农村经济发展。大学生需要深入乡村开展社会实践，了解和服务乡村需求，使得高等教育服务社会能力不断增强。因此，根据国家专业教学标准，以培养职业能力、岗位应用、职业素质等为核心的岗位职业人才为目标，对接全国乡村振兴、全国职业院校等技能大赛考评及施工员、材料员、质检员等国家职业标准要求，搭建"课程、项目、实践、培训、大赛"的课程教学平台，将与时俱进、勤于探索、勇于实践的精神融入人才培养设计中，因地制宜培养一批乡村振兴实用型人才。

## （三）真题实做，社会服务与教学有机融合

职业院校需要紧密服务国家战略与区域地方经济，坚持"需求导向、技能本位、服务乡村、全面发展"的原则，落实立德树人根本任务，以全面提升学生技能知识、实践能力、综合素质为核心目标，实现真题实做。坚持以实用为主，打造接地气的课程，推动学科专业、课程设置与乡村振兴产业发展相对接，推进人才培养的技能、素养与乡村所需岗位职业相对接，进而因地制宜地设置不同专业人才培养的模式与路径，增强服务乡村应用型人才培养的针对性和实用性。

## （四）利益共享，共促多方多层次合作共赢

充分发挥学校、企业、地方政府、乡村等优势资源，打造"资源共享、基地共建、学生共育"协同育人平台。根据企业生产、地方建设发展和学校教学实际，在校内、企业、乡村等共建劳模工作室、大师工作室、生产性实训基地、实践基地等。通过校地合作，把教学现场搬到乡村，学生既是学徒又是项目负责人，需要承担项目实施中运营管理、安全维护等系列工作，提升学生实用技能与乡村情怀。通过项目规划实施，帮助地方政府积极争取上级资金支持，推进建设项目落地，提升乡村人居环境质量。

# 第五节　乡村工匠人才培养实践

## 一、职教援疆"三聚三拓"乡村振兴

浙江同济科技职业学院积极响应国家"铸牢中华民族共同体意识""教育援疆"号召，深入贯彻落实习近平总书记关于教育的重要论述和"提升区域整体实力和可持续发展能力，在中国式现代化建设中奋力谱写西部大开发新篇章"的重要讲话精神，以"乡村出题、高校解题、真题实做、学生出彩"的"乡村工匠"培养模式为支点，探索创新"浙阿共建＋校地帮扶"的共富路径。聚焦服务东西部协作发展战略，把服务新疆阿克苏乡村振兴打造成为落实立德树人、提高育人成效的新课堂。截至目前，学校已连续两年获评全国高校设计赋能乡村振兴志愿服务先进单位、全省大学生乡村振兴创意大赛优秀组织奖等；建设成效入选中国高等教育博览会"全国高校设计赋能乡村振兴"创新案例等。

### （一）聚焦党建引领，拓展"浙阿共建"保障

主动参与由浙江援疆指挥部组织的"千万工程在阿克苏"专项行动，充分发挥职业教育技能人才培养和技术服务优势，不断提高助力"五个一"系列组合拳"贡献度"。学校艺术设计学院与阿克苏当地唯一本科院校新疆理工学院经济贸易与管理学院签订党建共同体，成为浙阿教育领域首个"高职＋本科"深度融合的党建联盟，聚焦围绕资源共享、教师互聘、平台共建等方面开展技术创新和产业创新合作。2024 年以来，学校已分两批次选派优秀党员骨干力量跨越万里赴阿克苏地区开展各类帮扶支援活动，深入乡村基层一线调研，给予当地新技术、新标准教学指导，开展新型农业农村技能人才培养培训，帮助村民孵化创业项目，拓宽农产品营销渠道，带动地方产业振兴，夯实增收致富"续航"基石。

### （二）聚合赛教协同，拓创"人才振兴"模式

落实"乡村工匠"培养标准，创新构筑"四双五融"共育体系东西部协同。作为首所疆外高校协办单位，深度参与联办新疆维吾尔自治区第三届大学生乡村振兴创意大赛，主动融入探寻新疆乡村振兴对外交流新路径，协助大赛组委会邀请评审专家，其中浙江高校专家占比 60％。大赛首次迎来 33 支疆外代表队与新疆地区联合组队，并获得金奖等各级荣誉 9 项。由学校联合

新疆理工学院组队参赛的《帕克勒克振兴乡，乡村繁荣新篇章》获得大赛金奖，位列总分第二；学校获大赛特别贡献奖（新疆以外高校唯一），2名教师分别获得大赛先进工作者和优秀指导教师称号。

### （三）聚力范式推广，拓新"校地合作"路径

深入贯彻落实省委省政府援疆工作部署，学习运用"千万工程"蕴含的发展理念、工作方法和推进机制，进一步汇聚学校人才与智力资源，强化推动"政-校-企-村"四位一体，全面助力精准援疆、服务乡村振兴。从东海之滨跨越西北边疆，走访调研阿克苏地区温宿县柯柯牙镇帕克勒克村、佳木镇兰杆村等地，与当地政府签订校地合作协议，主要围绕乡村振兴规划、教育培训、学生实习、战略咨询等开展深入合作。聚焦"共商发展新思路、共筑乡村新质生产力"，因地制宜启动实施"温宿县行动计划""阿拉尔市计划"等，创新构建了高职院校与阿克苏地区"产学互融、科教协同"的新范式。学校教师参与新疆当地人文社会科学重点研究基地课题，立项多个重点项目，不断丰富浙阿乡村振兴合作共建的形式与内涵，为当地经济产业高质量发展贡献力量。

## 二、江枫村研学空间艺术设计项目

浙江同济科技职业学院以艺术赋能乡村振兴，充分发挥自身专业优势，以多样化的方式介入乡村建设，厚植乡村文化，助力乡村文化振兴。教师指导学生完成永嘉县江枫村"艾桑侬"研学空间艺术设计，并实施运营。项目获得浙江省大学生乡村振兴大赛银奖，助力浙江省千年古城复兴，丰富乡村业态，给乡村既有建筑注入了新的活力。项目获批市级生产劳动教育基地，成效显著。

### （一）内涵设计与实践探索

一是艾桑主题的研学教室设计。在研学教室的方案设计上，深挖乡村文化特色，以当地特色植物艾草和桑叶为主题展开设计，设置植物标本墙，参与式植物标本墙可以让学生获得更直观的学习体验，成为融思政教育、研学体验、科普教育于一体的市级生产劳动实践基地。二是亲自然的水吧休闲空间打造。水吧休闲空间营造亲近自然、融入自然的空间氛围，操作台增加备餐功能，供制作轻食使用，以艾草和桑叶为原料的特色美食带来新奇有趣的餐饮体验。三是多功能的展示空间设计。通过洞洞板、展台、展柜等的设置，展示"艾桑侬"特色制品，不仅增加展示的功能，而且灵活多变的洞洞板还增添了空间的趣味性，满足使用者与空间互动的使用需求，空间功能丰富多样。

### （二）创新特点与文化传承

一是通过数字化水平的提升和历史文化的传承，打造"未来乡村"。通过

未来乡村建设应用场景（共富乡村、特色建筑）的融入，创新农村公共文化空间载体，提升乡村公共服务数字化水平，满足人们对美好生活的向往。二是通过艺术效能转化，激活乡村活力和旅游经济。通过农耕研学、民间特色传统艺术文化传播等途径宣传乡村文化，留住文化的记忆，提升当地产业结构，促进农、旅、文融合发展。三是校、地、政、企联动，探索实践育人的新模式。通过"乡村出题、高校答题"的模式，将专业课从课堂搬到乡村，师生踊跃投身乡村振兴、共同富裕的实践，促成了学生专业技能的提升，践行了高校"服务乡村振兴"的重要职能，为高质量发展建设共同富裕示范区贡献了智慧与力量。

**（三）实践成效与人才培养**

项目方案得到相关领导、村民和游客的高度认可和赞誉。通过"真题真做、助推落地"强化了学校与乡村的交流，学生对实践教育的理念和方法有了更深入的认识和体验。同时，依托"乡村振兴规划与理论协同"创新团队，在省委主题实践活动中担任温州市专家工作组组长，联系指导永嘉、泰顺、文成等山区海岛县的乡村振兴规划与咨询服务，建立"立体化"服务共富联盟，探索出服务式、融合型多元协同的共富路径。项目反哺教学，促进了"岗课赛证"综合育人模式的改革，支持大学生创新创业训练项目3项，以项目为基础孵化省部级获奖3项，支持相关专业学科竞赛获国家级、省部级获奖2项。

### 三、库村村非遗小屋艺术设计项目

浙江同济科技职业学院以艺术赋能乡村振兴，教师指导学生完成泰顺县非遗小屋米塑体验馆艺术设计，并实施运营。项目获得浙江省大学生乡村振兴大赛金奖，运营成效得到温州日报等官媒报道，受到村民一致好评。

**（一）内涵设计与实践探索**

一是集体验、互动、售卖于一体的米塑展示空间。米塑是浙江温州独有的传统民俗工艺，是非物质文化遗产。该空间由展示台、展示架、制作区构成，可供游客了解米塑文化、欣赏米塑作品、体验米塑制作，成为研学空间。二是古朴的书法体验空间。通过文化长廊、半高的屏风的设置，增加展示空间，将空间原有的长桌装饰后重新利用，可容纳多人在此体验书法、阅读古籍。三是茶饮空间。可提供茶饮与轻食，供游客驻足小憩，增加项目运营收入。四是融入当地文化元素的建筑外立面设计。就地取材，将竹子、贴布绣等元素融入建筑外立面，同时悬挂以竹子为材料的风铃，微风吹过，发出阵阵悦耳的声音，声音元素的加入丰富了空间体验。

## （二）创新特点与文化传承

保护非遗文化，留住文化的记忆，实现乡村文化活态保护与振兴。库村村历史悠久，文化底蕴深厚，在保留传统建筑原有的历史文化特征的基础上，通过当地非物质文化元素——贴布绣、米塑的融入和乡土材料——石头、竹子、木作的运用，传承历史文脉，让库村村"乡愁"味更浓，尽展人文美。一是通过体验式设计，提升空间活力。探索体验式设计与传统建筑室内空间设计的结合点，从本能层面的直觉体验（如色彩、尺度、质感、光线元素的运用）、行为层面的动态体验（如互动空间的设置）、反思层面的文化与情感体验（如历史感的营造）3个方面强化空间体验感，提供乡土文化沉浸式体验服务，提升空间活力。二是通过加强校政行企合作，构建"四方协同"实践育人模式。通过"真题真做、助推落地"强化了学校与政、企、村之间的交流，将产教融合推向深入，在校地、校企合作中，实现了人才培养、社会服务和产业发展同频共振。三是探索党建与课程思政建设新途径。通过乡村振兴创意大赛活动，学生深刻感悟到乡村振兴的重大理论意义和实践价值，对新时代青年的使命与担当有了更深刻的理解，探索了"党建＋乡建"的党建工作体系，党支部入选第三批全省高校党建"双创"培育创建样板支部，获得课程思政示范课堂、课程思政典型案例等成果5项。

## （三）实践成效与人才培养

结合浙江省大学生乡村振兴创意大赛，系统重构课程，实现"真题实做"，把课堂学习和乡村实践紧密结合起来，助推创意落地。项目实施以来，累计服务200余个村庄，在国家级、省级大学生乡村振兴创意大赛中获得金奖8项、银奖17项、铜奖12项，获奖总数列高职院校前列。连续2年获得省级大学生乡村振兴创意大赛优秀组织奖，获得全国高校设计赋能乡村振兴志愿服务先进单位等（全国34所高校），师生荣获浙江省委、省人民政府"浙江省农业科技先进工作者"等荣誉称号。

接下来，学校将着力打造高素养劳动者队伍不断努力创新，深化"乡村工匠"模式与路径研究与探索，培养高技能应用型服务乡村振兴人才，助力浙江省"三支队伍"建设。

江枫村"艾桑侬"研学空间艺术设计展示

库村村非遗小屋艺术设计项目

# 第五章 "乡村工匠"实践探索

## 第一节 乡村工匠实施典型范例

浙江同济科技职业学院作为江浙沪唯一一所水利类高职院校,始终坚持"立足浙江、面向全国、紧贴行业、服务发展、促进就业"的办学宗旨,以"国之所需"锚定"教之所向",把党的教育方针落实到立德树人的全过程,按照"产教融合、供需适配"的原则,深化做实"一体两翼",以打造"五金"教学要素"小切口"全面推动现代职业教育体系"大改革",致力于培养符合新发展理念、全领域化应用型发展的高素质技术技能人才。建校65年来,先后被评为全国文明单位、浙江省首届文明校园,入选教育部现代学徒制试点单位、全国水利职业教育示范院校、全国优质水利高等职业院校、水利部水利技术技能人才培养基地、浙江省"双高计划"建设单位,为水利事业和区域经济发展作出了突出贡献。

近年来,学校紧紧围绕国家职业教育改革发展形势,聚焦"乡村工匠"培养标准与要求,构筑"学校乡村双主体、教师技师双导师、学生农民双身份、教室乡村双情景、理论实践双结合"的村校协同育人共生机制,共同对人才培养改革、课程建设创新、教学质量评价、实习创业教育等方面进行建设,实现校园与乡村、专业与产业、教师与乡贤、学生与村民、课程与农情"五元驱动",以高适配、精准化的人才培养模式,让"德艺双馨"的高素质技能人才在乡村振兴的沃野中绽放青春之花。

### 一、在乡村,点亮青春梦想

浙江同济科技职业学院艺术设计学院设有环境艺术设计、建筑设计、数字媒体艺术设计、风景园林设计4个专业。学院专业始创于2003年,现有教职工72名,学生1700多人。学院建有教育部高职教育创新发展行动计划骨干专业、教育部第三批"现代学徒制"试点专业、浙江省"十三五"优势专业、全国水利高等职业教育示范专业和全国水利职业教育示范院校重点建设专业，2个专业列入浙江省高职院校高水平专业群建设。艺术设计学院坚持党建引领，环境艺术设计党支部入选全省高校党建工作样板支部，建筑设计党支部和学生党支部获省水利厅先进基层党组织。学院教师教学技能突出，荣获全国数字创意教学技能大赛国赛一等奖等奖项。近年来，学院发挥专业特点，服务乡村振兴形成集群优势，在浙江省乡村振兴创意大赛中获金奖7项，银奖20余项，位列全省高职院校第一。本节介绍的乡村工匠是来自于艺术设计学院的学生张盼欣。

泰顺县南浦溪镇库村村，一个深藏在浙闽边界的小村庄。如果从杭州出发，需要坐两个多小时的高铁，再转乘汽车绕3个多小时的山路，才能达到。夏日的夜晚，库村总是分外的宁静。习惯了城市的热闹与繁华，或许会感到寂寞。但是如果你抬头看看天空，洁净明朗，月亮就静静地挂在那里。

"满地都是六便士，她却抬头看见了月亮。"英国作家毛姆的这句话，"治愈"了不少年轻人。但有这么一群学生，他们没有让格言停留在"朋友圈"，而是身体力行，来到乡村，改变乡村，找寻属于自己的"月亮"。

他们，就是浙江同济科技职业学院的"乡村工匠"。这群年轻人用自己的技能和巧思，改变着乡村。乡村也改变了他们，在这所大课堂，他们实践了自己的职业技能，更体会到了许多终身受用的人生经验。

"乡村出题，高校解题，真题实做，学生出彩"，乡村工匠张盼欣的故事，就是其中之一。

**（一）茫然**

茫然，这是2020年，张盼欣刚考入浙江同济科技职业学院业时的感受。和很多刚刚踏入高校校门的同学一样，突然没有了升学压力，张盼欣觉得失去了目标。

那时，她经常会问自己，"进入了大学，我要做什么，我应该做什么？"其实，能考入浙江同济科技职业学院，学习环境艺术设计专业，对张盼欣来说，已经非常不容易。

"中学是一段艰苦而又充实的时光。"张盼欣是绍兴人，在父母的建议下，她懵懵懂懂进入了职高，选择了职业教育这条路。因为对职业教育缺乏了解，刚进入职高时，她并不清楚自己的未来，到底在哪里。

"那时我遇到了很负责任的班主任老师。"张盼欣说，在老师的指导下，她加入了学校的艺术团。那时，她和队员全情投入其中，共同训练"备战"，代表学校参加浙江省中职技能大赛。

那段时间，张盼欣几乎每天都泡在训练室里，从早到晚地练习。其中，有一项练习是走台步。张盼欣和同学们要穿着10厘米的高跟鞋,每天绕着室内体育馆练习,一练就是大半天时间。

现在卷起裤腿时,张盼欣仍然能隐约看见自己脚上的伤疤。有人说,伤疤才是荣誉的勋章。凭借着勤奋和努力,张盼欣的付出,的确迎来了荣誉的回报。

在全省中职技能大赛中脱颖而出,她获得了一等奖,在其后的全国比赛中,也赢得了二等奖。这些经历锻炼了张盼欣的品质,也带着她走出了对未来的不确定。"这段经历,让我相信努力是有回报的。"张盼欣说,追逐梦想的道路不会是平坦的,她愿意为此付出。

通过努力,张盼欣如愿考上浙江同济科技职业学院,选择了自己喜欢的专业,这是实现梦想迈出的一大步。

有时候,一句看似不经意的鼓励,也会激起人奋斗的决心和信心。

那是在浙江同济科技职业学院的迎新大会上,一张张青涩的面庞,济济一堂。对于未来的校园生活,他们怀着憧憬,也有着不安。张盼欣和大家一样,就端坐在其中。

这是她年轻生命中,又一个寻找方向的时刻。"这里只是你们的起点,只要敢于拼搏,梦想离你并不遥远。"艺术设计学院的黄君老师,在迎新大会上一番发自肺腑的演讲,仿佛叫醒了张盼欣。

传道授业解惑,带年轻人从迷茫不安中走出来,这是人们对老师最大的期望。

浙江同济科技职业学院为同学们搭建了追逐梦想的平台,也聚集了一批有情怀、有理想的好老师。

在学校的两年里,张盼欣认真学习专业知识,踏实服务同学。她担任着班级的团支书,在大家共同努力下,赢得了许多荣誉。她加入学院宣传部、摄影工作室,获得优秀学生干部荣誉称号,并获得省政府奖学金。

更加珍贵的是,张盼欣在浙江同济科技职业学院,遇见了一个更大的课堂——乡村。

这几年,浙江同济科技职业学院发挥自身优势,助力乡村振兴与共同富裕,构建"乡村出题,高校解题,真题实做,学生出彩"的乡村工匠培养路径。张盼欣,也积极参与其中,成为了一名乡村工匠。

在乡村,他们遇见了青春的梦想。

(二)成长

泰顺,一个张盼欣之前都没听过的小县。在经济发达的浙江,泰顺就是一个"小透明",它是全省经济相对落后的"山区26县"之一。

在学校时,同学们有时候会问,当大家都在往城市核心奔走时,浙江同济科技职业学院为什么要选择"逆行",让大家去那么遥远、偏僻的小山村?

对此,浙江同济科技职业学院有着长远的谋划和考虑。

乡村振兴,是这个大时代里最重要的课题之一。广阔乡村,依旧大有可为。相比于各种理论,乡村对实操性更强的职业技能,需求更为迫切。而现代职业教育的未来,就是要服务经济社会大局。

乡村与现代职业教育相遇,是时代的必然。浙江同济科技职业技术学院,以"乡村工匠"的培养标准与要求,塑造学生,让学生懂乡村、爱乡村,能真正服务于乡村,为推动乡村振兴持续提供支撑。

校园与乡村、专业与产业、教师与乡贤、学生与村民、课程与农情,浙江同济科技职业学院让这五对看似遥远的因素,通过"乡村工匠"这个载体,碰撞出了新的火花。

2023年,经过课堂学习和实践历练,张盼欣成为了一名支援泰顺库村的"乡村工匠",参加在这里举办的乡村振兴创意大赛。

第一次走进库村,张盼欣就被深深地吸引了。这是一个深藏山间的古村落,村子虽小,但非常精巧,路面、围墙、房屋都是用石头砌成的。绿意盎然的田野,市集小贩的叫卖、嬉闹的孩子,踏入村中就好像脱离了现代嘈杂的生活。

"用艺术设计点亮乡村",张盼欣是带着使命来到乡村的。沿着山间的小溪,一步一个脚印,张盼欣和同学们走遍了这个山村的角角落落。他们在村民家做客,问一问需求;他们和非遗传承人聊天,了解山村的文化历史……张盼欣融入了村庄,似乎她就是这里的一分子。

设计的灵感也就此萌发。张盼欣撰写策划书中的SWOT;通过栽种植株、手绘装饰,了解设计中的布景造景;通过方案设计、调研驻村,践行着原本只存在于课本上的乡村振兴。

"借用网络上的一句话:教育的意义在此刻完成了闭环。"张盼欣说。在同学们的灵感碰撞中,小山村焕发了活力。他们的室内设计,有好听的名字——"库库的书店""库库的米塑小屋""库库的剧院"等。

张盼欣参与设计改造"库库的米塑小屋"。为了增加设计感,她想给房子贴上一张大墙纸,来介绍村里的非遗米塑。这是一个人根本无法完成的任务。正在踟躇之际,另一个设计团队的同学,伸来援手,帮助她贴上了墙纸。"这件事让我非常感动。"张盼欣说。张盼欣团队的米塑小屋后来成功斩获金奖。

这荣耀，不仅属于这个小团队。刘益曦老师的指导，周圆圆、黄君老师的帮助……张盼欣细数着同学老师的帮助，这场乡村之旅，她用艺术改变乡村的同时，还收获了团队精神、亲情、友情，更重要的是知道了乡村需要什么，学生们应该做什么。

"比金奖更可贵的是我们近距离认识了乡村。"张盼欣说，乡村，是一个互帮互助的地方。乡村振兴战略，需要年轻人携起手来共同去完成。

(三) 怀念

有些地方，会给人的一生，都留下烙印。乡村，就是让浙江同济科技职业学院的同学们，受益一生的地方。

两个月的乡村工匠之旅，让张盼欣下定了决心，进一步学习深造，助力乡村振兴。张盼欣想为乡村、为社会作更多的贡献，她不再不满足于高职的学习，决定参加专升本的考试。

专升本时，张盼欣坚定选择了环境设计专业。

浙江同济科技职业学院提供了很好的考试学习氛围。为了实现梦想，张盼欣投入到学习之中，每当焦虑到想放弃的时，乡村中竹林、茶山、田野、池塘、台门、小巷这些自然景观，都会在她脑海中闪过，让她平静下来，也让她更聚焦于自己的梦想。

朋友们、老师们会不断送上鼓励，张盼欣成功考入了浙江农林大学暨阳学院。在本科阶段，张盼欣专注于环境设计专业的学习，以优异的成绩位居专业前列，并再次荣获省政府奖学金和校二等奖学金。

"乡村的自然景观在吸引我，深巷的小笼包、山脚的戏台、井里的西瓜、前院的狗，乡村的人文情怀在呼唤我。对我来说，乡村是家、团聚、温暖、安定。"张盼欣在回味乡村时，打下了这行字。

"对乡村的欣赏促使我选择了风景园林专业，去研究人与自然和谐共生这个课题。"张盼欣说。功夫不负有心人，辛勤付出带来了令人满意的结果。张盼欣研究生考试初试考取了370分的好成绩并顺利通过复试，收到了浙江农林大学的拟录取通知。

这几年，浙江同济科技职业学院也在进一步完善和优化服务乡村振兴的培育体制机制，给更多像张盼欣这样的同学以舞台。

近三年，浙江同济科技职业学院组建上百支师生服务团队，累计指导200余个村庄环境提升、415个基层小微型工程改（建）造、480个农村电商发展。

在这些活动中，许多同学脱颖而出，他们给乡村带去了新的活力。浙江同济科技职业学院连续 2 年获评全国高校设计赋能乡村振兴志愿服务先进单位，案例入选 2023 年工业和信息化部典型案例、案例成果分别荣获教育部全国艺术实践工作坊一等奖、高校美育改革创新优秀案例二等奖等 4 项。

"在乡村的日子，是我人生中一段难忘的时光"。夏日的午后，张盼欣还会回想起，在泰顺遥远山村的日子。那里的青山绿水，还在等待着年轻人们的到来。

## 二、以技赋能助力乡村振兴

浙江同济科技职业学院水利工程学院是学校最早成立的教学单位之一，目前开设有水利工程、水利水电建筑工程、水利水电工程智能管理、水生态修复技术、设施农业与装备、工程测量技术 6 个专业，其中，有国家级骨干专业 1 个，省级优势特色专业 2 个、全国水利示范专业 3 个。水利工程专业群为浙江省高水平专业群建设单位。依托国家级骨干专业开设水利工程（土地整治）、水利工程（中美合作）2 个专业方向。与美国俄亥俄州立大学、美国圣马丁大学、日本技术士会保持长期合作交流关系，在巴基斯坦建有"水电运维培训基地"。具有 1 个国家级职业教育教学创新团队、1 个水利部职业教育教学创新团队、6 个校级教学团队。

学院为浙江省教育系统"三育人"先进集体、浙江省第二批高校党建工作"标杆院系"创建单位。水利工程党支部为浙江省高校首批省"样板支部"，现在为第三批全国党建工作"样板支部"培育建设单位；水利工程党支部书记工作室为第二批浙江省高校"双带头人"教师党支部书记工作室建设单位。近年来，学院教师主持厅级以上教科研课题 90 余项。指导学生参加技能竞赛，获国家级奖项 18 项，省部奖项 80 余项。为助力乡村振兴，学院紧贴实践一线，开展农业水利综合实训基地建设，为农业农村基础设施建设和运维培养了大批的高技能人才。本节介绍的乡村工匠是来自水利工程学院的毕业生饶瞬。

"厚德、笃学、修能"，毕业离校 10 多年，饶瞬还会时常记起母校浙江同济科技职业学院的校训。这 6 个字深深烙印在这位从丽水乡村走出来的年轻水利人心中，并指引着他一路向前。正是在浙江同济科技职业学院求学的这段岁月，饶瞬树立起理想信念，积累了扎实的专业技术知识，通过丰富多样的社会实践，锻炼了各方面能力。毕业后投身水利事业，饶瞬在田间地头勘测，在山涧溪边建设，无论是炎炎烈日还是风霜雨雪，他一直坚持在水利工程一线，用智慧和汗水为乡村振兴贡献着力量。"我爱家乡的土地，基层水利人就要做坚实的堤坝,守护乡村每一寸土地以及生命财产的安全。"饶瞬说。全国水利技术能手、浙江青年工匠、浙江省技术能手、丽水市技术能手、浙江同济科技职业"技能导师""同科名匠"……这些年,饶瞬获得了一系列荣誉。但他深知这一切来之不易,其中有许多努力和奉献,虽然并不为所见,但早已深深地留在每一滴滋润农田的清泉中,每一座防洪固土的堤坝上。

(一) 抉择

选什么专业?2009年高中毕业时,这是摆在饶瞬面前的一道人生选择题。老家在丽水乡村的饶瞬,对理工类专业更感兴趣,他希望新的求学阶段,能学一些实用的知识和技能来建设家乡。正是在那一年,社会主义新农村建设如火如荼,全国加大基础设施投入,各地都在推进水利工程建设。

在家长的建议下,饶瞬在志愿栏上郑重填写了浙江同济科技职业学院的水利水电建筑工程专业。这是浙江省唯一一所水利类职业院校,在水利教学、实践领域有着深厚的历史积淀,培养了一批水利专业人才。对水利类专业,饶瞬也非常有兴趣。

2009年秋天,如愿被学校录取,饶瞬踏入浙江同济科技职业学院的校门,从此就与水利、乡村结缘。他所在的水利工程学院是学校最早成立的教学单位之一,其中的课程设置经过多年的实践,在教学上更加贴近工程实践。"课程定位很精准非常实用,比如工程预算、施工组织安排等,一到工作中就能马上展开运用。"饶瞬说,学校的专业知识都是按照实战来的,没有太过理论化和理想化。

土工建筑物、混凝土试验这两门非常考验学生实操能力的课程,饶瞬印象最深。"高中的知识大多停留在书本上,而在同科水利工程学院学到的许多知识都是需要自己动手去试验完成的。"在课堂上,饶瞬亲手搅拌混凝土,调整配合比,观察混凝土的流动性、凝结时间和强度发展。通过抗压、抗拉等试验,在一次次实际的操作中,饶瞬逐渐掌握了优化材料配比,满足不同工程需求的方法。

"从学校毕业走向社会,最核心的立身之本,就是有了一门核心的技术技能。"饶瞬说在浙江同济科技职业学院的课堂上,老师们不仅传授专业的理论知识,更注重实践操作的指导。他们通过实际案例分析和现场操作演示,让同学们更了解技术技能在工程中的应用。

在水利工程学院,饶瞬不仅提升了专业能力,还积极参加各种社团活动,积累了社会交往的经验。高中时期,饶瞬个性害羞腼腆,老师提问点名,他从不会主动举手回答,更不要说在公开场合演讲了。

浙江同济科技职业学院给了饶瞬锻炼成长，培养信心的舞台。在校期间，有老师找到饶瞬当模拟招聘会的策划人、主持人。饶瞬在惊讶之余，试着跨出第一步，开始一点点学习策划方案的流程，自己撰写主持稿，认认真真一套流程走下来，模拟招聘会的效果非常不错。"这大大出乎我的意料，许多事情原来自己也可以做得很好，这让我在人际交往中更有自信了。"饶瞬说。

在老师们的鼓励下，饶瞬过去的短板反而成了特长。他成为了学校里小有名气的策划人、主持人。甚至有其他系的老师，来邀请饶瞬做主持人。"学校的氛围非常包容，给了每个学生出彩的机会。"对母校，饶瞬满怀感恩。

直到 10 多年后，饶瞬依然还会想起浙江同济科技职业学院校园里，那尊周恩来雕像旁，刻着的自己所在班级的名字。"周恩来班"学校给优秀班级的重要荣誉，这是全班同学共同努力奋斗的结果。"每一次荣誉的获得，都鞭策我们要树立起远大理想，持续前行。"饶瞬说。

在浙江同济科技职业学院，在老师的指导下，校园氛围的熏陶下饶瞬更加坚定地把目光投向了广袤的乡村，那里为他施展拳脚，发挥专业技术所长，提供了广阔的空间。

**（二）拼搏**

像许多刚刚走上社会的学生一样，饶瞬从浙江同济科技职业学院毕业求职时，并非一帆风顺。第一次应聘，饶瞬经验不足，误入了一家传销公司，好不容易才得以脱身。后来他又加入了一家建筑企业，但是一直没有找到自己真正合适和热爱的岗位。

2013 年，饶瞬沉下心来备战考试，最终通过了事业单位招考，进入家乡丽水的水利系统，在这里他开始发挥光和热。"在事业单位工作，完全不是想象中的那么清闲。"饶瞬说，单位每年都有很明确的考核任务，其中大部分建设任务，就是在自己熟悉的乡村。

刚参加工作时，几乎每周饶瞬都会跟着领导同事，下乡跑项目、看工程。一段时间下来，缙云县和莲都区大大小小的河流水域，饶瞬都已经心中有数。"这是一次再学习的过程，把从学校的知识真正运用在具体的工程实践中。"饶瞬说，那段时间他努力跟上大家的节奏，把自己职责范围内的事情给做好，不给单位其他同事拖后腿。

在浙江同济科技职业学院求学时，饶瞬积累的工程管理等实操知识，让他比较容易就能上手工作。在单位的推荐下，饶瞬还积极参加水利系统组织的各类技能竞赛。白天跑项目看现场，晚上沉下心来，重新拿起专业书深入学习，积极准备技能竞赛。

虽然已经离开学校，饶瞬遇到业务上的问题，还会时不时地请教学校的老师，破解实际工作中遇到难题。凭着一股求知求学的劲头和刻苦的训练。饶瞬在丽水全市的职业技能竞赛中获得一等奖。随后又代表丽水市参加全省职业技能竞赛，获得第二名，并被授予"浙江省水利技术能手"等荣誉称号。

饶瞬在水利系统工作时，恰逢浙江正式启动"五水共治"，一场大规模的治水行动在浙江的城乡拉开大幕。正是在这段时间，饶瞬对乡村有了更深的认识和感情。"水利在服务乡村方面发挥着不可或缺的作用。"饶瞬说，农田灌溉、饮水保障、发展乡村旅游，都离不开水利工程的建设。基层需要大量有干劲有能力的年轻水利人才。

在饶瞬的参与见证下，丽水莲都等地的垃圾河在治理中，逐渐变成了美丽的风景线，群众交口称赞。这让参加工作不久的饶瞬，有了满满的成就感。凭借着工作业绩以及在技能竞赛中展现出的能力，饶瞬在众多年轻人脱颖而出，更有了独当一面的能力。

饶瞬先后被提拔担任大港头、城西水利站负责人。这期间他把时间几乎都花在了乡村水利项目的第一线。"主持参与水利项目上报及现场探勘、水利工程招投标办理及单价审核、项目建设管理、项目结算审核、资料审查、项目验收及归档等。"饶瞬说，这是一段充实而又忙碌的日子。

最让饶瞬难忘的一个项目，是他主持参与的莲都区联城街道马岙山塘综合整治工程。这个项目总投资298万元，在乡村水利项目中规模并不算大。但对附近300多名村民而言，这是关系到他们饮水用水的"大工程"。

项目建成那天，看着清澈的山塘，村民们纷纷竖起大拇指。这个项目不仅改善了他们的饮水质量，还让村里500亩农田的灌溉能力也得到了恢复，充足的水源可以保证作物的稳定生长，提高农产品的产量和质量，更有助于增加农民的收入。

一个看似不大的水利工程，带动整个乡村的发展。这也让饶瞬对自己的工作有了更深的认识。那些挥洒的汗水和付出的心血，换来一张张乡亲们的笑脸，这一切饶瞬觉得值得。

**（三）执着**

前些年，饶瞬受聘成为浙江同济科技职业学院的"技能导师"，回母校和同学、老师交流的机会更多了。回到校园，饶瞬积极组织策划"社会实践交流课程"。通过交流探讨，饶瞬带领学弟学妹们更深入理解，如何把学校里习得的专业"技能"在实际工程中发挥效用。

乡村，是饶瞬社会实践交流课程中，总是离不开的话题。从事水利工作的这几年，饶瞬有一个很大的感受，乡村是一个更大的课堂，在这里能实践专业技术知识，更能培养人生理想，锻炼工作能力。

行走在乡村和浙江同济科技职业学院的两个课堂间，饶瞬深有感触。一代代水利人改变着乡村，乡村也改变了他们。饶瞬很想把自己在乡村学到的经验教训，介绍给浙江同济科技职业学院的学弟学妹们。

作风严谨，是饶瞬在乡村学到的重要一课。在饶瞬看来，水利工程每一个决策的背后，都需要无数次在田间地头一步一个脚印走出来。项目的现场情况，只有自己亲自查勘过才有敢于实践的底气。

当每个人都用严谨的作风来对待每个项目时，这是不仅是对工作负责，也是一种对待人生的态度。有一位在村里遇见的老党员，饶瞬至今没有忘记。一次下乡检查水利工程，饶瞬在村里给一个看起来很朴实的村干部，解读政策并布置了整改任务。因为要求比较高整改事项也很复杂，饶瞬对一次整改完成没有抱多大希望。但村干部仔细听着，微微点头。

当饶瞬再次来到这里时，出乎他意料的是，村里已经完全按要求整改到位了。后来到村委会开会时，饶瞬发现宣传栏党员名单册里，贴着这位老党员的名字，照片下方还配了一句座右铭：平凡的执着，就是普通中的卓越。这句话，饶瞬经常用来勉励自己。这种执着的精神深深打动了饶瞬，他明白，无论是在水利工程建设还是人生道路上，都需要这种平凡的执着。

不忘初心，这是饶瞬多年来能坚持在乡村工作的重要支撑。年轻人工作时间久了，人难免会疲乏。锐气被磨平之后，往往会随波逐流。但是在广阔乡村，饶瞬找到了在荣誉、金钱之外的价值。

饶瞬说自己工作最有获得感时候，不是走上领奖台的时候。而是按照工作职责要求，完成了工程建设任务，村民们不经意间提及的一句"感谢"。

在乡村工作的这些年，饶瞬越来深刻地感受到，努力工作不是为了一个职称，一个荣誉称号，或是增加的工资。一个人立足于自己的专业，把工作给做好，服务一方人民，这是最大的初心和价值所在。

在乡村，饶瞬学会了做事更学着做人。对年轻人而言，这是一门更大的学问。村里做工程，难免会涉及政策处理等麻烦事，许多人对此望而却步。但在乡村扎下根的饶瞬发现，许多村民虽然文化水平不高，但只要多一点耐心，把道理向他们解释清楚，问题大多能迎刃而解。

饶瞬在大港头任职时，就通过山村小流域综合治理、生态堰坝改造、饮用水改造等项目，改善乡村水利设施，提高了沿河耕地、村镇防御洪水的能力，提供了优质的水资源保障和独特的水环境支撑，有力推动生态农场、休闲民宿、旅游度假等新业态的绿色发展。

饶瞬不仅没有因为工程和村民们发生不愉快，还和许多村民成为了朋友。乡村，成了饶瞬践行"厚德、笃学、修能"的六字校训最好的地方。

### 三、在乡村，让非遗闪闪发光

浙江同济科技职业学院经济与信息学院设有移动商务、金融科技应用、大数据与会计、信息安全技术应用、商务数据分析等5个专业。作为初创的五个二级学院之一，已经为社会输送了6000多名数字商务类人才。经信学院深化"七彩凝心"党建品牌，创新工作举措，不断深化教育教学改革和内涵建设，努力打造党建业务融合互促新格局。学院在实践教学中不断摸索，构建了"双证融合、多情景体验"的人才培养模式，通过搭建由职业核心能力平台、专业基本能力平台、专业综合能力平台和岗位迁移能力平台组成的"四大能力平台"，并将职业核心能力培养和职业资格证书课程渗入教师教学能力培养全过程，不断创新办学理念，取得了丰硕的育人成果。近年来，学院发挥经信专业特点，重点利用数字化手段，服务乡村产业振兴，助力发展乡村经济，取得了较好的成效。本节介绍的乡村工匠是来自于经信学院的学生泮韬楠。

"高高台，低低台，皤滩街，花灯来，男男女女快来看。"这是浙江仙居百姓家喻户晓的一首民谣。其中的花灯，就是仙居特有的针刺无骨花灯。作为国家级非物质文化遗产，无骨花灯相比城市里的霓虹，光芒虽不那么耀眼，但却照耀了千年历史时空，沉淀下深厚的文化底蕴。

在乡村，浙江同济科技职业学院的学生泮韬楠，与千年历史的无骨花灯相遇。他和同学们运用所学专业知识，传承和宣传无骨花灯工艺，并把现代的数字技术和传统的花灯工艺相结合，赋予了无骨花灯新的生命力。在杭州亚运会期间，无骨花灯重新闪耀在了国际舞台。远在山区的仙居皤滩等乡村，也因"花灯"被人们所熟悉，通过无骨花灯，深挖非遗的经济价值，推动非遗的创造性转化和创新性发展，丰富乡村经济业态，带动乡村经济高质量发展，帮助农民增收致富。

泮韬楠和同学们，通过浙江同济科技职业学院搭建的"乡村工匠"培育平台，把无骨花灯这一非物质文化遗产资源充分活化，以"非遗＋文创""非遗＋旅游""非遗＋电商"等新模式，带动了当地乡村经济产业的发展，也助力了当地村民的增收。"如今带一只花灯作为特色伴手礼，已成为来这里的游客们的必然选择。"满怀对家乡的热爱、对非遗文化传承的热情，泮韬楠的眼神中闪烁着自信的光芒,"我想让更多人看到我的家乡,我希望我们的传统技艺与优秀文化能走出大山、走向世界!"

小小花灯承载着大大梦想,而这份初心皆因母校而起。用泮韬楠自己的话说:"正是母校特有的培养理念和开放创新的培养机制,才给予了我更大的发展空间。"而这一段在母校求学的经历也同样成为泮韬楠人生中最宝贵的财富。

### (一) 启蒙

初入仙居中等职业学校时,泮韬楠的心情有些低落。眼前看到的一切,似乎都是灰色的。"没有考上理想的学校,对职业教育也不了解,似乎看不到未来的希望在哪里。"那段时间泮韬楠一直找不到方向和目标。

一个初秋的傍晚,泮韬楠上完课偶然路过学校里的一段长廊。在这片平常不注意的角落里,他蓦然看到长廊上挂着许多做工精巧,有着各色精美花式的纸灯。一旁的简介写着,仙居针刺无骨花灯。这小小的花灯,发出柔和的光照亮了长廊,也给泮韬楠的生活带来了一抹亮色。其实,无骨花灯在仙居很常见,但那时泮韬楠对这些"老玩意儿"似乎并没有多大兴趣。如今静下来,重新仔细欣赏这些花灯时,泮韬楠发现花灯有一种特别的美。每一盏花灯都有不同的造型,不同的色彩,从小孔中透出的光,千姿百态,五彩斑斓。

泮韬楠被精巧的技艺所吸引,更对花灯背后的人文和历史充满了好奇。他向学校提交申请,加入到学校的花灯制作社团中。在这里,泮韬楠结识了好老师,也结交了好朋友,对仙居的历史文化也有了更深入的了解。

在学校的民间传统工艺花灯教学课堂上,泮韬楠第一次听到,仙居无骨花灯的美丽传说。唐朝开元年间,仙居皤滩有一位秀才,夜行深山迷路,被仙女以一盏"神灯"引路。此灯造型小巧别致,制作精美典雅,最与众不同的是灯身没有骨架,全部由针刺成各种花纹图案的纸片粘贴而成。后来秀才高中状元,娶仙女为妻,将这门手艺又传给了村民,人们把这盏无骨花灯称作"状元灯"。

在民间传统工艺课堂上,泮韬楠找回了对学习久违的热情。"知识原来不仅仅停留在书本,传统的手工艺中能培养人文修养,领悟做人做事的道理。"那段时间,泮韬楠在老师的指导下,仔细研究花灯的结构。仙居花灯不用骨架而能制作出精美的造型,有物理学的精巧运用,协调的色彩搭配,更需要很强的审美能力。

"这就是'工匠精神'。"泮韬楠说,那时候起他在学校的目标明确了,就是要学习培养自己的工匠精神。这股精神支撑着泮韬楠成为更好的自己。

"我想要重新出发，继续求学，让乡村的非物质文化遗产让更多人看到。"泮韬楠给自己的中职生涯作了重新规划，他更高的热情投入到文化课的学习中，特别是对人文经济类知识的积累。

中职的后两年，泮韬楠过得异常的充实，在紧张忙碌的学习之余，做一做花灯研究一下传统手工艺，成了他忙碌生活中很好的调节方式。

2021年，泮韬楠如愿考上了浙江同济科技职业技术学院经济与信息学院。在这里，泮韬楠有了更大的梦想，他希望能学到更多新技术新知识，赋予传统手工艺新的生命力。

浙江同济科技职学院现代职业教育服务乡村的理念，也为泮韬楠这样心怀梦想的年轻人提供了施展才华的平台。在浙江同济科技职业学院，年轻的泮韬楠带着家乡的花灯，站上了更大舞台，让全世界更多人了解到无骨花灯的精美艺术，也让仙居偏远的乡村为更多人所熟知。

(二) 匠心

在浙江同济科技职业学院求学的日子，是泮韬楠人生中一段难忘的回忆。2021年，泮韬楠来到杭州，一走进大学的校门，就被这里的氛围所吸引。"学校的老师很友善也很务实，这里有一套成熟的培养机制。"泮韬楠说，在这里可以得到各方面能力的锻炼，提供很多实践的机会，也能接触到许多应用学科的前沿领域。

浙江同济科技职业学院的老师们，特别鼓励同学们主动融入社会中，积极参加各种社会实践活动。学校除了对学科知识兢兢业业教学外，对学生动手能力、社会交往能力的培养也投入很多。

在校期间，泮韬楠了解到学校正在组织服务乡村的"乡村工匠"实践活动。他非常感兴趣，立即报名成为了一名"乡村工匠"。"我的家就在乡村，对振兴乡村满怀期待。"泮韬楠说，他想向更多人介绍家乡，用自己的双手来改变家乡。

去乡村做什么，怎么宣传乡村？泮韬楠马上想到了无骨花灯。这门非物质文化遗产，源自仙居乡村，也最能代表乡村。

在浙江同济科技职业学院，泮韬楠结识了许多志同道合的朋友，大家对乡村都有同样的情节。在新成立的社团中，郑宏磊、王嘉仪、金江涛3位伙伴加入到了泮韬楠的团队。4人一拍即合，决定一起传承仙居无骨花灯这门老手艺。

"如何给乡村老手艺，添一点新创意？"这是年轻人们思考的问题。泮韬楠想到了杭州亚运！泮韬楠在浙江同济科技职业学院求学期间，正逢杭州亚运会召开，有万千运动员、游客来到杭州，这是向大家介绍非遗文化的好时机。

在学院乡村实践指导老师的指点下，大家尝试把亚运的元素，注入到有千年历史的无骨花灯中。泮韬楠和同学们把亚运会吉祥物和会徽的图案研究拆解，并在电脑上绘制出来。但真正把图案打印用到花灯上时，大家却在制作上碰到了难题。无骨花灯不用骨架，整盏灯全部用纸片支撑起来，泮韬楠和同学们制作几次尝试都没有成功。最后，他们决定趁着寒假，到仙居的皤滩乡向当地的老手艺人请教。

浙江同济科技职业学院对同学们的寒假实践活动非常支持，鼓励他们深入乡村调研。但第一次出行并不顺利，泮韬楠和同学们满心欢喜赶到仙居的皤滩乡，由于准备不足，没有找到真正的非遗传承人。但大家没有放弃，第二天团队再次出发，这次带上了调查问卷，虽然收集了一些信息，但还是没能联系到传承人。

当时正逢春节，同学们原本要走亲戚。第三次出发时，遭到了家人的反对。女同学王嘉仪的家人，甚至误以为她是借机出去谈恋爱。不过，幸运的是，第三次泮韬楠和同学们终于见到了国家级非遗传承人——王汝兰老人。

在王汝兰老人的指点下，同学们做出了第一盏亚运无骨花灯。整个灯没有骨架，全部用纸片支撑起来。灯总体是八面体结构，每一面上都绘制了对应的亚运元素，包括了亚运会吉祥物琮琮、宸宸、莲莲以及亚运会会徽等。

同学们深入细致地调研工作，得到了当地政府和党委的认可，收到了一封手写的感谢信。"不仅学了手艺，而且也让我们对老手艺人更加敬重。"泮韬楠说，这一刻所有的努力都变得值得，也为后续的工作奠定了信心和基础。

亚运花灯成功点亮，得到了杭州亚组委的关注，并在官网作了专题报道。"乡村工匠"泮韬楠崭露头角，仙居无骨花灯登上新舞台。

(三) 感恩

在浙江同济科技职业学院的这三年，泮韬楠非常感恩于学校"因势利导、因材施教"的培养理念。"学校非常重视应用型和创新型人才的培养，同时非常关注我们理想信念和职业素养的培树。"泮韬楠介绍说，学校的课程设置非常具有专业特色，也很注重与产业的密切接轨，通过搭建"校企合作、校地共建"的实践平台，给予同学们场景化的教学体验，在润物无声中锤炼了技能、涵养的美育情怀、树立了服务"国之所需"的远大志向。"老师们经常会把课堂搬到田间地头、乡村一线，我们许多同学从大二开始就担任项目负责人，这个过程很有意思，对我们的成长也很有帮助！"泮韬楠回忆那段负责花灯项目的时光，有无数个夜晚，团队成员熬夜赶制材料，有时候忙到忘记吃饭，匆匆吃一点泡面，回到寝室倒头就睡。但正是这股坚持和热爱，支撑着泮韬楠和同学们去克服更多的困难和挑战。

"在这种状态下，我们不仅圆满完成了花灯的项目，还保持了良好的学业成绩。"大三那年，团队里包括泮韬楠在内的4位核心成员都获得了奖学金，尤其是两位成员获得了国家奖学金和校"十佳大学生"的荣誉。作为第一发明人，泮韬楠还申请了实用新型和外观设计的专利各一项。

"要努力成为一个坐下来能写、站起来能讲、走出去能干的新时代大学生。"泮韬楠说在浙江同济科技职业学院的经历，让他明白了理论知识结合实践的重要性，只有这样才能为社会提供更大的价值。

作为经济与信息学院的同学，泮韬楠从自身专业角度出发，进一步挖掘了无骨花灯的商业价值。泮韬楠成立了"新"星点灯非遗国际传播工作室，将调查报告写在祖国的乡村大地。在此基础上形成的调研成果，获得了大学生调查与分析设计大赛全国总决赛一等奖。实践中，泮韬楠将无骨花灯作为一种文创产品作进一步开发。

泮韬楠认为无骨花灯难传承，不普及，关键是制作工艺复杂，材料难获得。他和团队成员抓住这一痛点，让制作技艺复杂的无骨花灯，搭上科技的快车，通过数字化手段，利用先进的激光雕刻机，制作出好拼、好看、好玩有文化的花灯材料包，并实现了量产。

为了更进一步扩大影响力，泮韬楠抓住每一次机会，将花灯运用于学校、活动展会以及"一带一路"宣传等不同场景。比如，浙江同济科技职业学院联合杭州市萧山区宁围街道水博社区，组织开展"非遗传承刻清廉"活动。泮韬楠介绍展示无骨花灯历史，并指导社区居民动手学习制作。大家踊跃参与，更多人了解并喜爱上了花灯。

如今，泮韬楠已经通过专升本考试，进入宁波财经学院学习。但在浙江同济科技职业学院"乡村工匠"实践中，播下的服务乡村、振兴乡村的种子，正不断地成长开花。"在我心目中，乡村是充满希望与活力的，它不仅是传统文化的发源地，也是承载着无数人梦想的地方。"泮韬楠说。

现在，泮韬楠成为了浙江省"00后talker"理论宣讲团成员。"00后talker"是浙江省委宣传部重点打造的青年理论宣讲品牌。在外宣讲时，泮韬楠会津津有味地提及，在浙江同济科技学院做"乡村工匠"时的那段闪闪发亮的日子："乡村教会我坚守、传承与创新，激励我用实际行动为乡村发展贡献力量。通过非遗文化的传承与传播，乡村的未来将更加多彩，文化与经济齐头并进，共同富裕的愿景终将实现。"

### 四、从乡村走向世界的"金蓝领"

浙江同济科技职业学院机电工程学院前身是浙江水利水电学校机电专业部，历史悠久，内涵丰富，经过长期的发展传承积累了丰富的机电类高技能人才培养经验，向浙江省培养输送了大量的优秀高职中职毕业生。设有电力、电梯、汽车、数控、机制和自动化 6 个专业部及电气工程、机械工程和汽车工程 3 个实训基地。近年来，机电工程学院教师在教学、科研能力及社会服务等方面均取得了突出的成绩，现有国家级精品课程 1 门，国家级精品资源共享课 1 门，省级精品课程 1 门，院级精品课程 9 门；先后获得省水利科技二等奖、三等奖各一项；获省高校青年教师教学能力比赛一等奖，省级教学能力比赛二等奖 1 项，三等奖 2 项；中央财政支持的数控实训基地已经投入使用。

学院全面推动校企深度合作，不断优化合作质量，力求实现"校、企、生"三方共赢，先后开展了现代学徒制改革试点工作、教育部中德先进职业教育合作项目、浙江省"双元制"人才培养试点项目等一系列的校企协同育人的探索实践。现有校企合作单位近百家，建有 90 余家校外实训基地，成立水利电力智慧运维产业学院、江能机电学院、精雕·数字化精密制造产业学院，建有 4 个"技能大师工作室"。学院注重培养学生的实践动手能力和综合素质，倡导"理实一体化"的教学模式，全面推进"7S"管理工作，使学生真正做到"一专多能，一人多证"。学生多次在全国及省级技能竞赛中获奖。本期乡村工匠介绍的是来自水利工程学院的校友钱晓良。

"不管走到哪里，我永远不会忘记是同科培养的水利人，我的心一直在乡村。"今年 43 岁的钱晓良，2000 年从浙江水电技工学院（浙江同济科技职业学院的前身）水电站机电专业毕业后，走遍了祖国的大江南北，曾经参与过西部大开发，到贵州等地管理过水电设施项目建设，前往土耳其等国家拓展海外工程，积累了丰富的水利水电实战经验。

如今，钱晓良又回到了他最熟悉的浙江乡村，带领着一支年轻团队，负责山塘水库的管理和维护。其间，钱晓良还获得了"浙江金蓝领""全国水利技术能手"等荣誉称号。17 岁学习水电技术，20 岁进入水电行业……20 多年来，在浙江同济科技职业求学经历一直影响着钱晓良，他没有放松对技术的学习和钻研，发现问题、解决问题，一直在实践中不断提升自己的综合能力。

浙江同济科技职业学院（以下简称同科）"厚德、笃学、修能"的六字校训，正是钱晓良一直所努力为之践行的。"始终相信'天道酬勤'，一分耕耘、一分收获，遇到困难勇于逆流而上，未来才能有别样精彩。"钱晓良的网名叫作"山里人"，作为一个从小山村走出的年轻人，他胸怀乡村，情系乡村，扎扎实实地履行"乡村工匠"的职责和使命。

**（一）选择**

1997年，17岁的钱晓良初中毕业，面临着人生选择：一是去杭州读园林类的技校，二是进入水电类的技校。钱晓良老家在绍兴嵊州长乐镇，这里地处山区，附近就是当地知名的南山水库。钱晓良经常会到水库周边游玩，对这里水电站的工作人员也很熟悉。

"那时候很想成为水电站的一名工作人员，觉得这是一个铁饭碗。"少年时的耳濡目染，让钱晓良最终选择了浙江水电技工学院，这所学校也是浙江同济科技职业学院的前身。那一年，尚显稚嫩的钱晓良，背着重重的行囊，告别母亲，走出嵊州的山村，来到杭州求学。

一次选择，改变人生轨迹。初到杭州，钱晓良来到了浙江水电技工学院，位于杭州拱墅区北部的谢村。这里离市区很远，但是一个能真正静下心来学习的地方。

"学校的校风非常务实，老师们注重理论与实践相结合，还经常带领我们进行实地考察和实践操作，让我们在实际情境中更好地理解和掌握所学内容。"钱晓良说，自己所学的水电站专业对数学、物理的要求比较高。一开始，钱晓良在学习上比较吃力，很多理论课跟不上。

但当时学校里有一批理论素养高，专业技术强的老师，对同学们十分关怀。直到现在，钱晓良还记得金永琪老师的课。"老师讲得深入浅出，还有丰富的实操经验，讲课特别突出实战实效。"钱晓良说，金永琪老师讲机电技术的情形，现在还印刻在脑海里。

如今，金永琪老师已是浙江同济科技职业学院机电学院的名誉院长，他的教学理念和风格也一直被传承了下来。在老师们的关怀督促下，钱晓良掌握了一定的理论基础知识，同时对自己所在的行业也有了更深的理解。

每当回忆起那段求学生涯，钱晓良心中满是感慨。在那里，他不仅学到了扎实的专业知识和技能，更在德育方面深受熏陶。老师们对用水利技术，改造乡村惠及乡村的热情和执着，是最好的教科书，一直深深影响着钱晓良。

那时，学校就高度重视学生的品德培养，将德育融入日常教学和校园生活的各个环节。在课堂上，老师们不仅传授专业知识，还时常通过案例分析和讨论，引导学生树立正确的价值观和职业道德观。

"做一个对社会有用的人。"钱晓良说，自己很幸运在学校氛围的熏陶下，很早就树立起了理想信念和职业态度。那时候浙江水电技工学院的宗旨，就是要培养"岗位型、技能型、满足社会发展需要"的水利水电人才。

学校求实的优良校风以及实操导向，让学生们有了很强的发现问题，解决问题的能力。"一共三年，前两年是理论课，第三年进入实操课。我当时对实操课程更加感兴趣。"钱晓良回忆，当时有一门实操课程叫"刮瓦"，自己学得特别认真，成绩也很突出，得到了老师们的认可。

刮瓦，其实就是给电机里的"关节"轴瓦做精细打磨。这看似是一项很小的技术活，但背后体现着一个职业学校学生的技术扎实程度。钱晓良只要走进实训教室，总是做得最好最细致的那一个。

正是这一门不起眼的手艺，为钱晓良争取到了实习机会。在校最后一年，钱晓良进入浙江江能建设有限公司实习。那家公司中刮瓦常常是老师傅才能干的活，但是钱晓良的"手艺"让大家很放心，他是公司中唯一一个能"刮瓦"的实习生。这让大家另眼相看，也给钱晓良的水利水电事业带来了机遇和转机。

（二）历练

2000年，在校最后一个学年，钱晓良参加实习的浙江江能建设有限公司刚好有一个项目在他嵊州老家的南山水电站。钱晓良作为实习安装工，来到南山水电站参与建设。他的勤奋踏实以及过硬的技术，南山水电站和浙江江能公司的"老师傅们"都看在眼里。实习期结束时，两家单位都有意愿留下钱晓良。

浙江江能建设有限公司与浙江同济科技职业学院一直以来都有密切的联系。这种紧密的合作关系为学生们提供了广阔的实习和就业平台。

钱晓良在面临职业选择时，内心充满了纠结。一方面，留在南山水电站做一名技术工人，能够陪伴在家人身边，为家乡的建设贡献自己的力量；另一方面，加入江能公司投身水利水电建设热潮，则意味着他将踏上更广阔的舞台，迎接更多的挑战和机遇。

在和老师家人以及实习老师深入交流后，钱晓良选择毕业后正式加入江能公司。他始终牢记学校的教导，从一名基层技术工人做起，在各地建设水电站的过程中，不断践行着学院传授的专业知识和职业精神。在宁海白溪水库水电站项目中，条件艰苦，但他凭借在学校学到的坚韧品质坚持了下来。

在电站安装作业中，钱晓良冲在前面，不怕苦不畏难，这得益于学院对学生实践能力和职业素养的培养。每当遇到问题，他都会运用在学校学到的理论知识去解决，真正做到了在干中学、学中干。工作两年后，他成为团队里解决问题的专家，这背后离不开学院的培养和校友的帮助。江能公司哪个项目出现难题，钱晓良就带着小队成员去解决，成了一名"救火队员"。

2006年，钱晓良被提拔，成为了贵州一个偏远山区水电站的项目负责人。这是他全权负责的第一个项目。从"刮瓦"到现场安装，指挥一个小队再到负责一整个项目，钱晓良克服一个个困难，不断地成长。"不仅要懂技术，还要懂财务善管理，这样才能把团队带起来。"钱晓良说，这些年最大的收获是有了"边干边学"的能力。

"在学中干，在干中学"，钱晓良的不断成长，这与学院全员、全过程、全领域育人的理念密不可分。钱晓良说，虽然现场工作艰辛，但项目完工却造福了一方百姓，发挥了重要的社会价值，而自己也在这个过程中收获了满满的实战经验。

2008年，钱晓良用了8年时间，成为了公司中能独当一面的项目经理，他的成长历程充分体现了浙江同济科技职业学院在人才培养方面的理念和贡献。

（三）坚守

2009年新的机遇和挑战来了，钱晓良已经作好了准备！那一年，江能公司成立海外公司，在国外承接水电工程项目。江能公司专门挑选精兵强将，组建起了一支开拓海外市场的专业团队。公司负责人找到钱晓良，并派他去土耳其负责项目。

在土耳其6年时间，钱晓良带着团队完成了3个项目。他见过中东美丽的春天，也听到过武装冲突的炮火声。"这是一段宝贵的人生经验。当年走出山村，来到同科学习时，根本没想到会走这么远。"钱晓良说。

2018年，钱晓良迎来一次难得的机会，他重新回到了母校浙江同济科技职业技术学院，接受为期半年的封闭培训。钱晓良经过推举，被公司安排参加第六届全国水利行业职业技能竞赛全省选拔赛。这次培训主要是就为了备战这项全国性的赛事。

时隔18年，重新回到母校，钱晓良走在浙江同济科技职业学院新校区的路上，与许多当年的授课老师重逢，让他倍感亲切。"这些年虽然在实际工作中积累很多经验，但也有许多问题一直没有得到解答，这次理论和实操的培训，解开了一些困扰多年的谜团。"钱晓良回到同科后，比当年在校时更加珍惜学习机会。

"20多位各个专业的老师给我们12名学员上课，第二阶段只有4名学员。"钱晓良说，浙江同济科技职业学院豪华的师资阵容，"让自己感觉人生到达了巅峰。"得益于这10多年的现场施工实际经验，再经过各知名专家老师的倾情指导，钱晓良最终在选拔赛中拔得头筹，代表浙江队参加了全国竞赛，并在全国比赛中获得第11名。

如今，钱晓良不再年轻，团队里多了许多干劲十足的年轻人，但他对水利水电技术仍然有一种"痴迷"，有新出来的技术和方案总想认真学一学。比如，这两年随着抽水蓄能电站的兴起，如何对其更好维护、检修，成为了业内一个全新的课题。钱晓良通过两年的实践学习和研究，积累了大量抽蓄方面的知识。"针对抽蓄电站我们成立专门团队，做更精细的管理。"钱晓良说，未来抽水蓄能电站将是一块重点关注的市场。

"我从乡村出发，如今又扎根到了乡村。乡村振兴是我们水利人的共同梦想。"钱晓良说，工作25年来，大部分时间都是在偏远山区，自己内心从来没有离开过乡村。在他看来，水利是乡村振兴的基础性工作，需要一代一代乡村工匠传承。

钱晓良想告诉自己在浙江同济科技职业学院的"乡村工匠"们，进入任何行业都要经过长时间的磨砺才能成长，条件艰苦的水利水电工作更是如此。"学技术要沉淀，抛开浮躁的心态、一步一个脚印，只要方向对了，所有的努力最终都会有回报。"钱晓良说。

# 第二节　乡村工匠实施团体标准

## 一、乡村工匠岗位能力培养与评定规范

### (一) 范围

本文件规定了乡村工匠职业能力培训与评定的规范要求，包括职业素养、职业知识与职业技能、职业能力培训、职业能力评定、管理与监督。

本文件适用于乡村工匠职业能力的培训与评定工作。

### (二) 规范性引用文件

本文件没有规范性引用文件。

### (三) 术语和定义

下列术语和定义适用于本文件。

1. 乡村从业人员（rural employee）

乡村人口中实际参加农业、工业、手工业、文化创意产业等生产经营活动并取得实物或货币收入的人员。

2. 乡村工匠（rural craftsman）

县域内从事传统工艺和乡村手工业，能传承和转化应用传统技艺，促进乡村产业发展，推动乡村振兴发展的技能人才。

3. 乡村工匠培训机构（rural craftsman education institution）

根据乡村工匠职业能力培训与评定规范，具有培训场所、符合资质要求、可以定期对乡村工匠进行专业技能培训的专业教育机构。

4. 乡村工匠评定机构（rural craftsman evaluation institution）

根据乡村工匠职业能力培训与评定规范，定期评定乡村工匠的专业技能等级，促进传统工艺的传承与乡村振兴发展的专业评定机构。

### (四) 职业能力基本要求

1. 初级乡村工匠

具有劳动保护、安全生产、职业健康、消防、现场救护等基础知识，了解乡村振兴相关职业的专业知识和技术技能，具备一定的解决问题的能力和创新能力，能进行乡村振兴相关工作的基本操作，能够协助完成相关领域的典型工作任务，满足初级乡村工匠的职业能力评定要求，见表5-1。

2. 中级乡村工匠

具有劳动保护、安全生产、职业健康、消防、现场救护等拓展知识，掌握乡村振兴相关职业的专业知识和技术技能，具备较强的解决问题的能力和创新能力，能进行乡村振兴相关工作的操作，能够独立完成相关领域的典型工作任务，满足中级乡村工匠的职业能力评定要求，见表5-2。

3. 高级乡村工匠

具有劳动保护、安全生产、职业健康、消防、现场救护等拓展知识，熟练掌握乡村振兴相关职业的专业知识和技术技能，具备出色的解决问题的能力、创新能力、管理能力，能组织开展乡村振兴相关工作，在本行业内有一定影响，能引领带动当地乡村产业创新发展和农民就业增收并取得一定成效，满足高级乡村工匠的职业能力评定要求，见表5-3。

**（五）职业能力培训**

1. 培训学时

乡村从业人员应满足乡村工匠培训的基本学时要求，对取得培训合格证书的乡村工匠，每年度需参加规定学时的继续教育培训。

（1）基本培训学时。首次参加乡村工匠培训，初级乡村工匠不应少于40学时，中级乡村工匠不应少于60学时，高级乡村工匠不应少于96学时。

（2）继续教育培训学时。乡村从业人员应满足的继续教育培训学时包括但不限于以下内容：

1）继续教育培训应每半年组织一次。每个周期内，接受继续培训的时长，初级乡村工匠不应少于24学时，中级乡村工匠不应少于36学时，高级乡村工匠不应少于48学时。

2）参加继续教育培训的累计时间不满足学时要求的，培训合格证书失效，应按照规定重新参加首次培训，重新取得培训合格证书。

2. 培训机构资质

乡村从业人员可在培训机构接受乡村工匠培训，相关培训机构应符合的资质要求包括但不限于以下内容：

（1）具备独立的法人资格并合法经营超过一年，在乡村振兴领域拥有丰富的实践经验和专业知识；

（2）具备乡村工匠知识和培训技能且隶属于培训机构专属的培训教师团队，培训教师团队人员应具备乡村工匠培训相应领域的专业背景和从业资质；

（3）有乡村工匠知识和技能培训所需要的专业培训场所、完整的培训体系等资源。

3. 培训整体流程

乡村工匠培训包括首次培训、继续教育培训，采取理论与实操相结合的培训模式，培训流程包括发布培训通告、提交报名材料、资格审查、理论与实操培训、培训考核、考核结果发布，见图5-1。

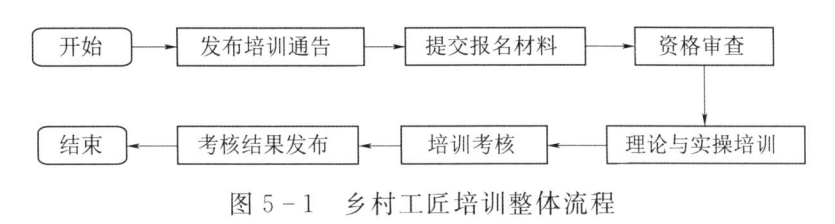

图5-1 乡村工匠培训整体流程

4. 培训教师

(1) 教师资质。乡村从业人员培训教师的资质要求包括但不限于以下内容：

1) 具有承担本培训任务的业务能力和教学水平。

2) 培训初级乡村工匠的教师应具有本专业中级及以上专业技术职务任职资格或中级及以上职业资格等级证书。

3) 培训中、高级乡村工匠的教师应具有本专业副高级及以上专业技术职务任职资格或高级及以上职业资格等级证书。

(2) 教师组成。乡村从业人员培训教师团队构成人员应符合以下资格要求中的1项及以上，包括但不限于：

1) 职业技术院校、技工院校、高等院校的专任教师。

2) 社会化培训机构经验丰富的培训教师。

3) 行业协会、企业的高技能人才。

4) 当地的高级工匠。

5. 培训场所与设备

乡村从业人员培训场所与设备要求包括但不限于以下内容：

(1) 应具备能进行理论知识培训的标准教室或机房。

(2) 应具有可进行实操技能培训场地，并配备充足的工具和专业设备。

(3) 培训场所应配备专职管理人员，具有完善的安全保障措施。

6. 培训资料

(1) 培训教材。培训教材需要满足的要求包括但不限于以下内容：

1) 选用内容丰富、实用的、国家级与省级各类规划教材，教材要包括实际案例与实践操作的内容，涵盖乡村工匠的基本知识和技能要求。

2) 充分考虑行业发展带来的岗位工作新流程、新要求，实时更新培训教材，做到与时俱进。

（2）实训手册。实训手册需要满足的要求包括但不限于以下内容：

1）根据需要编写翔实、易懂、有特色的项目化实训指导手册，将基本知识和技能要求体现在实训手册中。

2）定期更新实训手册内容，不断适应岗位新要求。

（3）实训平台。应建立"乡村从业人员线上教育培训平台"等虚拟仿真平台，结合乡村教育培训机构已有的虚拟仿真实训平台、创业孵化基地等开展培训。

（4）培训资源库。应建立"乡村从业人员线上教育培训资源库"，涵盖与岗位培训相关的教学课件、音视频素材、数字教材等资源，形成形式多样、使用便捷的教学资源库，并根据实际需要实时更新。

应结合乡村教育培训机构已有的精品课程、在线开放课程等资源开展培训评定。

**（六）职业能力评定**

1. 评定机构

（1）评定机构资质。乡村工匠评定机构需要满足的资质要求包括但不限于以下内容：

1）具备独立的法人资格并合法经营超过一年，在乡村振兴领域拥有丰富的实践经验和专业知识。

2）具备乡村工匠知识和评定技能且隶属于评定机构专属的评定人员，评定人员应具备乡村工匠评定相应领域的专业背景和从业资质。

3）有乡村工匠知识和评定技能需要的专业鉴定场所、完整的评定题库和评定系统等资源。

（2）评定机构基本规范。乡村工匠评定机构需要满足的基本规范要求包括但不限于以下内容：

1）乡村工匠评定机构应按照本团体标准要求，面向社会开展机构乡村工匠评定工作。

2）应具备良好的治理结构和机构管理能力。建立起较为完善的机构章程和规章制度，明确机构的宗旨和价值观，规范机构内员工的行为和责任。

3）应严格遵守保密规定，对评定过程中涉及的敏感信息进行严格保密。

4）应采取有效的信息安全措施，防止评定数据、资料等信息的泄露或被非法获取。

5）具备评定材料的存档条件，存档时间不少于 3 年。

2. 评定基本原则

(1) 客观性。应基于客观的指标和数据。

(2) 公正性。评定过程应公正、公平、透明。

(3) 统一性。应在本文件下制定统一的评定标准。

(4) 科学性。应基于科学的理论和方法，充分考虑相关因素的影响，并能够准确反映乡村从业人员的专业能力。

(5) 可操作性。应具有一定的可操作性，以便乡村从业人员能够根据标准的要求进行改进和提升。

(6) 层级性。根据乡村从业人员服务乡村振兴经历及专业技能掌握程度宜分为初级乡村工匠、中级乡村工匠和高级乡村工匠。

3. 申报条件

(1) 初级乡村工匠基本申报条件。申报初级乡村工匠的乡村从业人员需要满足的申报条件包括但不限于以下内容：

1) 具有良好的社会诚信度，个人信用记录良好。

2) 从事本行业及相关产业1年以上，在乡村手工业、工艺美术、非遗传承、乡村设计、乡村电商等乡村振兴领域有一技之长，示范作用明显。

(2) 中级乡村工匠基本申报条件。申报中级乡村工匠的乡村从业人员需要满足的申报条件包括但不限于以下内容：

1) 具有良好的社会诚信度，个人信用记录良好。

2) 取得初级乡村工匠认定2年以上。

3) 从事本行业及相关产业3年以上，在乡村手工业、工艺美术、非遗传承、乡村设计、乡村电商等乡村振兴领域有一技之长，示范作用明显。

4) 在开展技术革新、技术改造、攻克技术难关中作出较大贡献，取得较大经济效益或社会效益，或在促进增产保供、农产品线上销售、农民增收致富等方面作出积极贡献。

(3) 高级乡村工匠基本申报条件。申报高级乡村工匠的乡村从业人员需要满足以下的申报条件包括但不限于以下内容：

1) 热爱祖国，拥护中国共产党的领导，积极践行社会主义核心价值观，遵纪守法，道德高尚，热爱"三农"事业，具有良好的社会诚信度，个人信用记录良好。

2) 取得中级乡村工匠认定3年以上。

3) 从事本行业及相关产业5年以上，在乡村手工业、工艺美术、非遗传承、乡村设计、乡村电商等乡村振兴领域有一技之长，示范作用明显。

4）在开展技术革新、技术改造、攻克技术难关中作出较大贡献，取得较大经济效益或社会效益，或在促进增产保供、农产品线上销售、农民增收致富等方面作出积极贡献。

5）在该领域培养技能人才和传授技艺方面有较大贡献，带领团队或培养的选手在相应职业技能大赛中获得市级及以上技术能手称号。

6）获聘市级及以上乡村振兴实践指导师，并在高素质农民培训中发挥较大作用，培训学员超500人以上的。

**4. 评定专家库的组建**

乡村工匠评定机构应根据评定要求组建"乡村工匠评定专家库"，根据评定需要组成评定专家团队。

（1）专家库组建原则。专家库成员由乡村振兴相关领域企业、高等院校、职业院校、技工院校以及技术技能人才评价机构等相关领域，具有技术技能人才培养经验并熟悉技能人才评价政策，在各自职业领域兼具一定理论造诣和丰富实践经验的人员组成。采取专家个人自愿申报，单位择优推荐，乡村工匠评定机构组织审核入库的方式组建，原则上专家库应每年或每两年更新一次。

（2）入库专家基本要求。入选"乡村工匠评定专家库"需满足以下基本要求：

1）政治立场坚定，坚持原则，责任心强，作风正派，自觉遵守法律法规、工作纪律，自觉接受各方监督，热心于社会服务，热心乡村振兴事业。

2）熟悉相关专业领域的有关法律、法规、规章和政策；熟悉相关专业方面的技术、标准和规范；了解本专业所属领域的发展状况及前沿方向；在行业内具有一定的知名度和权威性。

3）具有相关专业副高及以上技术职称（或相当职称、职级），身体健康，年龄不超过63周岁（二级、正高相应职称/职级可放宽至65岁）。

**5. 评定流程**

（1）评定整体流程。乡村工匠评定流程包括发布评定通告、提交申请材料、资格审查、现场评定、现场结果公示、颁发评定证书，见图5-2。

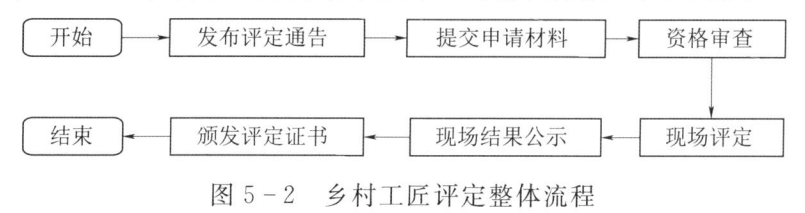

开始 → 发布评定通告 → 提交申请材料 → 资格审查 → 现场评定 → 现场结果公示 → 颁发评定证书 → 结束

图5-2 乡村工匠评定整体流程

（2）发布评定通告。乡村工匠评定机构应根据评定工作安排，提前30个工作日面向全社会发布本年度乡村工匠评定申报指南通告。

（3）提交申请材料。乡村从业人员填写"乡村工匠"个人申报表，附申报人身份证、学历、职称、技能等级、主要技术成果、荣誉证书等材料，报乡村工匠评定机构。

（4）资格审查。评定机构收到材料后，相应机构人员对材料进行全面审查，确认所有必要材料和信息均已提交完整，符合评定要求。对信息不全或不符合要求的申请，详细列出需要补充或修改的具体点通知申请人，并给予其合理的时间进行材料的补充或修改。

（5）现场评定。

1）评定准备。评定机构应对评定专家进行培训，确保其知晓评定标准和评定流程。评定机构向完成培训的专家分发经过匿名化处理的评定材料。

2）评定过程。每位专家应现场评估提交的材料，根据乡村工匠评定标准对乡村从业人员的专业能力和乡村振兴经历进行评定，部分乡村工匠评定指标见附录A。

3）形成评定结果。评定机构应对所有专家的评定结果进行汇总，观察是否有一致性或显著差异。对于评定结果存在差异的情况，深入分析差异原因，可与专家进行进一步沟通。

4）确定评定结论。评定机构根据评定结果，确定被评定人员的最终评级。评定结果达到60分及以上为通过。整理专家意见，编写包含最终评级、评定理由及改进建议的评定报告。

评定报告内容主要包括：报告标题、报告编号、评定机构名称、报告日期、被评定人姓名、评定日期、评定级别/专业、评定结果、最终评级、评级理由和改进建议。

（6）评定结果公示。评定机构将评定结果向全社会公示7个工作日及以上，并提供反馈渠道，对公示期间收集到的异议和意见进行复核和反馈。

（7）颁发评定证书。评定机构在评定结果公示期结束后，对通过评定的乡村从业人员颁发乡村工匠评定证书，并授予乡村工匠荣誉称号。

**（七）管理与监督**

1. 称号管理

（1）定期评估。评定机构在完成对乡村工匠评定工作后，应每年或者每两年对已授予的荣誉称号进行评估。评估内容包括：

1）被授予者的工作表现及贡献是否持续符合评定标准。

2) 对所在乡村振兴领域的影响力和带动作用。

3) 个人或团队的持续发展和进步情况。

(2) 称号撤销。评定机构在评估中发现获得乡村工匠称号的个人或团队不再符合评选标准，或存在严重失职、失德行为时，由评价委员会进行审议并通过后可考虑撤销乡村工匠称号。

(3) 记录管理。评定机构需建立乡村工匠信息档案，记录每位获得者的评选情况、反馈意见及评估结果。定期发布关于乡村工匠称号获得者的动态信息，增强透明度和信任度。

2. 监督与反馈

(1) 公布监督渠道。乡村工匠评定机构应向社会公开提供现场、信函、电话、网络等投诉渠道，在接收客户投诉和意见后需对投诉进行核实和调查，与相关部门协调解决问题，并及时向客户反馈解决结果。收集方式一般应包括但不限于下列内容：

1) 定期面向服务对象进行问卷调查。

2) 定期与乡村服务对象举行座谈会。

3) 在乡村服务场所的公共区域设置服务意见征集箱。

(2) 信息反馈。评定机构在接收投诉和意见后需对信息进行核实和调查。并针对反馈中反映的问题，及时进行调查和处理，确保管理的透明度和公正性。

## 二、乡村工匠评定参考指标

乡村工匠评定参考指标见表 5-1。

表 5-1　　　　　初级乡村工匠评定参考指标表

| 工种 | 工作内容 | 相关知识要求 | 技能要求 | 参考分值 |
| --- | --- | --- | --- | --- |
| 乡村规划设计工匠 | 总体设计 | 1. 传统营造思想的基础知识<br>2. "多规合一"的村庄规划理念的基础知识<br>3. 视线通廊、对景点等视线分析手法的基础知识<br>4. 无障碍环境建设的基础知识<br>5. 新建片区与现状片区之间关系的处理方法<br>6. 利用数字化手段进行村庄风貌设计的基础知识 | 1. 能协助营造融入大自然、体现天人合一理念的村庄总体设计<br>2. 能在考虑当地自然地形地貌、风俗文化、历史文化资源的基础上，协助塑造富有本土特色的村庄风貌<br>3. 能协助从空间形态和空间序列层面进行村庄布局<br>4. 能协助进行村庄的轴线设计、节点设计<br>5. 能协助进行村庄的无障碍环境设计 | 35 |

续表

| 工种 | 工作内容 | 相关知识要求 | 技能要求 | 参考分值 |
|---|---|---|---|---|
| 乡村规划设计工匠 | 建筑设计 | 1. 村居卧室、起居室（厅）、厨房、卫生间、礼仪厅堂、储藏室、阳台、露台、生产及经营用房、饲养用房等功能用房设计的基础知识<br>2. 本地典型村居类型的基础知识<br>3. 以绿色建筑标准为前提，在保留乡村传统肌理的基础上，进行村居建筑风貌传承、材料选择、色彩搭配、高度控制等的基础知识<br>4. 村庄建筑宅门、墙、柱梁、屋顶、门窗、装饰构件等重要构件设计要点的基础知识<br>5. 建筑风貌整治设计的基础知识<br>6. 村庄交通集散中心、停车场与出行路网设计的基础知识 | 1. 能协助进行村居卧室、起居室（厅）、厨房、卫生间、礼仪厅堂、储藏室、阳台、露台、生产及经营用房、饲养用房等功能用房的设计<br>2. 能协助进行村居建筑风貌控制、材料控制、色彩控制、高度控制<br>3. 能协助进行村庄公共建筑设计<br>4. 能协助进行村庄建筑重要构件设计<br>5. 能协助进行村庄建筑风貌整治设计<br>6. 能协助进行村庄交通集散中心、停车场与出行路网设计 | 20 |
| | 环境与生态设计 | 1. 村庄整体环境建设目标的基础知识<br>2. 村庄环境与生态设计原则的基础知识<br>3. 绿化种植树种选择的基础知识<br>4. 村庄中环境设计、绿化设计、生态设计手法的基础知识 | 1. 能协助进行村庄交往空间、滨水空间、景观小品和绿化等环境设计<br>2. 能协助进行村庄公共空间绿化、生产绿化、道路绿化、庭院绿化、滨水空间绿化和古树名木等绿化设计<br>3. 能协助进行村庄雨水链的生态管理等生态设计 | 25 |
| | 村庄基础设施设计 | 1. 村庄环境卫生设施、供水设施、排水设施、污水处理设施、电力电信、消防、防洪排涝等基础设施设计原则的基础知识<br>2. 健身、休闲共享空间等体育活动场所设计的基础知识 | 1. 能协助进行村庄垃圾收集设施、公共厕所等环境卫生设施的设计<br>2. 能协助进行村庄供水设施的设计<br>3. 能协助进行村庄排水设施的设计<br>4. 能协助进行村庄污水处理设施的设计<br>5. 能协助梳理村庄电力电信各种管线的设置<br>6. 能按安全布局要求协助进行消防设计 | 20 |

143

续表

| 工种 | 工作内容 | 相关知识要求 | 技 能 要 求 | 参考分值 |
|---|---|---|---|---|
| 乡村规划设计工匠 | 村庄基础设施设计 | 3. 紧急医疗救援设施、养老服务设施等医疗、健康场所设计的基础知识<br>4. 创业空间、乡贤公寓等返乡农创客所需的空间设计的基础知识 | 7. 能协助进行村庄防洪排涝整治<br>8. 能协助进行健身、休闲共享空间等体育活动场所设计<br>9. 能协助进行紧急医疗救援设施、养老服务设施等医疗、健康场所设计<br>10. 能协助进行创业空间、乡贤公寓等空间设计 | |
| 乡村建筑设计工匠 | 前期调研与分析阶段：协助收集设计资料 | 1. 网络资料检索方法<br>2. 测量工具使用方法 | 1. 能协助进行场地踏勘，收集、记录相关数据<br>2. 能按要求通过网络或图书等资源收集项目相关设计资料，如规划、市政、气象等常规资料<br>3. 能理解基地需保留的建筑物、构筑物、古树名木、历史文化遗存、河流、池塘、军事、环境保护等特殊要求，并收集相关资料<br>4. 能按要求收集区位、现状、地形、所在地产业特征、历史人文特征等前期分析所用的其他资料 | 3 |
| | 前期调研与分析阶段：协助整理设计资料 | 1. Microsoft Office Word等常用办公软件的基本知识<br>2. 数据整理、录入方法<br>3. 数据整理、录入工作流程 | 1. 能利用办公软件按要求整理调研资料，并归类<br>2. 能将调研数据录入、保存到存储设备 | 3 |
| | 前期调研与分阶段：协助撰写可行性报告 | 应用文写作的基本知识 | 能协助撰写可行性报告 | 3 |
| | 前期调研与分析阶段：协助绘制分析图 | 1. 分析图的类别<br>2. Auto CAD等数字化辅助设计绘图软件的基本知识 | 1. 能利用数字化辅助设计手段按要求协助绘制区位分析、现状特点分析、景观分析、交通分析、消防分析、日照分析、周边环境情况及地质地貌特征等分析图<br>2. 能利用电脑软件按要求协助做出所在地产业特征、历史人文特征等分析 | 6 |

续表

| 工种 | 工作内容 | 相关知识要求 | 技 能 要 求 | 参考分值 |
|---|---|---|---|---|
| 乡村建筑设计工匠 | 方案设计阶段：参与总平面设计 | 1.《总图制图标准》最新版<br>2.《民用建筑通用规范》最新版<br>3.《建筑制图标准》最新版<br>4.《房屋建筑制图统一标准》 | 1. 能协助在总图上对场地内拟建道路、停车场、绿地、建筑物做出布置<br>2. 能协助在总图上表示出场地内需保留的现状、现有地形与标高、场地内及场地周边环境原有及规划的道路和建筑物、建筑性质、建筑物层数等内容<br>3. 能协助在总图上表示出主要建筑物、构筑物与各类控制线（用地红线、道路红线、建筑控制线等）<br>4. 能协助在总图上标注出拟建主要建筑物的名称、建筑主次出入口位置、层数、建筑高度、设计标高，以及主要道路的控制标高<br>5. 能协助在总图上标注出相邻建筑物之间的距离及建筑物总尺寸<br>6. 能准确画出指北针或风玫瑰图，能正确标注比例<br>7. 能协助编制技术经济指标 | 10 |
| | 方案设计阶段：参与平面设计 | 1. 村居卧室、起居室（厅）、厨房、卫生间、礼仪厅堂、储藏室、阳台、露台、生产及经营用房、饲养用房等功能用房设计的基础知识<br>2. 乡村公共建筑功能用房设计的基础知识<br>3. 平面上尺寸、标高、首层平面图剖切线位置与编号、各主要使用房间的名称、图纸名称、比例或比例尺、指北针的标注方法<br>4.《建筑工程建筑面积计算规范》最新版<br>5.《建筑防火通用规范》最新版 | 1. 在新建类项目中，能协助在平面图上进行村居卧室、起居室（厅）、厨房、卫生间、礼仪厅堂、储藏室、阳台、露台、生产及经营用房、饲养用房等功能用房的设计<br>2. 在新建类项目中，能协助在平面图上进行乡村公共建筑功能用房的设计<br>3. 在新建类项目中，能协助在平面图上对各功能空间做出布置，画出草图<br>4. 在改建类项目中，能协助分析既有建筑功能，协助提出功能重置的方案<br>5. 在改建类项目中，能协助分析既有建筑的结构，协助提出结构加固的方案<br>6. 在改建类项目中，能协助分析既有建筑的周边环境，协助提出环境整治的方案<br>7. 在改建类项目中，能协助分析既有建筑的外观特征，协助提出外观改造的方案<br>8. 能利用数字化辅助设计的手段，按要求参与绘制设计方案平面图 | 20 |

续表

| 工种 | 工作内容 | 相关知识要求 | 技能要求 | 参考分值 |
|---|---|---|---|---|
| 乡村建筑设计工匠 | 方案设计阶段：参与立面、剖面、造型设计 | 1. 形式美法则的知识<br>2. 立面图的绘制步骤、方法<br>3. 立面图图纸名称、比例或比例尺的标注方法<br>4. 剖切部位的选取原则、剖面图的绘制步骤、方法、剖面编号的方法<br>5. 利用Sketch Up等数字化辅助设计软件初步建模、绘制效果图的步骤、方法 | 1. 能利用数字化辅助设计的手段，按要求协助对立面进行设计<br>2. 能利用数字化辅助设计的手段，按要求参与绘制设计方案立面图<br>3. 能利用数字化辅助设计的手段，按要求参与绘制设计方案剖面图<br>4. 能利用数字化辅助设计的手段，按要求推敲空间造型设计<br>5. 能利用数字化辅助设计的手段，按要求协助建模<br>6. 能利用数字化辅助设计的手段，按要求协助绘制效果图 | 10 |
| | 方案设计阶段：参与前期报建的文本制作 | 1. Microsoft Office PowerPoint等常用办公软件的基本知识<br>2. Adobe Photoshop等数字化辅助设计绘图软件的基本知识 | 1. 能按要求参与制作用于前期报建的文本<br>2. 能按要求参与制作用于方案汇报的电子版演示文件 | 5 |
| | 扩初设计阶段：收集整合资料 | 1. 文档编辑的基本知识<br>2. 网络检索的基本知识 | 1. 能收集整合其他专业提供的设计条件<br>2. 能收集相关规范及标准 | 5 |
| | 扩初设计阶段：参与平面、立面、剖面、造型设计的调整 | 1. 建筑结构选型的基础知识<br>2.《民用建筑工程建筑初步设计深度图样》最新版 | 1. 能在高等级乡村建筑设计工匠指导下利用数字化辅助设计手段绘制并深化一般乡村项目平面图、立面图、剖面图、造型效果图<br>2. 能在高等级乡村建筑设计工匠指导下利用数字化辅助设计手段绘制建筑典型墙身大样 | 5 |
| | 施工图阶段：施工图绘制 | 1.《民用建筑工程建筑施工图设计深度图样》最新版<br>2. 结构图纸、设备水暖电专业图纸识图的基础知识<br>3. 建筑构造、大样画法、尺寸标注的基础知识 | 1. 能在高等级乡村建筑设计工匠指导下利用数字化辅助设计手段绘制一般乡村项目的平面图、立面图、剖面图<br>2. 能在高等级乡村建筑设计工匠指导下与其他专业沟通配合并深化图纸<br>3. 能在高等级乡村建筑设计工匠指导下利用数字化辅助设计手段绘制一般乡村项目的楼电梯大样、门窗大样、厨卫大样以及典型墙身大样 | 15 |

续表

| 工种 | 工作内容 | 相关知识要求 | 技能要求 | 参考分值 |
|---|---|---|---|---|
| 乡村建筑设计工匠 | 施工图阶段：材料选用 | 1. 材料信息收集的基础知识<br>2. 建筑材料的基础知识<br>3. 色彩搭配的基础知识<br>4. 造价与概预算的基础知识 | 1. 能在高等级乡村建筑设计工匠指导下收集材料信息<br>2. 能配合相关方进行材料的摆样、选样、认样 | 5 |
| | 施工图阶段：图纸整理 | 1. 设计说明的内容构成<br>2. 技术文件编辑知识 | 1. 能在高等级乡村建筑设计工匠指导下编辑和排版设计说明<br>2. 能在高等级乡村建筑设计工匠指导下绘制图框、编辑目录、编写图纸信息、整理图纸顺序并归档 | 5 |
| | 技术服务阶段：协助施工交底 | 1. 文件档案管理系统的基础知识<br>2. 施工各阶段专业验收流程 | 1. 能按要求参加定期现场施工巡查，记录巡查经过，收集各方意见，并形成现场巡查的书面报告<br>2. 能按要求参加各阶段验收，针对施工存在问题做好书面记录<br>3. 能在高等级乡村建筑设计工匠的指导下与结构、设备专业沟通并根据现场问题修改设计<br>4. 能在高等级乡村建筑设计工匠的指导下绘制变更图纸并出具联系单<br>5. 能收集整理变更的图纸、变更指令等相关文件，并分类归档 | 5 |
| 乡村景观设计工匠 | 前期调研与分析阶段：协助收集设计资料 | 1. 常用办公软件应用知识<br>2. 网络资料检索方法<br>3. 测量工具使用方法 | 1. 能协助进行乡村景观场地踏勘，能收集、记录相关数据<br>2. 能按要求通过网络或图书等资源收集项目相关设计资料<br>3. 能使用简单的测绘工具对场地进行测量，具有场地现场的勘查能力 | 5 |
| | 前期调研与分析阶段：协助整理设计资料 | 1. 数据整理、录入方法<br>2. 数据整理、录入工作流程 | 1. 能利用电脑软件按要求整理调研资料，并归类<br>2. 能将调研数据录入，保存到存储设备 | 5 |
| | 前期调研与分析阶段：协助撰写可行性报告 | 1. 乡村景观设计底图的分析与识读的方法<br>2. 设计任务及设计要求的准确分析与理解<br>3. 可行性报告的编写方法 | 1. 具有乡村景观设计基础理论知识和实际应用能力<br>2. 具有场地现场的分析能力<br>3. 能协助撰写可行性报告 | 5 |

续表

| 工种 | 工作内容 | 相关知识要求 | 技 能 要 求 | 参考分值 |
|---|---|---|---|---|
| 乡村景观设计工匠 | 方案设计阶段：设计方案构思和草图绘制 | 1. 园林组成要素的基本设计方法与要点<br>2. 手绘草图的绘制技巧<br>3. 分析图的类别 | 1. 具有基本的设计思维表达能力<br>2. 具备基本的手绘能力<br>3. 能协助进行功能分区和景观结构布局 | 10 |
| | 方案设计阶段：详细方案图设计与绘制 | 1. 乡村景观地形、水体、园路、植物等的设计方法与要求<br>2. 乡村景观总平面图、分析图、鸟瞰图、节点效果图、剖立面图、意向图等图纸绘制步骤与方法 | 1. 具有 Adobe Photoshop、Adobe InDesign 等软件的一般操作能力<br>2. 具有一定的艺术审美能力与创新能力<br>3. 具有对相关设计案例的美学鉴赏能力 | 15 |
| | 方案设计阶段：文本组织与制作 | 1. 文本的作用、主要表达内容、设计手法<br>2. 文本设计样式与风格 | 1. 具有汇报方案的语言组织能力<br>2. 具有设计方案文字讲稿的组织编写能力<br>3. 具有汇报过程中现场的应变与反应能力 | 5 |
| | 方案设计阶段：设计方案汇报 | 1. 设计方案汇报的步骤、方法<br>2. 汇报演讲技巧 | 1. 熟悉风景园林施工图制图规范<br>2. 了解方案设计内容<br>3. 能正确绘制放线图、坐标及尺寸定位图<br>4. 能正确绘制总图索引、竖向设计、设施布置等施工图 | 5 |
| | 施工图设计阶段：施工总图绘制 | 1. 放线图、坐标及尺寸定位图绘制要求及方法<br>2. 总图索引、竖向设计、设施布置等图纸的绘制要求及方法 | 1. 熟悉风景园林施工图制图规范<br>2. 了解方案设计内容 | 10 |
| | 施工图设计阶段：铺装施工图绘制 | 1. 铺装材料规格<br>2. 铺装设计的内容<br>3. 铺装施工图绘制方法 | 1. 能在高等级乡村景观设计工匠的指导下完成铺装设计内容<br>2. 能在高等级乡村景观设计工匠的指导下正确绘制铺装施工图<br>3. 能正确绘制放线图、坐标及尺寸定位图<br>4. 能正确绘制总图索引、竖向设计、设施布置等施工图 | 10 |

续表

| 工种 | 工作内容 | 相关知识要求 | 技 能 要 求 | 参考分值 |
|---|---|---|---|---|
| 乡村景观设计工匠 | 施工图设计阶段：施工详图绘制 | 1. 通用性设施及结构等的通用详图绘制方法<br>2. 园林方案中主要节点的绘制方法 | 1. 能在高等级乡村景观设计工匠的指导下正确绘制通用设施及结构的通用施工详图<br>2. 能在高等级乡村景观设计工匠的指导下正确绘制方案中主要节点的施工详图 | 10 |
| | 施工图设计阶段：植物配置图绘制 | 1. 植物配置施工总图绘制方法<br>2. 苗木表绘制方法 | 1. 了解园林植物的基本属性及规格<br>2. 能在高等级乡村景观设计工匠的指导下正确绘制植物配置施工图<br>3. 能绘制苗木表 | 10 |
| | 施工过程指导 | 1. 园林建设工程施工组织与管理知识<br>2. 施工各阶段专业验收流程 | 1. 了解施工现场环境保护、成品保护、文明施工等相关知识<br>2. 了解景观工程施工的基本流程和管理要点<br>3. 能按要求参加各阶段验收，针对施工存在问题做好书面记录<br>4. 能根据现场问题参与修改设计<br>5. 能参与绘制变更图纸并出具联系单<br>6. 能收集整理变更的图纸、变更指令等相关文件，并分类归档 | 10 |
| 乡村室内设计工匠 | 建筑装饰工程制图 | 1. 建筑装饰工程识图的基础知识<br>2. 建筑装饰工程绘图的基础知识 | 1. 能运用正确的几何作图的方法绘制物体的三视图<br>2. 能看懂相关建筑装饰的制图规范<br>3. 能读懂建筑施工图（含装饰平立剖基本图纸） | 10 |
| | 建筑装饰工程材料选择与应用 | 1. 建筑装饰材料识别与分类的基础知识<br>2. 建筑装饰材料选择与应用的基础知识 | 1. 掌握常用建筑装饰材料的规格、特性、适用范围等知识<br>2. 掌握常用建筑装饰材料的质量标准、环保标准 | 10 |
| | 建筑装饰施工构造 | 1. 建筑装饰构造的基础知识<br>2. 绘制天棚装饰、墙面装饰、楼地面装饰构造图的基础知识 | 1. 掌握建筑工程构造基本知识<br>2. 掌握天棚装饰构造知识<br>3. 掌握墙面装饰构造知识<br>4. 掌握楼地面装饰构造知识 | 10 |

续表

| 工种 | 工作内容 | 相关知识要求 | 技能要求 | 参考分值 |
|---|---|---|---|---|
| 乡村室内设计工匠 | 住宅建筑装饰设计 | 1. 住宅建筑装饰设计的基础知识<br>2. 普通住宅空间设计的基础知识<br>3. 别墅空间设计的基础知识<br>4. 人体工程学的基础知识 | 1. 能协助进行调研并与客户对接洽谈，具有良好的沟通能力<br>2. 能协助进行单身公寓、普通住宅、别墅空间的功能、空间布局进行方案设计，并对方案设计意图进行介绍 | 15 |
| | 公共建筑装饰设计 | 1. 展示空间设计的基础知识<br>2. 商业空间设计的基础知识<br>3. 餐饮空间设计的基础知识<br>4. 娱乐空间设计的基础知识<br>5. 办公空间设计的基础知识 | 1. 能协助进行展示空间商业空间设计、餐饮空间设计、娱乐空间设计、办公空间设计<br>2. 能协助进行展示空间的展柜、展台、橱窗等的设计 | 15 |
| | 软装（陈设）设计 | 1. 软装方案设计的基础知识<br>2. 软装落地摆场的基础知识<br>3. 软装产品营销的基础知识 | 1. 能依据新技术、新材料、新工艺原则结合方案设计需求协助进行元素选配，同时确定规格、色彩和纹理等<br>2. 能根据客户需求及户型需要协助进行各类软装方案设计，并具备一定的提案解说能力 | 10 |
| | 建筑装饰施工图深化设计 | 1. 施工现场核对尺寸、进行交底的基础知识<br>2. 现场材料编排的基础知识<br>3. 施工图深化的基础知识 | 1. 能协助组织设计专业技术交底会，参加相关设计工程例会、并记录整理形成交底会议纪要归档<br>2. 能协助进行项目中的难点及重点问题控制<br>3. 能协助审核设计概算、施工图预算文件 | 10 |
| | 建筑装饰工程计量与计价 | 1. 室内装饰工程计量的基础知识<br>2. 室内装饰工程计价的基础知识 | 1. 能正确使用各分项工程项目预算定额及相关依据<br>2. 能准确编写工程项目名称和项目特征 | 10 |
| | 建筑装饰项目管理 | 1. 建筑装饰工程项目管理的目标和任务的基础知识<br>2. 建筑装饰工程项目的组织和策划的基础知识<br>3. 建筑装饰工程项目管理规划的内容和编制方法的基础知识 | 1. 能协助制定建筑装饰工程项目管理的目标<br>2. 能协助制定建筑装饰工程项目管理的任务 | 10 |

续表

| 工种 | 工作内容 | 相关知识要求 | 技 能 要 求 | 参考分值 |
|---|---|---|---|---|
| 乡村室内设计工匠 | | 4. 施工组织设计的内容和编制方法的基础知识<br>5. 建筑装饰工程项目目标的动态控制的基础知识<br>6. 施工企业项目经理的工作性质、任务和责任的基础知识<br>7. 建筑装饰工程项目的风险和风险管理的工作流程的基础知识<br>8. 建筑装饰工程监理的工作性质、工作任务和工作方案的基础知识 | 3. 能协助撰写建筑装饰工程项目的组织设计内容 | |
| 乡村房屋施工工匠 | 作业条件准备 | 1. 混凝土泵或泵车安全停置方法<br>2. 计量设备生产操作方法<br>3. 施工所需模板选用方法 | 1. 能根据现场环境确定作业区域，避开坡道，高压电线等影响安全的区域，并提出安全要求<br>2. 能将泵或泵车布置在平整坚实且便于施工的位置<br>3. 能使用计量器具按配合比要求准确称量各种材料<br>4. 能根据工程需要选择模板类型 | 5 |
| | 技术准备 | 1. 技术交底相关知识<br>2. 建筑施工平立面图、详图基本内容<br>3. 构造和配件图例、构件代号含义 | 1. 能识读质量、安全技术交底<br>2. 能识读建筑施工平立面图、详图等图纸<br>3. 能识读一般构造和配件图例、构件代号 | 15 |
| | 测量放线 | 1. 各种放线工具使用方法<br>2. 放线位置与图纸位置对应的方法 | 1. 能区分各种放线工具的使用方法<br>2. 能对应现场放线位置与图纸位置 | 10 |
| | 模板安装 | 1. 简易模板支架搭设方法<br>2. 模板安装方法<br>3. 模板位置、标高测量方法<br>4. 模板加固方法 | 1. 能安全搭设简易模板支架<br>2. 能确定模板尺寸及位置标高<br>3. 能进行模板安装并确保安全<br>4. 能对简单模板进行加固 | 10 |
| | 现场施工 | 1. 基础、柱、墙、梁板、楼梯、圈梁等构件浇筑方法<br>2. 混凝土振捣机械使用方法<br>3. 混凝土抹面收光机械使用方法 | 1. 能对普通结构或构件进行混凝土浇筑布料<br>2. 能够熟练操作混凝土的振捣机械进行振捣 | 35 |

续表

| 工种 | 工作内容 | 相关知识要求 | 技能要求 | 参考分值 |
|---|---|---|---|---|
| 乡村房屋施工工匠 | 现场施工 | 4. 混凝土初凝和终凝基础知识<br>5. 普通混凝土养护要求和方法<br>6. 梁柱箍筋绑扎的方法<br>7. 梁拉结筋绑扎的方法<br>8. 钢筋保护层垫块安装的方法<br>9. 钢筋表面除锈的方法<br>10. 基础大放脚砌筑操作要点<br>11. 混水砖墙砌筑工艺及操作要点<br>12. 毛石墙的砌筑工艺及操作要点<br>13. 民用炉灶砌筑工艺和操作要点<br>14. 防水基层施工的方法<br>15. 内外墙抹灰施工的方法 | 3. 能够处理各种结构施工缝处的混凝土捣实<br>4. 能够对所浇筑的混凝土表面进行抹面收光<br>5. 能现场判断混凝土初凝终凝<br>6. 能够进行普通混凝土的养护<br>7. 能绑扎梁柱箍筋<br>8. 能绑扎梁拉结筋<br>9. 能安装钢筋保护层垫块<br>10. 能进行钢筋表面除锈<br>11. 能正确进行一般条形基础组砌<br>12. 能正确进行混水砖墙的组砌<br>13. 能正确进行毛石墙的组砌<br>14. 能正确砌筑常用民用炉灶<br>15. 能进行防水基层施工<br>16. 能进行内外墙抹灰施工 |  |
| | 质量检查与问题处理 | 1. 混凝土质量检验方法<br>2. 混凝土缺陷修复方法<br>3. 混凝土养护不足问题处理的方法<br>4. 混凝土表面不平整问题处理方法<br>5. 抹灰不平整问题处理的方法<br>6. 质量自检方法及技术要求<br>7. 箍筋间距过大问题处理的方法<br>8. 拉结筋间距过大问题处理的方法<br>9. 架立筋间距过大问题处理的方法<br>10. 钢筋保护层厚度不足问题处理的方法 | 1. 能按浇筑的混凝土构件进行质量检验<br>2. 能对混凝土蜂窝麻面等缺陷进行修补<br>3. 能处理混凝土养护不足问题<br>4. 能处理混凝土表面不平整问题<br>5. 能处理抹灰不平整问题<br>6. 能对施工砌体质量进行检查<br>7. 能处理箍筋间距过大问题<br>8. 能处理拉结筋间距过大问题<br>9. 能处理架立筋间距过大问题<br>10. 能处理钢筋保护层厚度不足的问题 | 25 |
| 乡村室内施工工匠 | 技术准备 | 识图基础知识 | 1. 能了解图纸与物体比例,熟悉各种图例符号及一般工、料计算<br>2. 能绘制一般饰面块料排列图<br>3. 能看懂本工种的施工图与节点图 | 20 |

续表

| 工种 | 工作内容 | 相关知识要求 | 技能要求 | 参考分值 |
|------|---------|------------|---------|---------|
| 乡村室内施工工匠 | 工机具准备 | 1. 手持电钻检查及电池更换的方法<br>2. 无齿锯检查及刀片更换的方法<br>3. 常用检测工具（水平尺、线坠、靠尺等）使用方法<br>4. 使用开关箱进行设备通、断电的步骤及要求 | 1. 能检查手持电钻及更换电池<br>2. 能检查无齿锯及更换刀片<br>3. 能使用常用检测工具（水平尺、线坠、靠尺）等<br>4. 能使用开关箱进行设备通、断电 | 20 |
| | 现场施工 | 1. 一般饰面砖的施工工艺<br>2. 石材台面的施工工艺<br>3. 油漆、腻子、乳胶漆等刮涂的方法<br>4. 给水排水管道支架、吊架安装的方法<br>5. 管道与支架、吊架固定的方法<br>6. 卫生器具、灯具开关、电箱、插座等安装的方法<br>7. 普通门窗配用五金件名称、规格及选用方法<br>8. 普通吊顶施工方法<br>9. 普通木地板的铺贴方法 | 1. 能铺贴普通抹灰墙面、地面的一般饰面砖<br>2. 能进行各种石材线角的安装<br>3. 能对石材台面孔洞进行切挖<br>4. 能进行室内墙面油漆、腻子、乳胶漆等刮涂<br>5. 能安装室内给水排水管道支架、吊架<br>6. 能进行室内管道与支架、吊架固定<br>7. 能安装卫生器具灯具、开关、电箱、插座等<br>8. 能安装普通木门窗框扇、壁橱等<br>9. 能安装一般五金件、铰链、拉手、插销、门锁<br>10. 能进行轻钢龙骨石膏板、矿棉板等罩面板安装<br>11. 能进行木地板的铺设并安装踢脚板 | 35 |
| | 质量检查与问题处理 | 1. 油漆、腻子、乳胶漆的色差、透底等质量问题检查的方法<br>2. 给水排水管道支架、吊架间距过大问题处理的方法<br>3. 管道与支架、吊架固定不牢固问题处理的方法<br>4. 卫生器具、灯具开关、电箱、插座等安装不牢固问题处理的方法<br>5. 墙地面贴砖一般缺陷处理方法<br>6. 木制品变形防治方法 | 1. 能检查并处理油漆、腻子、乳胶漆的色差、透底等质量问题<br>2. 能检查并处理给水排水管道支架、吊架间距过大问题<br>3. 能检查并处理管道与支架、吊架固定不牢固问题<br>4. 能检查并处理卫生器具、灯具开关、电箱、插座等安装不牢固问题<br>5. 能检查并处理墙面贴砖、地面贴砖一般缺陷（如空鼓等）问题<br>6. 能检查并处理木制品变形问题 | 25 |

续表

| 工种 | 工作内容 | 相关知识要求 | 技能要求 | 参考分值 |
|---|---|---|---|---|
| 乡村景观施工工匠 | 场地整理与准备 | 1. 场地清理工程机械安全使用知识<br>2. 建筑工程安全技术规范操作知识<br>3. 整地作垄、作床知识 | 1. 能利用机械或工具清除场地内的各种砖瓦、石砾、建筑垃圾、污染物及木本草本等杂物<br>2. 能利用机械或工具拆除废旧的建筑物或地下构筑物<br>3. 能按施工设计要求进行场地平整<br>4. 能进行整地作垄、作床 | 20 |
| | 硬质景观施工 | 1. 园林铺装施工图识读知识<br>2. 园路、汀步铺装材料知识<br>3. 铺装操作工艺流程<br>4. 园路、汀步铺装操作工艺流程<br>5. 水景管道施工图识读知识<br>6. 水景管道安装操作工艺流程 | 1. 能识读园路、汀步铺装施工图<br>2. 能按操作工艺流程进行园路、汀步铺装<br>3. 能识读水景管道施工图<br>4. 能按操作工艺流程进行水景管道安装 | 30 |
| | 绿化施工 | 1. 植物种植要求、操作方法及注意事项<br>2. 裸根苗木、绿篱花卉和地被植物养护管理知识<br>3. 垂直绿化植物灌溉、修剪、管理知识<br>4. 垂直绿化作业个人安全防护知识<br>5. 立体花坛植物栽培养护知识<br>6. 立体花坛养护作业安全防护知识 | 1. 能按施工要求对裸根苗木进行种植<br>2. 能按施工要求对绿篱进行种植<br>3. 能按施工要求对花卉和地被植物进行种植<br>4. 能对种植后的裸根苗木、绿篱、花卉和地被植物进行养护管理<br>5. 能对垂直绿化植物进行灌溉、修剪作业<br>6. 能操作垂直绿化灌溉设施进行灌溉作业<br>7. 能对垂直绿化植物进行定期补栽作业<br>8. 能对立体花坛植物进行修剪作业<br>9. 能操作立体花坛灌溉设施进行灌溉作业<br>10. 能对立体花坛植物进行补栽作业 | 30 |
| | 有害生物防治 | 1. 施药机具安全使用知识<br>2. 病害防治农药安全使用方法和注意事项<br>3. 虫害防治农药安全使用方法和注意事项 | 1. 能使用喷雾（粉）机具根据病害控制方案进行防治作业<br>2. 能使用喷雾（粉）机具根据虫害控制方案进行杀虫作业<br>3. 能按要求布设黑光灯、黄色板、性诱剂、食诱剂等诱杀害虫 | 20 |

续表

| 工种 | 工作内容 | 相关知识要求 | 技 能 要 求 | 参考分值 |
|---|---|---|---|---|
| 乡村直播电商工匠 | 宣传准备 | 1. 产品图文素材搜集方法<br>2. 网络搜索工具使用方法<br>3. 产品图文信息发布技巧 | 1. 能搜集产品图文素材<br>2. 能使用网络搜索工具核实、整理产品素材信息<br>3. 能发布产品图文信息预告<br>4. 能收集和汇总销售产品相关信息<br>5. 能收集和汇总产品营销方案的相关信息 | 10 |
| | 设备、软件和材料准备和风险评估 | 1. 软硬件安装调试方法<br>2. 直播样品搜集方法<br>3. 道具、场地选择方法<br>4. 营销过程中法律法规的风险判断方法 | 1. 能下载安装直播软件<br>2. 能下载安装视频平台软件<br>3. 能按照直播计划准备直播样品<br>4. 能根据直播计划选择道具、场地<br>5. 能提出断网、断电等简单故障解决方法<br>6. 能判断营销过程中法律法规的风险 | 5 |
| | 市场调研 | 1. 产品销售信息收集和汇总方法<br>2. 产品营销方案收集和汇总方法 | 1. 能收集和汇总销售产品相关信息<br>2. 能收集和汇总产品营销方案的相关信息 | 10 |
| | 直播预演 | 1. 直播脚本编写方法<br>2. 直播彩排方案制定方法 | 1. 能将产品特性整理成直播脚本<br>2. 能根据脚本进行直播彩排 | 15 |
| | 直播销售 | 1. 产品特性及卖点的介绍技巧<br>2. 销售产品的展示方法<br>3. 引导用户下单的技巧 | 1. 能介绍销售产品的基本特性及卖点<br>2. 能对销售产品进行展示<br>3. 能引导用户下单 | 30 |
| | 互动与管理 | 1. 产品链接设置方法<br>2. 用户沟通的原则及要求<br>3. 后台管理功能的操作方法 | 1. 能发布产品链接<br>2. 能使用评论、回复等功能与用户进行沟通<br>3. 能使用后台功能管理评论 | 20 |
| | 售后与复盘 | 1. 发货进度查询方法<br>2. 投诉问题的处理方法<br>3. 数据采集方法<br>4. 统计软件使用方法 | 1. 能查询产品的发货进度<br>2. 能处理用户反馈的问题<br>3. 能采集营销数据<br>4. 能统计营销数据 | 10 |

中级乡村工匠评定参考指标见表5-2。

表5-2　　　　　中级乡村工匠评定参考指标表

| 工种 | 工作内容 | 相关知识要求 | 技能要求 | 参考分值 |
|---|---|---|---|---|
| 乡村规划设计工匠 | 总体设计 | 1. 传统营造思想的拓展知识<br>2. "多规合一"的村庄规划理念的拓展知识<br>3. 视线通廊、对景点等视线分析手法的拓展知识<br>4. 无障碍环境建设的拓展知识<br>5. 利用数字化手段进行村庄风貌设计的拓展知识 | 1. 能自主运用融入大自然、天人合一理念的进行村庄总体设计<br>2. 能在考虑当地的自然地形地貌、风俗文化、历史文化资源的基础上,塑造富有本土特色的村庄风貌<br>3. 能从空间形态和空间序列层面进行村庄布局,进行村庄的轴线设计、节点设计<br>4. 能自主进行无障碍环境设计 | 35 |
| | 建筑设计 | 1. 村居卧室、起居室(厅)、厨房、卫生间、礼仪厅堂、储藏室、阳台、露台、生产及经营用房、饲养用房等功能用房设计的拓展知识<br>2. 本地典型村居类型的拓展知识<br>3. 以绿色建筑标准为前提,在保留乡村传统肌理的基础上,进行村居建筑风貌传承、材料选择、色彩搭配、高度控制等的拓展知识<br>4. 村庄建筑宅门、墙、柱梁、屋顶、门窗、装饰构件等重要构件设计要点的拓展知识<br>5. 建筑风貌整治设计的拓展知识<br>6. 村庄交通集散中心、停车场与出行路网设计的拓展知识 | 1. 能自主进行村居卧室、起居室(厅)、厨房、卫生间、礼仪厅堂、储藏室、阳台、露台、生产及经营用房、饲养用房等功能用房的设计<br>2. 能自主进行村居建筑风貌控制、材料控制、色彩控制、高度控制<br>3. 能自主进行村庄公共建筑设计<br>4. 能自主进行村庄建筑重要构件设计<br>5. 能自主进行村庄建筑风貌整治设计<br>6. 能自主进行村庄交通集散中心、停车场、出行路网设计 | 20 |
| | 环境与生态设计 | 1. 村庄整体环境建设目标的拓展知识<br>2. 村庄环境与生态设计原则的拓展知识<br>3. 绿化种植树种选择的拓展知识<br>4. 村庄中环境设计、绿化设计、生态设计手法的拓展知识 | 1. 能自主进行村庄交往空间、滨水空间、景观小品和绿化等环境设计<br>2. 能自主进行村庄公共空间绿化、生产绿化、道路绿化、庭院绿化、滨水空间绿化和古树名木等绿化设计<br>3. 能自主进行村庄雨水链的生态管理等生态设计 | 25 |

续表

| 工种 | 工作内容 | 相关知识要求 | 技 能 要 求 | 参考分值 |
|---|---|---|---|---|
| 乡村规划设计工匠 | 村庄基础设施设计 | 1. 村庄环境卫生设施、供水设施、排水设施、污水处理设施、电力电信、消防、防洪排涝等基础设施设计原则的拓展知识<br>2. 健身、休闲共享空间等体育活动场所设计的拓展知识<br>3. 紧急医疗救援设施、养老服务设施等医疗、健康场所设计的拓展知识<br>4. 创业空间、乡贤公寓等返乡农创客所需的空间设计的拓展知识 | 1. 能自主进行村庄垃圾收集设施、公共厕所等环境卫生设施的设计<br>2. 能自主进行村庄供水设施的设计<br>3. 能自主进行村庄排水设施的设计<br>4. 能自主进行村庄污水处理设施的设计<br>5. 能自主梳理村庄电力电信各种管线的设置<br>6. 能按安全布局要求自主进行消防设计<br>7. 能自主进行村庄防洪排涝整治<br>8. 能自主进行村庄健身、休闲共享空间等体育活动场所的设计<br>9. 能自主进行村庄紧急医疗救援设施、养老服务设施等医疗、健康场所的设计<br>10. 能自主进行村庄创业空间、乡贤公寓等返乡农创客所需的空间的设计 | 20 |
| 乡村建筑设计工匠 | 前期调研与分析阶段：进行设计资料收集、整理 | 1. 测量工具使用方法<br>2. 资料分类方法 | 1. 能自主进行现场踏勘，了解场地现状<br>2. 能自主进行所收集的相关常规资料的分析，如规划、市政、气象等资料<br>3. 能自主对场地需保留的建筑物、构筑物、古树名木、历史文化遗存、河流、池塘、军事、环境保护等特殊要求进行分析<br>4. 能自主对区位、现状、地形、所在地产业特征、历史人文特征等前期分析所用的其他资料进行分析<br>5. 能指导相关设计资料的分类<br>6. 能将相关设计资料形成文档 | 3 |
| | 前期调研与分析阶段：进行可行性报告撰写 | 1. 统计分析的方法<br>2. 可行性报告的编写方法 | 1. 能自主进行调研数据复核<br>2. 能自主进行调研数据分析<br>3. 能形成可行性报告 | 3 |

157

续表

| 工种 | 工作内容 | 相关知识要求 | 技能要求 | 参考分值 |
|---|---|---|---|---|
| 乡村建筑设计工匠 | 前期调研与分析阶段：进行分析图绘制 | 1. 分析图的绘制方法<br>2. AutoCAD等数字化辅助设计绘图软件的拓展知识 | 1. 能利用数字化辅助设计手段按要求绘制区位分析、景观分析、日照分析、交通分析、消防分析、周边环境情况、地质地貌特征等分析图<br>2. 能利用数字化辅助设计手段按要求做出所在地产业特征、历史人文特征等分析 | 4 |
| | 方案设计阶段：进行总平面设计 | 1. 用地面积、总建筑面积、建筑占地面积、建筑密度、容积率、铺地面积、绿化面积、绿化率、绿化覆盖率的概念、计算方法<br>2. 道路等级、道路分类的相关知识 | 1. 在新建类项目中，能对场地内拟建道路、停车场、绿地、建筑物等提出初步的设计方案<br>2. 在改建类项目中，能在尊重当地历史、文化和建筑风格的前提下，对既有建筑进行合理改造，确保与周边建筑相融合，对场地内拟建道路、停车场、绿地、建筑物等提出初步的设计方案<br>3. 能对场地内需保留的建筑物、构筑物、古树名木、历史文化遗存、现有地形与标高等情况进行分析，提出初步的解决方案<br>4. 能对拟建建筑的主次出入口位置、层数、建筑高度、设计标高、相邻建筑物之间的距离及建筑物总尺寸，提出初步的解决方案<br>5. 能编制技术经济指标 | 10 |
| | 方案设计阶段：进行平面图设计 | 1.《民用建筑通用规范》最新版<br>2. 平面结构受力体系中的柱网、承重墙位置布置原则 | 1. 在新建类项目中，能在平面图上进行功能分区<br>2. 在新建类项目中，能分析空间中的主要使用流线<br>3. 在新建类项目中，能在平面图上对各功能空间做出布置，画出草图<br>4. 能与相关专业进行协调、沟通，并能在产生问题时，自主提出初步解决办法<br>5. 在改建类项目中，能分析既有建筑功能，提出功能重置的方案<br>6. 在改建类项目中，能分析既有建筑的结构，提出结构加固的方案 | 17 |

续表

| 工种 | 工作内容 | 相关知识要求 | 技 能 要 求 | 参考分值 |
|---|---|---|---|---|
| 乡村建筑设计工匠 | | 3. 平面结构受力体系中的柱网、承重墙尺寸的标注方法 | 7. 在改建类项目中，能分析既有建筑的周边环境，提出环境整治的方案<br>8. 在改建类项目中，能协助分析既有建筑的外观特征，协助提出外观改造的方案<br>9. 能利用数字化辅助设计的手段，按要求参与绘制设计方案平面图 | |
| | 方案设计阶段：进行立面、剖面、造型设计 | 1. 立面图与平面图的一致性<br>2. 各主要部位和最高点的标高、主体建筑的总高度的标注方法<br>3. 造型设计的手法<br>4. 利用 Sketch Up 等数字化辅助设计软件建模、绘制效果图的步骤、方法 | 1. 能利用数字化辅助设计的手段，对立面进行设计<br>2. 能利用数字化辅助设计的手段，绘制设计方案立面图<br>3. 能利用数字化辅助设计的手段建模<br>4. 能利用数字化辅助设计的手段绘制效果图 | 10 |
| | 方案设计阶段：制作前期报建的文本与演示文件 | 1. Microsoft Office PowerPoint 等常用办公软件的拓展知识<br>2. Adobe Photoshop 等数字化辅助设计绘图软件的拓展知识 | 1. 能整合方案设计阶段的成果，制作用于前期报建的文本<br>2. 能制作用于方案汇报的电子版演示文件<br>3. 能将成果汇报会中的反馈进行整理，并体现在文本中 | 5 |
| | 扩初阶段：收集整合资料 | 1. 文档编辑的拓展知识<br>2. 建筑分类分级知识<br>3. 网络检索的拓展知识 | 1. 能收集整合分析其他专业提供的设计条件，并给出合适反馈<br>2. 能收集分析相关规范及标准，归纳出影响方案的条例并得出相应修改方法 | 2 |
| | 扩初设计阶段：进行平面、立面、剖面、造型设计的调整 | 1. 建筑结构选型的拓展知识 | 1. 能独立根据规范修改一般乡村项目的设计方案<br>2. 能独立利用数字化辅助设计手段绘制并深化一般乡村项目的总平面图、平面图、立面图、剖面图<br>3. 能独立利用数字化辅助设计手段绘制一般乡村项目的建筑典型墙身大样<br>4. 能在高等级乡村建筑设计工匠指导下利用数字化辅助设计手段绘制并深化复杂乡村项目的总平面图、平面图、立面图、剖面图 | 7 |

续表

| 工种 | 工作内容 | 相关知识要求 | 技 能 要 求 | 参考分值 |
|---|---|---|---|---|
| 乡村建筑设计工匠 | | 2.《民用建筑工程建筑初步设计深度图样》最新版 | 5. 能在高等级乡村建筑设计工匠指导下利用数字化辅助设计手段绘制复杂乡村项目的建筑典型墙身大样<br>6. 能协助解决设计中出现的临时问题 | |
| | 扩初阶段：建筑构造节点设计 | 1. 建筑材料的拓展知识<br>2. 建筑构造的拓展知识 | 1. 能按要求根据建筑造型、施工工艺、构造与材料特征，确定一般乡村项目建筑细节的构造形式<br>2. 能按要求根据不同的材料和工艺技术进行深化设计 | 5 |
| | 扩初阶段：参与相关专业的协调 | 1. 建筑结构的基础知识<br>2. 建筑设备（给排水、电气、暖通）的基础知识<br>3. 建筑环境（热工、声学、采光与照明）的基础知识 | 1. 能按要求参与结构、电气、暖通、给排水专业设计<br>2. 能按要求参与相关专业配套节点深化设计 | 2 |
| | 扩初阶段：协助成果交付 | 1. 常用办公软件应用知识<br>2. 资料分类方法 | 1. 能按要求编辑制作扩初设计图纸和控制性文件<br>2. 能按要求交付扩初设计汇编成果，并备份存档 | 2 |
| | 施工图阶段：施工图绘制 | 1.《民用建筑工程建筑施工图设计深度图样》最新版<br>2. 建筑构造、大样画法、尺寸标注的拓展知识 | 1. 能按规范要求独立利用数字化辅助设计手段绘制一般乡村项目的总平面图、平面图、立面图、剖面图，并完善其图面信息和图纸说明<br>2. 能在按照规范独立利用数字化辅助设计手段绘制一般乡村项目的楼电梯大样、门窗大样、厨卫大样、墙身大样和节点图<br>3. 能在高等级乡村建筑设计工匠指导下利用数字化辅助设计手段绘制并深化复杂乡村项目的总平面图、平面图、立面图、剖面图<br>4. 能在高等级乡村建筑设计工匠指导下利用数字化辅助设计手段绘制复杂乡村项目的楼电梯大样、门窗大样、厨卫大样、墙身大样和节点图 | 15 |

续表

| 工种 | 工作内容 | 相关知识要求 | 技能要求 | 参考分值 |
|---|---|---|---|---|
| 乡村建筑设计工匠 | 施工图阶段：参与相关专业的协调 | 1. 建筑结构的基础知识与运用<br>2. 建筑设备（给排水、电气、暖通）的基础知识与运用<br>3. 建筑环境（热工、声学、采光与照明）的基础知识与运用 | 1. 能按要求参与结构、电气、暖通、给排水专业设计，进行整体设计<br>2. 能主导并协调各专业间的合作，并解决出现的大部分矛盾和问题 | 2 |
| | 施工图阶段：材料选用 | 1. 材料信息收集知识<br>2. 建筑材料的拓展知识<br>3. 色彩搭配的拓展知识<br>4. 造价与概预算的拓展知识 | 1. 能在独立完成收集材料信息<br>2. 能在高等级乡村建筑设计工匠的指导下按要求依据施工图及工程造价，参与选择建筑材料 | 2 |
| | 施工图阶段：图纸整理与校对 | 1. 设计说明的内容构成<br>2. 技术文件编辑知识<br>3. 建筑施工图审核内容 | 1. 能独立完成编辑和排版设计说明<br>2. 能独立绘制图框、编写目录、编写图纸信息并整理图纸顺序<br>3. 能够校对同级别和低级别设计师绘制图纸的合规性、完整性、技术合理性 | 3 |
| | 施工图阶段：协助施工图设计成果交付 | 1. 建筑设计流程管理方法<br>2. 《建筑工程设计文件编制深度规定》最新版 | 1. 能按要求办理施工图输出手续<br>2. 能按要求完成蓝图的签字盖章<br>3. 能按要求交付施工图设计的全部文件，并做好移交记录 | 3 |
| | 技术服务阶段：施工交底 | 1. 常用办公软件应用知识<br>2. 文件档案管理系统知识<br>3. 应用文写作方法 | 1. 参加现场工程例会，能按要求参与技术交底工作，并形成会议纪要后归档<br>2. 能按要求指导现场施工流程、施工工艺及注意事项 | 3 |
| | 技术服务阶段：协助施工现场设计配合 | 1. 常用办公软件应用知识<br>2. 文件档案管理系统知识<br>3. 应用文写作方法<br>4. 施工各阶段专业验收流程 | 1. 能按要求参与现场施工复核，根据实际修改、变更或补充图纸，出具联系单，保存文字与音视频会议纪要，并归档<br>2. 能按要求参与现场审核施工单位的深化图纸<br>3. 能参加定期现场施工巡查，指导撰写现场巡查报告<br>4. 能按要求解答施工方提出的疑问<br>5. 能按要求参与各阶段验收 | 2 |

续表

| 工种 | 工作内容 | 相关知识要求 | 技能要求 | 参考分值 |
|---|---|---|---|---|
| 乡村景观设计工匠 | 前期调研与分析阶段：收集设计资料 | 1. 设计任务及设计要求的准确分析与理解<br>2. 测量工具使用方法 | 1. 能自主进行乡村景观场地踏勘，收集、记录相关数据<br>2. 能获取较为详尽的设计底图和相关资料<br>3. 能使用较为复杂智能的测绘工具对场地进行测量，具有场地现场的勘查能力 | 5 |
| | 前期调研与分析阶段：整理设计资料 | 资料分类方法 | 1. 能收集项目背景资料并分析设计任务<br>2. 能对设计（基地现状、景观资源、交通区域、当地历史、人文景观、规划与建筑设计理念、项目市场定位等）资料进行分析，并发现问题，提出解决方案 | 5 |
| | 前期调研与分析阶段：撰写可行性报告 | 1. 统计分析的方法<br>2. 可行性报告的编写方法 | 1. 能自主进行调研数据复核<br>2. 能自主进行调研数据分析<br>3. 能形成可行性报告 | 5 |
| | 方案设计阶段：设计方案构思和草图绘制 | 1. 设计主题的提炼概括<br>2. 园林组成要素的设计方法与要点 | 1. 能自主进行设计思维的表达<br>2. 能自主进行功能分区和景观结构布局<br>3. 能自主进行宏观布局与综合分析 | 10 |
| | 方案设计阶段：详细方案图设计与绘制 | 1. 绘图软件操作中快捷键的使用<br>2. 造型设计的手法 | 1. 能熟练操作 Auto CAD、Adobe Photoshop、Sketch Up、Lumion 等数字化辅助设计软件，并能熟练使用绘图软件中快捷键，提高绘图速度<br>2. 能按照园林制图的规范与要求绘制图纸<br>3. 具有较强的艺术审美能力与创新能力 | 15 |
| | 方案设计阶段：文本组织与制作 | 数字化辅助设计绘图软件的拓展知识 | 1. 能操作其他设计相关的数字化辅助设计软件<br>2. 具有较强对相关设计案例的美学鉴赏能力<br>3. 注重模板设计与封面、扉页设计风格协调一致、色调统一 | 5 |

续表

| 工种 | 工作内容 | 相关知识要求 | 技 能 要 求 | 参考分值 |
|---|---|---|---|---|
| 乡村景观设计工匠 | 方案设计阶段：设计方案汇报 | 1. 设计方案汇报的步骤、方法<br>2. 汇报演讲技巧 | 1. 具有较强的汇报方案的语言组织能力<br>2. 具有较强的设计方案文字讲稿的组织编写能力<br>3. 具有较强的汇报过程中现场的应变与反应能力 | 5 |
| | 施工图设计阶段：施工总图绘制 | 1. 施工图图纸的绘制要求及方法<br>2. 材料的新技术、新方法 | 1. 具备运用园林造景要素进行乡村各类绿地景观设计的能力<br>2. 掌握常见景观材料的使用特点和施工技术，了解新材料、新技术在景观设计中的应用 | 10 |
| | 施工图设计阶段：铺装施工图绘制 | 1. 铺装材料规格<br>2. 道路及场地的铺装方法 | 1. 能按规范要求独立绘制一般乡村项目的铺装设计内容<br>2. 能在高等级乡村景观设计工匠指导下绘制复杂乡村项目的铺装施工图 | 10 |
| | 施工图设计阶段：施工详图绘制 | 1. 园林景观建筑、小品、构筑物等的基本结构<br>2. 详图施工工艺流程 | 1. 能按照规范独立绘制一般乡村项目的节点的施工详图<br>2. 能在高等级乡村景观设计工匠指导下绘制复杂乡村项目的施工详图 | 10 |
| | 施工图设计阶段：植物配置图绘制 | 乔灌木种植工艺流程 | 1. 能够根据方案设计要求选择合适的植物材料<br>2. 能够进行苗木甄选，并为现场提供种植施工指导 | 10 |
| | 施工过程指导 | 1. 图纸交底方法<br>2. 施工各阶段专业验收流程 | 1. 参加现场工程例会，能按要求参与技术交底工作，并形成会议纪要后归档<br>2. 能全面掌握施工图纸和重点技术、工法等，并进行解释<br>3. 能按要求参与现场复核施工图，根据实际修改、变更或补充图纸，出具联系单，保存文字与音视频会议纪要，并归档 | 10 |

续表

| 工种 | 工作内容 | 相关知识要求 | 技能要求 | 参考分值 |
|---|---|---|---|---|
| 乡村室内设计工匠 | 建筑装饰工程制图 | 1. 建筑装饰工程识图的拓展知识<br>2. 建筑装饰工程绘制的拓展知识 | 1. 能手工绘制简单的建筑平立剖等施工图纸<br>2. 能用绘图软件抄绘建筑装饰施工图纸 | 10 |
| | 建筑装饰工程材料选择与应用 | 1. 建筑装饰材料识别与分类的拓展知识<br>2. 建筑装饰材料选择与应用的拓展知识 | 1. 掌握常用建筑装饰材料的保管方法知识<br>2. 能认识和识别常用建筑装饰材料 | 10 |
| | 建筑装饰施工构造 | 1. 建筑装饰构的拓展知识<br>2. 绘制天棚装饰、墙面装饰、楼地面装饰构造图的拓展知识 | 1. 能自主绘制装饰工程的天棚装饰构造图<br>2. 能自主绘制装饰工程的墙面装饰构造图 | 10 |
| | 住宅建筑装饰设计 | 1. 住宅建筑装饰设计的拓展知识<br>2. 普通住宅空间设计的拓展知识<br>3. 别墅空间设计的拓展知识 | 能对单身公寓、普通住宅、别墅空间自主进行材料选择、色彩搭配、软装搭配等方案基本设计 | 15 |
| | 公共建筑装饰设计 | 1. 展示空间设计的拓展知识<br>2. 商业空间设计的拓展知识<br>3. 餐饮空间设计的拓展知识<br>4. 娱乐空间设计的拓展知识<br>5. 办公空间设计的拓展知识 | 1. 能自主进行展示空间商业空间设计、餐饮空间设计、娱乐空间设计、办公空间设计的地面设计、墙面、天花吊顶的 Auto CAD 图纸绘制<br>2. 能自主进行整体方案效果图输出 | 15 |
| | 软装（陈设）设计 | 1. 软装方案设计的拓展知识<br>2. 软装落地摆场的拓展知识<br>3. 软装产品营销的拓展知识 | 1. 能根据不同类型的软装设计提案自主编制软装采买预算清单、施工进度表等<br>2. 能根据软装预算清单自主进行品牌选样、市场采买以及产品定制接洽<br>3. 能根据软装项目物料清单、施工流程、进度表等自主进行软装项目落地摆场以及售后服务 | 10 |

续表

| 工种 | 工作内容 | 相关知识要求 | 技能要求 | 参考分值 |
|---|---|---|---|---|
| 乡村室内设计工匠 | 建筑装饰施工图深化设计 | 1. 施工现场核对尺寸、进行交底的拓展知识<br>2. 现场材料编排的拓展知识<br>3. 施工图深化的拓展知识 | 1. 能组织检验施工现场或主要材料设备生产加工厂的装饰材料质量，确保装饰材料符合设计效果、相应规范的要求<br>2. 能组织审核主要装饰材料（含：书面资料、材料样品、消防防火等级、检验证明、绿色环保证明、技术规格书）及装修材料封样工作<br>3. 能组织深化设计图纸审核、物料确认、材料 | 10 |
| | 建筑装饰工程计量与计价 | 1. 室内装饰工程计量的拓展知识<br>2. 室内装饰工程计价的拓展知识 | 1. 能依据装饰工程施工图等设计文件准确计算主要分部分项工程量<br>2. 能根据施工图准确全面地编制工程量清单 | 10 |
| | 建筑装饰项目管理 | 1. 建筑装饰工程项目管理的目标和任务的拓展知识<br>2. 建筑装饰工程项目的组织和策划的拓展知识<br>3. 建筑装饰工程项目管理规划的内容和编制方法的拓展知识<br>4. 施工组织设计的内容和编制方法的拓展知识<br>5. 建筑装饰工程项目目标的动态控制的拓展知识<br>6. 施工企业项目经理的工作性质、任务和责任的拓展知识<br>7. 建筑装饰工程项目的风险和风险管理的工作流程的拓展知识<br>8. 建筑装饰工程监理的工作性质、工作任务和工作方案的拓展知识 | 1. 能进行建筑装饰工程项目的项目策划<br>2. 能自主撰写建筑装饰工程项目管理规划的内容<br>3. 能自主撰写建筑装饰工程项目管理规划的编制 | 10 |
| 乡村房屋施工工匠 | 作业条件准备 | 1. 安全防护棚搭设的方法<br>2. 钢管扣件和木竹外脚手架搭设的方法<br>3. 不同施工阶段现场作业条件清理准备的要求<br>4. 选取不同型号泵的方法 | 1. 能搭设安全防护棚<br>2. 能搭设钢管扣件和木竹外脚手架<br>3. 能进行不同施工阶段现场作业条件清理准备<br>4. 能根据现场需要合理选择泵型 | 5 |

续表

| 工种 | 工作内容 | 相关知识要求 | 技能要求 | 参考分值 |
|---|---|---|---|---|
| 乡村房屋施工工匠 | 技术准备 | 1. 施工图与较复杂大样图技术要求<br>2. 工料计算方法<br>3. 冬期与雨期的施工方法 | 1. 能识读较复杂施工图<br>2. 能按图简单计算工料<br>3. 能依据冬期与雨期施工措施进行施工准备 | 15 |
| | 测量放线 | 1. 结构施工控制线引测的方法<br>2. 构部件现场位置测量定位的方法<br>3. 建筑物各层轴线控制线引测方法 | 1. 能引测结构施工控制线<br>2. 能依据控制线测量定位构部件现场位置<br>3. 能引测建筑物各层轴线、控制线 | 10 |
| | 模板安装 | 1. 异形柱、梁模板安装方法<br>2. 大截面梁模板安装方法<br>3. 较复杂模板安装方法<br>4. 模板安全操作规程 | 1. 能进行异形柱、梁模板安装<br>2. 能对大截面梁模板进行安装<br>3. 能对其他较复杂模板进行安装<br>4. 能安全操作模板安装 | 10 |
| | 现场施工 | 1. 特种混凝土施工方法<br>2. 烟囱结构构造<br>3. 特种混凝土施工问题处理方法<br>4. 混凝土养护方式<br>5. 混凝土养护质量判定方法<br>6. 梁板柱筋绑扎的方法<br>7. 钢筋网片绑扎的方法<br>8. 钢筋搭接连接的方法<br>9. 清水墙的砌筑工艺与方法<br>10. 平旋与拱旋砌筑工艺方法<br>11. 拱体砌筑工艺与操作要点<br>12. 各种砖石基础的组砌型式<br>13. 细部砌筑工艺与操作要点<br>14. 空斗墙、空心砖墙、砌块墙组砌方式<br>15. 烟囱、烟道砌筑工艺与操作要点<br>16. 防水涂料涂刷的方法 | 1. 能够按施工规范浇筑施工缝或后浇带处混凝土<br>2. 能够按施工规范浇筑预应力混凝土<br>3. 能选择特种混凝土和特种构件混凝土养护方式<br>4. 能够进行特种混凝土和特种构件混凝土的养护<br>5. 能绑扎梁板柱筋<br>6. 能绑扎钢筋网片<br>7. 能进行钢筋搭接连接<br>8. 能正确组砌清水砖墙<br>9. 能够砌筑平旋与拱旋<br>10. 能砌筑双曲砖拱屋面<br>11. 能正确进行各种复杂砖石基础大放脚组砌<br>12. 能砌腰线、柱墩及各种花棚和栏杆等构造<br>13. 能组砌各种类型空斗墙、空心砖墙及块墙<br>14. 能按设计规范要求组砌方、圆烟囱及烟道<br>15. 能涂刷防水涂料 | 35 |

续表

| 工种 | 工作内容 | 相关知识要求 | 技 能 要 求 | 参考分值 |
|---|---|---|---|---|
| 乡村房屋施工工匠 | 质量检查与问题处理 | 1. 混凝土质量检验方法<br>2. 混凝土缺陷成因<br>3. 混凝土缺陷修整方法<br>4. 砌体工程施工质量验收标准<br>5. 砌体工程质量缺陷预防方法<br>6. 防水涂料厚度不足问题处理方法<br>7. 梁板柱主筋型号数量、间距、绑扎牢固程度等不合格问题处理的方法<br>8. 钢筋网片型号、数量、间距、绑扎牢固程度等不合格问题处理的方法<br>9. 钢筋搭接连接不合格问题处理的方法 | 1. 能对浇筑的混凝土成型质量进行检验<br>2. 能够辨析混凝土缺陷的成因<br>3. 能进行各类混凝土缺陷修整<br>4. 能检查砌体、构造节点的施工质量<br>5. 能进行砌体工程施工质量缺陷防治<br>6. 能检查并处理防水涂料厚度不足问题<br>7. 能检查并处理梁板柱主筋型号、数量、间距、绑扎牢固程度等不合格问题<br>8. 能检查并处理钢筋网片型号、数量、间距、绑扎牢固程度等不合格问题<br>9. 能检查并处理钢筋搭接连接不合格问题 | 25 |
| 乡村室内施工工匠 | 技术准备 | 1. 识图基础知识<br>2. 平面图、立面图及剖面图绘制要求 | 1. 能熟练识读建筑施工图、结构施工图、构配件标准图、剖面图、基础详图、装饰节点图<br>2. 能绘制一般平面图、立面图及剖面图<br>3. 能熟知建筑图纸分类以及图纸中的构配件代号 | 20 |
| | 工机具准备 | 1. 电动工具与开关箱连接情况检查的要求<br>2. 手持电钻、无齿锯等施工工具、器具机具保管的要求<br>3. 镶贴工、机具的性能、用途、使用和保养方法 | 1. 能检查电动工具与开关箱连接情况<br>2. 能保管手持电钻无齿锯等施工工具、器具机具<br>3. 能使用泵送吹灰机、饰面机动工具等 | 20 |
| | 现场施工 | 1. 弹涂、喷涂、墙面滚花等施工的方法<br>2. 给水排水管道安装的方法<br>3. 电线管、电线盒安装的方法<br>4. 桥架及电缆安装的方法<br>5. 弱电线路敷设的方法<br>6. 镶贴各种面砖、板（墙面、地面、方柱、圆柱及柱墩）的操作方法 | 1. 能进行弹涂、喷涂、墙面滚花等施工<br>2. 能安装室内给水排水管道<br>3. 能安装电线管、电线盒<br>4. 能安装室内桥架及电缆<br>5. 能敷设室内弱电线路<br>6. 能镶贴陶瓷锦砖及玻璃马赛克一般拼花施工<br>7. 能镶贴各种面砖、板（墙面、地面、方柱、圆柱及柱墩） | 35 |

续表

| 工种 | 工作内容 | 相关知识要求 | 技能要求 | 参考分值 |
|---|---|---|---|---|
| 乡村室内施工工匠 | 质量检查与问题处理 | 1. 弹涂、喷涂、墙面滚花的色差、不匀、透底等处理的方法<br>2. 给水排水管道严密性、牢固程度等不合格问题处理的方法<br>3. 电线管、盒连接不牢固问题处理的方法<br>4. 桥架连接牢固程度及电缆接头质量不合格问题处理的方法<br>5. 弱电线路故障排除的方法 | 1. 能处理弹涂、喷涂、墙面滚花的色差、不匀、透底等问题<br>2. 能处理给水排水管道严密性、牢固程度等不合格问题<br>3. 能处理电线管盒连接不牢固问题<br>4. 能处理桥架连接牢固程度及电缆接头质量不合格问题<br>5. 能排除弱电线路故障 | 25 |
| 乡村景观施工工匠 | 场地整理与准备 | 土方夯实机械相关知识 | 1. 能利用机械或工具进行土方挖填方作业<br>2. 能利用机械或工具进行土方夯实作业 | 20 |
| | 硬质景观施工 | 1. 广场铺装施工图识读知识<br>2. 广场铺装切割、安装机具及设备使用及安全防护知识<br>3. 广场铺装操作工艺流程<br>4. 木作、水池等基础砌筑施工图识读知识<br>5. 木作、水池等放线、计算、切割、砌筑等知识<br>6. 木平台、木栈道等施工图识读知识<br>7. 水景施工图识读知识<br>8. 水景防水、防渗操作工艺流程 | 1. 能识读广场铺装施工图<br>2. 能按操作工艺流程进行广场铺装<br>3. 能识读木作、水池等基础砌筑施工图<br>4. 能按操作工艺流程进行木作、水池等基础砌筑<br>5. 能识读木平台、木栈道等施工图<br>6. 能使用机具按照操作工艺流程进行木平台、木栈道制作与安装<br>7. 能识读水景施工图<br>8. 能按操作工艺流程进行水景防水、防渗施工 | 30 |
| | 绿化施工 | 1. 乔灌木苗木种植支撑及养护知识<br>2. 竹类及藤蔓类植物种植及养护知识<br>3. 切花植物栽培技术<br>4. 室内盆栽植物布置及养护知识<br>5. 垂直绿化类型及施工工艺<br>6. 垂直绿化植物配置知识<br>7. 立体花坛植物生长习性 | 1. 能对小乔木、灌木进行种植及养护管理<br>2. 能对竹类植物进行种植及养护管理<br>3. 能对藤蔓类植物进行种植及养护管理<br>4. 能对切花植物进行栽培作业<br>5. 能按要求用盆栽植物进行室内环境布置<br>6. 能根据垂直绿化植物生长习性进行修剪作业<br>7. 能对智能灌溉设施和重点部位进行操作和维修<br>8. 能根据立体花坛植物生长习性进行修剪作业<br>9. 能对立体花坛灌溉设施进行操作 | 30 |

续表

| 工种 | 工作内容 | 相关知识要求 | 技 能 要 求 | 参考分值 |
|---|---|---|---|---|
| 乡村景观施工工匠 | 有害生物防治 | 1. 杀菌剂用量表示方法及使用浓度计算<br>2. 杀虫剂用量表示方法及使用浓度计算<br>3. 诱虫设备设置方法及使用知识<br>4. 杂草防除时间和方法 | 1. 能根据病害防治方案计算杀菌剂使用量并配制杀菌剂<br>2. 能根据虫害防治方案计算杀虫剂使用量并配制杀虫剂<br>3. 能设置诱虫设备<br>4. 能按要求利用天敌进行生物防治<br>5. 能确定常见杂草防除时间和方法 | 20 |
| 乡村直播电商工匠 | 宣传准备 | 1. 第三方资源库的建立方法<br>2. 投入产出比的测算方法 | 1. 能建立第三方宣传供应商资源库<br>2. 能计算预热投入产出比<br>3. 能协调引流资源并扩大宣传渠道 | 10 |
| | 设备、软件和材料准备和风险评估 | 1. 出入库管理制度<br>2. 设备采购要求<br>3. 道具采购要求<br>4. 风险管理奖惩制度的主要内容<br>5. 风险防控方案的评估方法 | 1. 能建立样品出入库管理制度<br>2. 能根据营销计划选购硬件设备<br>3. 能制定道具采购计划<br>4. 能制定风险管理奖惩制度<br>5. 能评估风险防控方案的时效性 | 5 |
| | 市场信息分析与产品确定 | 1. 产品选择方法<br>2. 价格分析方法<br>3. 产品和竞品价格的比对方法<br>4. 产品与竞品功能的比对方法 | 1. 能依据调研信息做出产品选择<br>2. 能分析产品价格设置的合理性<br>3. 能比对产品与竞品之间的价格差异<br>4. 能比对产品与竞品之间的功能差异<br>5. 能根据企业需求制定产品营销方法 | 10 |
| | 直播预演 | 1. 团队配合技巧<br>2. 营销方案的调整方法 | 1. 能组织团队进行直播预演<br>2. 能根据预演效果调整营销方案 | 10 |
| | 直播销售 | 1. 营销话术的表达技巧<br>2. 平台优惠及产品折扣的介绍方法<br>3. 个人情绪管控技巧<br>4. 直播间气氛调动技巧<br>5. 直播策略的调整原则 | 1. 能使用营销话术介绍产品特点<br>2. 能介绍平台优惠及产品折扣信息<br>3. 能对个人情绪进行控制管理<br>4. 能调动直播间气氛<br>5. 能根据用户反馈实时调整直播策略 | 30 |

续表

| 工种 | 工作内容 | 相关知识要求 | 技 能 要 求 | 参考分值 |
|---|---|---|---|---|
| 乡村直播电商工匠 | 运维与管理 | 1. 设备管理的要求<br>2. 协作规则的编写方法<br>3. 互动特效的制作方法<br>4. 舆论数据的查看方法<br>5. 实时数据的提供方法 | 1. 能制定现场设备管理方案<br>2. 能制定现场技术团队协作规则<br>3. 能提供互动特效的技术支持<br>4. 能提供动态网络舆论监控数据<br>5. 能提供产品实时数据 | 15 |
| | 售后与复盘 | 1. 智能交互系统的使用方法<br>2. 售后工作报告主要内容和撰写技巧<br>3. 数据维度和分析标准的制定方法<br>4. 数据采集操作流程的制定方法 | 1. 能使用智能交互系统回复用户信息<br>2. 能撰写售后工作报告<br>3. 能制定数据维度和分析标准<br>4. 能制定数据采集操作流程 | 20 |

高级乡村工匠评定参考指标见表5-3。

表5-3　　　　　　高级乡村工匠评定参考指标表

| 工种 | 工作内容 | 相关知识要求 | 技 能 要 求 | 参考分值 |
|---|---|---|---|---|
| 乡村规划设计工匠 | 总体设计 | 1. 传统营造思想的提升知识<br>2. "多规合一"的村庄规划理念的提升知识<br>3. 视线通廊、对景点等视线分析手法的提升知识<br>4. 无障碍环境建设的提升知识<br>5. 利用数字化手段进行村庄风貌设计的提升知识 | 1. 能依据上位规划，确定村庄人口规模；确定村域范围内建设用地总量、增长边界，划定村域范围内禁建、限建和适建区域<br>2. 能依据上位规划，合理布置村域农业、养殖业、农家旅游业等生产经营设施用地<br>3. 能组织进行村庄总体设计，能在考虑当地的自然地形地貌、风俗文化、历史文化资源的基础上，塑造富有本土特色的村庄风貌<br>4. 能组织从空间形态和空间序列层面进行村庄布局，进行村庄的轴线设计、节点设计<br>5. 能提出村域保护古树名木、传统民居、历史建筑物等人文、景观的措施 | 35 |
| | 建筑设计 | 1. 村居卧室、起居室（厅）、厨房、卫生间、礼仪厅堂、储藏室、阳台、露台、生产及经营用房、饲养用房等功能用房设计的提升知识 | 1. 能从整体上把控建筑设计的质量<br>2. 能组织进行村居卧室、起居室（厅）、厨房、卫生间、礼仪厅堂、储藏室、阳台、露台、生产及经营用房、饲养用房等功能用房的设计 | 20 |

续表

| 工种 | 工作内容 | 相关知识要求 | 技 能 要 求 | 参考分值 |
|---|---|---|---|---|
| 乡村规划设计工匠 | 建筑设计 | 2. 本地典型村居类型的提升知识<br>3. 以绿色建筑标准为前提，在保留乡村传统肌理的基础上，进行村居建筑风貌传承、材料选择、色彩搭配、高度控制等的提升知识<br>4. 村庄建筑宅门、墙、柱梁、屋顶、门窗、装饰构件等重要构件设计要点的提升知识<br>5. 建筑风貌整治设计的提升知识<br>6. 村庄交通集散中心、停车场与出行路网设计的提升知识 | 3. 能组织进行村居建筑风貌控制、材料控制、色彩控制、高度控制<br>4. 能组织进行村庄公共建筑设计<br>5. 能组织进行村庄建筑重要构件设计<br>6. 能组织进行村庄建筑风貌整治设计<br>7. 能组织进行村庄交通集散中心、停车场、出行路网设计 | |
| | 环境与生态设计 | 1. 村庄整体环境建设目标的拓展知识<br>2. 村庄环境与生态设计原则的拓展知识<br>3. 绿化种植树种选择的拓展知识<br>4. 村庄中环境设计、绿化设计、生态设计手法的拓展知识 | 1. 能从整体上把控环境与生态设计的质量<br>2. 能解决环境与生态设计中出现的各种问题<br>3. 能组织进行村庄交往空间、滨水空间、景观小品和绿化等环境设计<br>4. 能组织村庄公共空间绿化、生产绿化、道路绿化、庭院绿化、滨水空间绿化和古树名木等绿化设计<br>5. 能组织进行村庄雨水链的生态管理等生态设计 | 25 |
| | 村庄基础设施设计 | 1. 村庄环境卫生设施、供水设施、排水设施、污水处理设施、电力电信、消防、防洪排涝等基础设施设计原则的提升知识<br>2. 村庄环境卫生设施、供水设施、排水设施、污水处理设施、电力电信、消防、防洪排涝等基础设施设计手法的提升知识 | 1. 能从整体上把控基础设施设计的质量<br>2. 能解决基础设施设计中出现的各种问题<br>3. 能组织进行村庄垃圾收集设施、公共厕所等环境卫生设施的设计<br>4. 能组织进行村庄供水设施的设计<br>5. 能组织进行村庄排水设施的设计<br>6. 能组织进行村庄污水处理设施的设计<br>7. 能组织梳理村庄电力电信各种管线的设置 | 20 |

续表

| 工种 | 工作内容 | 相关知识要求 | 技 能 要 求 | 参考分值 |
|---|---|---|---|---|
| 乡村规划设计工匠 | 村庄基础设施设计 | 3. 紧急医疗救援设施、养老服务设施等医疗、健康场所设计的提升知识<br>4. 创业空间、乡贤公寓等返乡农创客所需的空间设计的提升知识 | 8. 能按安全布局要求组织进行消防设计<br>9. 能组织进行村庄防洪排涝整治<br>10. 能组织进行村庄健身、休闲共享空间等体育活动场所的设计<br>11. 能组织进行村庄紧急医疗救援设施、养老服务设施等医疗、健康场所的设计<br>12. 能组织进行村庄创业空间、乡贤公寓等返乡农创客所需的空间的设计 | |
| 乡村建筑设计工匠 | 前期调研与分析阶段：组织进行设计资料收集与整理 | 调研组织的工作方法 | 1. 能组织进行现场踏勘<br>2. 能安排具体踏勘内容<br>3. 能对调研结果和项目相关资料进行全面分析归纳<br>4. 能组织进行相关设计资料的分类 | 3 |
| | 前期调研与分析阶段：编制可行性报告 | 1. 统计分析结果所代表的意义<br>2. 可行性报告的编写与修改 | 1. 能进行调研数据分析，得出结论<br>2. 能编制可行性报告 | 3 |
| | 前期调研与分析阶段：组织绘制分析图 | 1. 统计分析结果在分析图中的运用<br>2. Auto CAD等数字化辅助设计绘图软件的提升知识 | 1. 能组织进行分析图绘制<br>2. 能组织进行产业特征、历史人文特征等特征分析 | 4 |
| | 方案设计阶段：组织进行总平面设计 | 1. 用地面积、总建筑面积、建筑占地面积、建筑密度、容积率、铺地面积、绿化面积、绿化率、绿化覆盖率的调整 | 1. 能准确理解设计任务书，全面了解甲方需求<br>2. 在新建类项目中，能对场地内拟建道路、停车场、绿地、建筑物等提出初步的设计方案 | 10 |

续表

| 工种 | 工作内容 | 相关知识要求 | 技 能 要 求 | 参考分值 |
|---|---|---|---|---|
| 乡村建筑设计工匠 | 方案设计阶段：组织进行总平面设计 | 2. 不同等级道路在总图上的运用 | 3. 在改建类项目中，能在尊重当地历史、文化和建筑风格的前提下，对既有建筑进行合理改造，确保与周边建筑相融合，对场地内拟建道路、停车场、绿地、建筑物等提出初步的设计方案<br>4. 能对场地内需保留的建筑物、构筑物、古树名木、历史文化遗存、现有地形与标高等情况进行分析，提出初步的解决方案<br>5. 能对拟建建筑的主次出入口位置、层数、建筑高度、设计标高，以及主要道路的控制标高提出初步的解决方案<br>6. 能提出初步的相邻建筑物之间的距离及建筑物总尺寸解决方案<br>7. 能对照规范和任务要求，计算并调整构思方案，将技术经济指标控制在合理的范围内 |  |
|  | 方案设计阶段：组织进行平面图设计 | 1. 人体工程学中人与空间的尺度的相关知识<br>2. 人体工程学中与空间相关的心理知识 | 1. 在新建类项目中，能在平面图上进行功能分区<br>2. 在新建类项目中，能分析空间中的主要使用流线<br>3. 在新建类项目中，能在平面图上对各功能空间做出布置，画出草图<br>4. 能与相关专业进行协调、沟通，并能在产生问题时，自主提出初步解决办法<br>5. 在改建类项目中，能分析既有建筑功能，提出功能重置的方案<br>6. 在改建类项目中，能分析既有建筑的结构，提出结构加固的方案<br>7. 在改建类项目中，能分析既有建筑的周边环境，提出环境整治的方案<br>8. 在改建类项目中，能协助分析既有建筑的外观特征，协助提出外观改造的方案<br>9. 能利用数字化辅助设计的手段，按要求参与绘制设计方案平面图 | 20 |

续表

| 工种 | 工作内容 | 相关知识要求 | 技 能 要 求 | 参考分值 |
|---|---|---|---|---|
| 乡村建筑设计工匠 | 方案设计阶段：组织立面、剖面、造型设计优化 | 1. 建筑材料的性能与立面效果<br>2. 建筑结构与立面的协调一致<br>3. 造型与建筑平面、立面、剖面的协调一致 | 1. 能利用数字化辅助设计的手段，反复推敲优化立面设计效果<br>2. 能利用数字化辅助设计的手段，反复推敲优化造型设计效果 | 8 |
| | 方案设计阶段：审定设计汇报方案 | 1. 语言表达与沟通方法<br>2. 汇报礼仪 | 1. 能组织编制设计阶段性成果和最终成果的汇报文本<br>2. 能审定设计最终成果汇报文本<br>3. 能运用多媒体手段汇报设计成果<br>4. 能灵活应对汇报过程中出现的问题 | 5 |
| | 扩初阶段：组织项目分析 | 1. 组织方法<br>2. 数据分析方法 | 1. 能指导收集分析相关规范及标准，并做出归纳<br>2. 能对收集资料、各专业条件、规范标准进行全面分析归纳，并得出设计修改点 | 2 |
| | 扩初设计阶段：组织平面、立面、剖面、造型设计的优化 | 1. 空间功能分析方法<br>2.《绿色建筑评价标准》最新版<br>3. 环境心理学相关知识<br>4. 环境行为学相关知识<br>5. 人体工程学中人与建筑空间的相关知识<br>6. Auto CAD等数字化辅助设计软件的提升知识<br>7. 建筑结构选型的提升知识 | 1. 能根据规范及各条件修改所有乡村项目的设计方案<br>2. 能利用数字化辅助设计手段绘制并深化所有乡村项目的总平面图、平面图、立面图、剖面图、墙身大样<br>3. 能指导利用数字化辅助设计手段绘制和深化乡村项目的总平面图、平面图、立面图、剖面图和建筑典型墙身大样，把控图纸质量<br>4. 能组织整体与局部空间设计，并把控设计质量和图纸质量<br>5. 能针对造型的合理性与创新性提出解决方案<br>6. 能组织与各相关专业协调沟通，整体把控设计<br>7. 能落实《建筑防火通用规范》等国家性、地方性规范要求<br>8. 能随时解决扩初阶段所出现的难题<br>9. 能关注设计的环保性，践行绿色发展理念 | 7 |

续表

| 工种 | 工作内容 | 相关知识要求 | 技能要求 | 参考分值 |
|---|---|---|---|---|
| 乡村建筑设计工匠 | 扩初阶段：建筑构造节点设计 | 1. 建筑材料的提升知识<br>2. 建筑构造的提升知识 | 1. 能根据建筑造型、施工工艺、构造与材料特征，确定所有乡村项目建筑细节的构造形式<br>2. 能根据不同的材料和工艺技术进行深化设计<br>3. 能指导深化构造节点和材料工艺 | 4 |
| | 扩初阶段：组织相关专业的协调 | 1. 建筑结构的拓展知识<br>2. 建筑设备（给排水、电气、暖通）的拓展知识<br>3. 建筑环境（热工、声学、采光与照明）的拓展知识 | 1. 能明确相关专业界线，组织协调各专业的相互配合<br>2. 能组织召开项目进度会，把握设计工作节奏，检查工作进度，及时纠偏<br>3. 能处理相关专业配合问题，并提出有效解决方案 | 2 |
| | 扩初阶段：成果交付与制定管理方案 | 1. 方案汇报能力<br>2. 汇报礼仪<br>3. 战略与企业运营知识<br>4. 设计流程管理方法 | 1. 能组织指导制作扩初设计图纸和控制性文件<br>2. 能组织指导扩初设计汇编成果，并基于此进行汇报交付<br>3. 能制定项目流程与管理计划<br>4. 能对项目的技术性、设计性提出建议 | 2 |
| | 施工图阶段：组织施工图阶段 | 团队内部职责与工作流程 | 1. 能组织图纸的收集导入和编辑归档工作<br>2. 能审核扩初方案成果，并与规范对标，及时发现问题，组织修改优化<br>3. 能组织方案交底会、项目策划会、沟通会<br>4. 能编制施工图设计任务分解表，进度计划，质量控制计划 | 15 |
| | 施工图阶段：施工图绘制 | 1.《民用建筑工程建筑施工图设计深度图样》最新版<br>2. 建筑构造、大样画法、尺寸标注的提升知识 | 1. 能利用数字化辅助设计手段绘制所有乡村项目的全部施工图<br>2. 能指导利用数字化辅助设计手段绘制乡村项目的总平面图、平面图、立面图、剖面图及大样节点图<br>3. 能组织汇编全套施工图纸及施工说明 | 2 |

续表

| 工种 | 工作内容 | 相关知识要求 | 技能要求 | 参考分值 |
|---|---|---|---|---|
| 乡村建筑设计工匠 | 施工图阶段：组织相关专业的协调 | 1. 建筑结构的拓展知识与运用<br>2. 建筑设备（给排水、电气、暖通）的拓展知识与运用<br>3. 建筑环境（热工、声学、采光与照明）的拓展知识与运用 | 1. 能组织结构、电气、暖通、给排水专业设计<br>2. 能主导并协调各专业间的合作，并解决出现的所有矛盾和问题 | 2 |
| | 施工图阶段：材料、节点确定 | 1. 建筑材料的提升知识<br>2. 色彩搭配的提升知识<br>3. 造价与概预算的提升知识 | 1. 能指导选择建筑材料<br>2. 能依据施工图、项目整体情况及工程造价，审定建筑材料<br>3. 能指导确定建筑工艺及施工节点<br>4. 能根据材料特性和构造特点审定施工节点及特殊建筑工艺 | 3 |
| | 施工图阶段：图纸审核与施工图设计统筹管理 | 1. 建筑施工图审核内容<br>2. 建筑设计规范相关知识<br>3. 设计项目统筹管理方法和质量管理体系知识<br>4.《建筑工程设计文件编制深度规定》 | 1. 能对施工图进行最终审核，并形成审图记录<br>2. 能对配套结构、设备图纸、部品部件等图纸进行二次校对，并形成审图记录<br>3. 能依据《建筑工程设计文件编制深度规定》对施工图设计过程进行统筹管理 | 3 |
| | 技术服务阶段：施工交底 | 1. 施工现场技术服务方法<br>2. 建筑构造的提升知识<br>3. 建筑材料的提升知识 | 1. 能主持工程例会，指导技术交底工作<br>2. 能对实施过程的难点、重点及特殊工艺提出技术控制要求 | 3 |
| | 技术服务阶段：主持施工现场设计配合与设计质量管控 | 1. 建筑设备（给排水、电气、暖通、智能）设计规范<br>2. 建筑环境（热工、声学、采光与照明）设计规范<br>3. 建筑装配化技术知识<br>4. 室内设计项目质量管控知识<br>5. 施工各阶段专业验收流程<br>6. 竣工结算流程知识<br>7. 建筑构造的综合知识<br>8. 建筑材料的综合知识<br>9. 建筑设备的综合知识<br>10. 建筑环境的综合知识 | 1. 能主持施工图的复核、补充、调整或修改工作<br>2. 能核准施工单位的深化图纸，并提出修改意见或整改要求<br>3. 能主持定期现场施工巡查，审阅现场巡查报告<br>4. 能审核重大设计变更事项，签字确认，解决施工中重大疑难问题<br>5. 能主持设计实施技术的创新研发，准备优质工程项目的申报<br>6. 能主持各阶段验收，解决竣工结算技术异议<br>7. 能把控立面细节、线脚等的施工工艺<br>8. 能组织复核材料实物样板规格、尺寸，确认物料、洽商材料变更<br>9. 能把控室内管线的布置与走向 | 2 |

续表

| 工种 | 工作内容 | 相关知识要求 | 技能要求 | 参考分值 |
|---|---|---|---|---|
| 乡村景观设计工匠 | 前期调研与分析阶段：组织收集设计资料 | 调研组织的工作方法 | 1. 能组织进行乡村景观场地踏勘<br>2. 能组织收集、记录相关数据 | 5 |
| | 前期调研与分析阶段：组织整理设计资料 | 组织资料分类方法 | 1. 能对调研结果和项目相关资料进行全面分析归纳<br>2. 能组织进行相关设计资料的分类 | 5 |
| | 前期调研与分析阶段：编制可行性报告 | 1. 统计分析结果所代表的意义<br>2. 可行性报告的编写与修改 | 1. 能进行调研数据分析，得出结论<br>2. 能编制可行性报告 | 5 |
| | 方案设计阶段：组织设计方案构思和草图设计 | 1. 项目前期策划能力<br>2. 商务谈判能力 | 1. 能够对项目的合法性和可行性做出评估<br>2. 能够明确项目定位<br>3. 能够对项目现场的地形地貌、地质水文、土壤特性、植被状况等自然条件和历史文化状况，作出综合分析和评估<br>4. 能够进行初步经济评估，分析平衡项目投资和规划设计方案的关系<br>5. 能够把握项目机会，推进项目合同洽谈 | 10 |
| | 方案设计阶段：详细方案图设计与绘制 | 1. 复杂问题研究方法<br>2. 多学科管理方法<br>3. 团队分工的调整方法 | 1. 能准确理解设计任务书，全面了解甲方需求<br>2. 能对照规范和任务要求，计算并调整详细方案<br>3. 够熟练运用自然与社会科学，风景园林工程基础和专业知识以及专业技能解决设计中的问题<br>4. 能根据项目方向调整团队分工 | 15 |

续表

| 工种 | 工作内容 | 相关知识要求 | 技能要求 | 参考分值 |
|---|---|---|---|---|
| 乡村景观设计工匠 | 方案设计阶段：组织和审定文本制作 | 1. 组织方法<br>2. 数据分析方法 | 1. 能对文本的设计内容提出修改意见<br>2. 能审定设计最终成果文本<br>3. 具备收集、分析、判断、整合国内外相关技术信息的能力，能够进行复杂问题的研究，提出文本研究思路等 | 5 |
| | 方案设计阶段：组织设计方案汇报 | 1. 语言表达与沟通方法<br>2. 汇报礼仪 | 1. 能组织编制设计阶段性成果和最终成果的汇报文本<br>2. 能运用多媒体手段汇报设计成果<br>3. 能灵活应对汇报过程中出现的问题 | 5 |
| | 施工图设计阶段：组织施工总图绘制 | 团队内部职责与工作流程 | 1. 能编制施工图设计任务分解表，能制定进度计划、质量控制计划<br>2. 能审核扩初方案成果，并与规范对标，及时发现问题，能组织施工总图修改优化 | 10 |
| | 施工图设计阶段：组织铺装施工图绘制 | 1. 铺装材料的提升知识<br>2. 铺装造价与概预算的提升知识 | 1. 能指导选择铺装材料<br>2. 能依据施工图、项目整体情况及工程造价，审定铺装材料 | 10 |
| | 施工图设计阶段：组织施工详图绘制 | 1. 施工图详图的提升知识<br>2. 创新思维技巧 | 1. 能指导绘制乡村项目节点的施工详图<br>2. 具备系统思维和创新思维，能够提出创新方案，或研制开发出新技术、新工艺、新材料、新工法等 | 10 |
| | 施工图设计阶段：组织植物配置图绘制 | 1. 植物种植设计的提升知识<br>2. 植物造价与概预算的提升知识 | 1. 能够指导方案设计选择合适的植物材料<br>2. 能够指导进行苗木甄选，并为现场提供种植施工指导<br>3. 能依据施工图、项目整体情况及工程造价，审定植物材料 | 10 |

续表

| 工种 | 工作内容 | 相关知识要求 | 技能要求 | 参考分值 |
|---|---|---|---|---|
| 乡村景观设计工匠 | 施工过程指导 | 1. 协作沟通技巧<br>2. 市场综合分析方法<br>3. 施工现场技术服务方法 | 1. 能够熟练运用自然与社会科学，风景园林工程基础等专业知识以及专业技能解决施工建造、运维管理等工作中的问题<br>2. 具有质量、安全、生态、低碳、绿色、节能、环保、知识产权保护意识，能够正确运用专业知识保证工程和自然、社会的和谐发展<br>3. 能主持工程例会，指导技术交底工作<br>4. 能对实施过程的难点、重点及特殊工艺提出技术控制要求 | 10 |
| 乡村室内设计工匠 | 建筑装饰工程制图 | 1. 建筑装饰工程识图的提升知识<br>2. 建筑装饰工程绘制的提升知识 | 1. 能编辑图纸并汇编成套<br>2. 能熟练操作 Adobe Photoshop、Sketch Up 等软件绘制简单建筑模型效果图 | 10 |
| 乡村室内设计工匠 | 建筑装饰工程材料选择与应用 | 1. 建筑装饰材料识别与分类的提升知识<br>2. 建筑装饰材料选择与应用的提升知识 | 1. 能依据新技术、新材料、新工艺原则进行选材<br>2. 能审定项目的家具及配饰选型方案<br>3. 能编制材料表 | 10 |
| 乡村室内设计工匠 | 建筑装饰施工构造 | 1. 建筑装饰构造的提升知识<br>2. 绘制天棚装饰、墙面装饰、楼地面装饰构造图的提升知识 | 1. 能绘制装饰工程的楼地面装饰构造图<br>2. 能模式化解决常规建筑装饰构造问题 | 10 |
| 乡村室内设计工匠 | 住宅建筑装饰设计 | 1. 住宅建筑装饰设计的提升知识<br>2. 普通住宅空间设计的提升知识<br>3. 别墅空间设计的提升知识 | 1. 能通过手绘、数字化辅助设计软件等方式进行装饰设计的展示与优化<br>2. 能主持施工图及效果图绘制 | 15 |
| 乡村室内设计工匠 | 公共建筑装饰设计 | 1. 展示空间设计的提升知识<br>2. 商业空间设计的提升知识<br>3. 餐饮空间设计的提升知识<br>4. 娱乐空间设计的提升知识<br>5. 办公空间设计的提升知识 | 1. 能根据项目需要主持展示空间、商业空间设计、餐饮空间设计、娱乐空间设计、办公空间设计的消防、水电暖通 Auto CAD 图纸绘制<br>2. 能主持整体方案效果图输出 | 15 |

续表

| 工种 | 工作内容 | 相关知识要求 | 技能要求 | 参考分值 |
|---|---|---|---|---|
| 乡村室内设计工匠 | 软装（陈设）设计 | 1. 软装方案设计的提升知识<br>2. 软装落地摆场的提升知识<br>3. 软装产品营销的提升知识 | 1. 拥有环境、建筑、室内最新国际装饰设计理念，对各类国内外艺术品、收藏品有一定的了解<br>2. 熟知软装搭配的多维应用技法，拥有良好的个人素养和持续深造的专业品质<br>3. 了解各类型用户的消费心理需求，具有充分的沟通能力以及软装产品市场营销能力 | 10 |
| | 建筑装饰施工图深化设计 | 1. 施工现场核对尺寸、进行交底的提升知识<br>2. 现场材料编排的提升知识<br>3. 施工图深化的提升知识 | 1. 能熟练开展替换变更、洽商审核等工作<br>2. 能组织审核材料厂家提供的材料实物样板标准规格、尺寸以及现场实际复核和材料安装施工排版的深化设计图纸<br>3. 能熟练掌握建筑装饰施工图的绘制规范<br>4. 能主持成套建筑装饰施工图的识读与解读<br>5. 能主持装饰部位节点大样详图<br>6. 能主持成套建筑装饰施工图 | 10 |
| | 建筑装饰工程计量与计价 | 1. 室内装饰工程计量的提升知识<br>2. 室内装饰工程计价的提升知识 | 1. 能主持套用装饰工程预算定额换算与组价<br>2. 能依据装饰工程施工图等设计文件主持计算工程费用<br>3. 能主持综合编制装饰工程预算书 | 10 |
| | 建筑装饰项目管理 | 1. 建筑装饰工程项目管理的目标和任务的提升知识<br>2. 建筑装饰工程项目的组织和策划的提升知识<br>3. 建筑装饰工程项目管理规划的内容和编制方法的提升知识<br>4. 施工组织设计的内容和编制方法的提升知识<br>5. 建筑装饰工程项目目标的动态控制的提升知识<br>6. 施工企业项目经理的工作性质、任务和责任的提升知识 | 1. 能制定建筑装饰工程项目标的动态控制<br>2. 能熟练掌握施工企业项目经理的工作性质<br>3. 能熟练掌握施工企业项目经理的工作任务<br>4. 能熟练掌握施工企业项目经理的工作责任<br>5. 了解建筑装饰工程项目的风险和风险管理的工作流程<br>6. 能撰写建筑装饰工程项目的风险和风险管理的工作流程 | 10 |

续表

| 工种 | 工作内容 | 相关知识要求 | 技 能 要 求 | 参考分值 |
|---|---|---|---|---|
| 乡村室内设计工匠 | 建筑装饰项目管理 | 7. 建筑装饰工程项目的风险和风险管理的工作流程的提升知识<br>8. 建筑装饰工程监理的工作性质、工作任务和工作方案的提升知识 | 7. 能熟练掌握建筑装饰工程监理的工作性质<br>8. 能熟练掌握建筑装饰工程监理的工作任务<br>9. 能熟练掌握建筑装饰工程监理的工作方案 | 10 |
| 乡村房屋施工工匠 | 作业条件准备 | 1. 施工现场安全隐患识别的方法<br>2. 施工现场消防器材摆放位置设定的方法<br>3. 混凝土泵送施工方法 | 1. 能识别施工现场安全隐患<br>2. 能设定施工现场消防器材摆放位置<br>3. 能根据工程要求合理安排泵送场地<br>4. 能根据施工条件及部位选择泵型<br>5. 能制定模板等材料进场计划 | 5 |
| | 技术准备 | 1. 建筑制图基本知识<br>2. 劳动定额基本知识<br>3. 流水施工组织知识<br>4. 冬期、雨期施工相关知识 | 1. 能绘制工程施工翻样图<br>2. 能够按照图纸进行工程量计算<br>3. 能使用劳动定额进行工料计算<br>4. 能够选择合理的现场施工方案<br>5. 能合理组织分段分层流水施工<br>6. 能够制定冬期、雨期施工措施 | 15 |
| | 测量放线 | 1. 建筑物垂直度测量的方法<br>2. 建筑物测量定位的方法<br>3. 水准点引测的方法<br>4. 建筑物基坑边线、轴网控制线引测的方法 | 1. 能测量建筑物垂直度<br>2. 能测量定位建筑物<br>3. 能引测水准点<br>4. 能引测建筑物基坑边线、轴网控制线<br>5. 能够进行较复杂工程定位和放线 | 10 |
| | 模板安装 | 1. 计算模板起拱高度方法<br>2. 搭设模板起拱支架方法<br>3. 复杂模板安装方法<br>4. 模板质量保证措施 | 1. 能计算模板起拱的高度<br>2. 能搭设模板起拱的支架<br>3. 能对复杂模板进行安装<br>4. 能指导初级及中级工匠进行模板施工<br>5. 能制定模板质量保证措施 | 10 |

续表

| 工种 | 工作内容 | 相关知识要求 | 技能要求 | 参考分值 |
|---|---|---|---|---|
| 乡村房屋施工工匠 | 现场施工 | 1. 钢筋安装的变形、位移修正方法<br>2. 自密实混凝土浇筑的方法<br>3. 轻骨料混凝土浇筑的方法<br>4. 建筑用砖装饰工艺技术<br>5. 磨砖（砖细）工艺操作要点<br>6. 窑炉、烟道砌筑操作要点<br>7. 筒瓦、中瓦、平瓦等屋面瓦挂铺的方法<br>8. 改性沥青、合成高分子卷材等新型防水材料粘贴的方法<br>9. 技术交底和安全交底内容及方法<br>10. 建筑、结构、安装图纸对照检查的方法<br>11. 大样图和配料单审查的方法<br>12. 建筑、结构、安装冲突等问题的处理方法<br>13. 根据施工方案进行工艺、设备技术改造的方法<br>14. 利用计算机辅助设计软件进行精确翻样、定位安装及施工指导的方法 | 1. 能修正钢筋安装的变形、位移<br>2. 能浇筑自密实混凝土<br>3. 能浇筑轻骨料混凝土<br>4. 能砖雕各种花纹图案、阴阳字体<br>5. 能砌筑门口、门窗套、细砖漏窗<br>6. 能按要求对砖料进行各种形状加工<br>7. 能进行窑炉、烟道砌筑<br>8. 能挂铺筒瓦、中瓦、平瓦等屋面瓦<br>9. 能粘贴改性沥青合成高分子卷材等新型防水材料<br>10. 能进行技术交底和安全交底<br>11. 能进行建筑、结构、安装图纸对照检查<br>12. 能审查各类构件大样图和配料单<br>13. 能对建筑、结构、安装冲突等问题提出修改意见<br>14. 能根据施工方案进行工艺、设备技术改造<br>15. 能利用计算机辅助设计软件进行精确翻样、定位安装及施工指导 | 35 |
| | 质量检查与问题处理 | 1. 混凝土养护质量的判定<br>2. 混凝土缺陷的相关知识<br>3. 混凝土缺陷的修整方法<br>4. 钢筋焊接接头质量检查的方法<br>5. 砌体结构质量验收标准知识<br>6. 砌筑质量问题的处理程序及方法<br>7. 筒瓦、中瓦、平瓦等屋面瓦牢固程度及防水性检查的方法<br>8. 改性沥青、合成高分子卷材等新型防水材料粘贴层数、搭接宽度、铺贴顺序检查的方法<br>9. 木屋架尺寸、水平度、连接强度等制作质量检查的方法 | 1. 能够检查和监督混凝土结构的养护情况<br>2. 能够判定混凝土缺陷的具体类型<br>3. 能拟订混凝土缺陷修整技术方案<br>4. 能检查钢筋焊接接头质量<br>5. 能跟踪检查复杂砌体结构的施工质量<br>6. 能对砌筑中出现的问题采取处理措施<br>7. 能检查筒瓦、中瓦、平瓦等屋面瓦牢固程度及防水性<br>8. 能检查改性沥青合成高分子卷材等新型防水材料粘贴层数、搭接宽度铺贴顺序<br>9. 能检查木屋架尺寸、水平度、连接强度等制作质量 | 25 |

续表

| 工种 | 工作内容 | 相关知识要求 | 技 能 要 求 | 参考分值 |
|---|---|---|---|---|
| 乡村室内施工工匠 | 技术准备 | 1. 图纸绘制相关知识<br>2. 图纸会审和施工技术交底相关要求<br>3. 总进度计划表和网络图编制方法<br>4. 饰面板排版，造型放线及材料套用方法 | 1. 能绘制复杂施工节点图，装饰装修中复杂施工图与构造图<br>2. 能参与图纸会审和施工技术交底<br>3. 能编制总进度计划表和网络图内容<br>4. 能使用计算机对饰面板排版，造型放线及材料套用 | 20 |
| | 工机具准备 | 1. 手持电钻、无齿锯等施工工具、器具、机具保养的方法<br>2. 手持电钻、无齿锯等施工工具、器具、机具故障识别及排除的方法<br>3. 常用木工检测工具的使用方法<br>4. 镶贴常用工、机具的故障原理及处理方法 | 1. 能保养手持电钻无齿锯等施工工具、器具、机具<br>2. 能识别并排除手持电钻、无齿锯等施工工具、器具、机具的故障<br>3. 能使用常用木工检测工具<br>4. 能识别并排除镶贴常用工、机具的故障 | 20 |
| | 现场施工 | 1. 螺旋形楼梯、栏杆、扶手等木制品制作的方法<br>2. 圆形门窗等异形门窗制作、安装的方法<br>3. 复杂结构镶贴饰面板的施工工艺<br>4. 复杂软包墙面的安装方法<br>5. 质量控制与成品保护措施方法<br>6. 复杂石材施工放样及安装方法<br>7. 复杂的格扇和挂落制作及安装方法<br>8. 室内复杂电气线管穿线施工的方法<br>9. 室内复杂配电系统保护装置安装的方法<br>10. 室内强、弱电工程设备、终端和相关部件、器件安装的方法<br>11. 室内复杂阀门、仪表及相关附件安装的方法 | 1. 能制作螺旋形楼梯、栏杆、扶手等木制品<br>2. 能制作、安装圆形门窗等异形门窗<br>3. 能施工复杂结构镶贴饰面板并符合验收规范要求<br>4. 能安装室内复杂软包墙面<br>5. 能实施交叉作业过程中质量控制与成品保护措施<br>6. 能进行各种造型复杂石材施工放样及安装<br>7. 能制作、安装各种形式复杂的格扇和挂落<br>8. 能进行室内复杂电气线管穿线施工<br>9. 能安装室内复杂配电系统保护装置<br>10. 能进行室内强、弱电工程设备、终端和相关部件、器件的安装<br>11. 能安装室内复杂阀门、仪表及相关附件 | 35 |

续表

| 工种 | 工作内容 | 相关知识要求 | 技能要求 | 参考分值 |
|---|---|---|---|---|
| 乡村室内施工工匠 | 质量检查与问题处理 | 1. 螺旋形楼梯、扶手等木制品尺寸、垂直度、平整度方正度等制作质量检查的方法<br>2. 圆形门窗等异形门窗变形问题处理方法<br>3. 复杂结构镶贴饰面板施工质量验收规范要求<br>4. 复杂软包墙面质量要求<br>5. 各种形式复杂的格扇和挂落质量要求<br>6. 室内复杂电气线管无法穿电线问题处理的方法<br>7. 室内复杂配电系统保护装置失效问题处理的方法<br>8. 室内强、弱电工程设备、终端不运行问题处理的方法<br>9. 室内强、弱电工程设备、终端相关部件、器件安装不牢固问题处理的方法<br>10. 室内复杂阀门、仪表及相关附件安装紧固度不足、渗漏等问题处理的方法 | 1. 能检查螺旋形楼梯、栏杆、扶手等木制品尺寸、垂直度、平整度、方正度等制作质量<br>2. 能检查并处理圆形门窗等异形门窗变形问题<br>3. 能检查复杂结构镶贴饰面板施工是否符合验收规范要求<br>4. 能检查室内复杂软包墙面质量<br>5. 能检查各种形式复杂的格扇和挂落质量<br>6. 能检查并处理室内复杂电气线管无法穿电线问题<br>7. 能检查并处理室内复杂配电系统保护装置失效问题<br>8. 能检查并处理室内强、弱电工程设备、终端不运行问题<br>9. 能检查并处理室内强、弱电工程设备、终端相关部件器件安装不牢固问题<br>10. 能检查并处理室内复杂阀门、仪表及相关附件安装紧固度不足、渗漏等问题 | 25 |
| 乡村景观施工工匠 | 场地整理与准备 | 1. 常用测量仪器或工具使用知识<br>2. 土方工程施工相关知识<br>3. 园林地形工程设计知识 | 1. 能按设计图利用测量仪器或工具对施工场地进行距离测量作业<br>2. 能使用测量仪器确定场地标高<br>3. 能进行园林绿化工程土方量计算<br>4. 能进行土方造型施工作业<br>5. 能结合实地情况进行园林地形竖向设计<br>6. 能进行地形艺术处理 | 20 |
| | 硬质景观施工 | 1. 复杂景墙放线、计算切割、砌筑等知识<br>2. 景墙砌筑操作工艺流程<br>3. 廊架等制作与安装操作工艺流程<br>4. 水景置石放线、起品、摆放等知识<br>5. 景石、雕塑等园林小品摆放知识 | 1. 能按操作工艺流程进行复杂景墙砌筑施工<br>2. 能使用机具按照操作工艺流程进行廊架等制作与安装<br>3. 能按操作工艺流程进行水景置石施工<br>4. 能按操作工艺流程进行景石、雕塑等园林小品制作与摆放 | 30 |

续表

| 工种 | 工作内容 | 相关知识要求 | 技能要求 | 参考分值 |
|---|---|---|---|---|
| 乡村景观施工工匠 | 绿化施工 | 1. 中乔木、大乔木移植相关知识<br>2. 水生植物种植及养护知识<br>3. 棕榈类植物种植及养护知识<br>4. 大型花坛、花柱设计及施工知识<br>5. 种植施工组织知识<br>6. 大树及反季节种植养护知识 | 1. 能对中乔木、大乔木进行种植及养护管理<br>2. 能对水生植物进行种植及养护管理<br>3. 能对棕榈类植物进行种植及养护管理<br>4. 能按设计图组织大型花坛、花柱的施工作业<br>5. 能组织绿地种植施工作业<br>6. 能对木箱苗木进行种植及养护管理<br>7. 能对园林苗木进行反季节种植及养护管理 | 30 |
| | 有害生物防治 | 1. 常见病害发生规律及防治知识<br>2. 常见虫害发生规律及防治知识<br>3. 除草剂特性及安全使用方法 | 1. 能编制园林植物病害防治方案<br>2. 能根据实际情况对常见病害防治计划进行优化<br>3. 能编制园林植物虫害防治方案<br>4. 能根据实际情况对常见虫害防治计划进行优化<br>5. 能根据常见杂草发生规律制订防除计划 | 20 |
| 乡村直播电商工匠 | 产品确定及规划 | 1. 产品检验流程知识<br>2. 产品跟踪方法<br>3. 产品转化率分析方法<br>4. 选品方案制定方法<br>5. 选品规划监控的方法 | 1. 能参照产品标准组织产品检验<br>2. 能跟踪产品发展趋势<br>3. 能分析产品转化率的变化因素<br>4. 能根据主题活动设计选品方案<br>5. 能监控选品规划的执行进度 | 10 |
| | 团队组建与管理 | 1. 团队架构的搭建方法<br>2. 团队分工的调整方法<br>3. 考核标准设计方法<br>4. 协作沟通技巧<br>5. 评价体系建立方法<br>6. 互评机制建立方法 | 1. 能根据业务需求搭建团队<br>2. 能根据业务方向调整团队分工<br>3. 能制定团队考核标准<br>4. 能解决跨部门协作的问题<br>5. 能建立团成员的评价体系<br>6. 能建立团队成员相互评价机制 | 10 |
| | 营销计划制定 | 1. 媒介传播的方法<br>2. 营销效果的评估方法<br>3. 用户管理的方法<br>4. 提升购买率的方法 | 1. 能制定多媒介传播计划<br>2. 能对营销效果进行评估<br>3. 能制定直播用户管理方案<br>4. 能制定提升用户购买率的计划 | 15 |

续表

| 工种 | 工作内容 | 相关知识要求 | 技 能 要 求 | 参考分值 |
|---|---|---|---|---|
| 乡村直播电商工匠 | 直播营销 | 1. 直播间搭建技巧<br>2. 个人品牌塑造方法<br>3. 销售目标编制方法<br>4. 直播流程操作步骤 | 1. 能制定主题直播间搭建方案<br>2. 能制定个人品牌方案<br>3. 能设定直播销售周期目标<br>4. 能建立直播销售规范流程 | 30 |
| | 营销推广 | 1. 话题制造的技巧<br>2. 投流效果数据分析方法<br>3. 预算编制方法 | 1. 能制造及传播热点话题<br>2. 能分析流量投放效果数据<br>3. 能编制投放预算 | 15 |
| | 培训与指导 | 1. 培训计划的编写方法<br>2. 培训讲义编写方法<br>3. 培训教学与组织技巧<br>4. 培训指导规范编写方法 | 1. 能制定培训计划<br>2. 能编写培训讲义<br>3. 能讲授专业基础知识和技能要求<br>4. 能制定培训指导规范<br>5. 能评估培训效果 | 20 |

# 第六章 "乡村工匠"主要政策法规

人才是富国之本,人才培育为兴邦大计。乡村振兴,人才先行。乡村人才振兴,是全面推进乡村振兴战略的重要组成部分。为推进新时代高技能人才队伍建设、提升乡村人才的整体素质、优化人才结构,国家各部委陆续出台了相关政策,提出加快高技能人才队伍建设、乡村人才振兴、推进乡村工匠培训和管理等意见,制定了乡村工匠培育的实施方案,形成了从宏观到微观完备的乡村人才振兴政策体系和制度框架。其中有代表性的政策汇总如下。

## 第一节 乡村振兴人才政策法规

### 一、技能人才队伍

——本节主要摘自《关于加强新时代高技能人才队伍建设的意见》(中共中央办公厅、国务院办公厅,中办发〔2022〕58号)

技能人才是支撑中国制造、中国创造的重要力量。加强高级工以上的高技能人才队伍建设,对巩固和发展工人阶级先进性,增强国家核心竞争力和科技创新能力,缓解就业结构性矛盾,推动高质量发展具有重要意义。为贯彻落实党中央、国务院决策部署,加强新时代高技能人才队伍建设,本文件主要围绕总体要求、加大高技能人才培养力度、完善技能导向的使用制度、建立技能人才职业技能等级制度和多元化评价机制、建立高技能人才表彰激励机制、保障措施几方面提出加强新时代高技能人才队伍建设的意见。

第一,总体要求

(一)指导思想。以习近平新时代中国特色社会主义思想为指导,深入贯彻党的十九大和十九届历次全会精神,全面贯彻习近平总书记关于做好新时代人才工作的重要思想,坚持党管人才,立足新发展阶段,贯彻新发展理念,服务构建新发展格局,推动高质量发展,深入实施新时代人才强国战略,以服务发展、稳定就业为导向，大力弘扬劳模精神、劳动精神、工匠精神，全面实施"技能中国行动"，健全技能人才培养、使用、评价、激励制度，构建党委领导、政府主导、政策支持、企业主体、社会参与的高技能人才工作体系，打造一支爱党报国、敬业奉献、技艺精湛、素质优良、规模宏大、结构合理的高技能人才队伍。

（二）目标任务。到"十四五"时期末，高技能人才制度政策更加健全、培养体系更加完善、岗位使用更加合理、评价机制更加科学、激励保障更加有力，尊重技能尊重劳动的社会氛围更加浓厚，技能人才规模不断壮大、素质稳步提升、结构持续优化、收入稳定增加，技能人才占就业人员的比例达到30％以上，高技能人才占技能人才的比例达到1/3，东部省份高技能人才占技能人才的比例达到35％。力争到2035年，技能人才规模持续壮大、素质大幅提高，高技能人才数量、结构与基本实现社会主义现代化的要求相适应。

第二，加大高技能人才培养力度

（三）健全高技能人才培养体系。构建以行业企业为主体、职业学校（含技工院校，下同）为基础、政府推动与社会支持相结合的高技能人才培养体系。行业主管部门和行业组织要结合本行业生产、技术发展趋势，做好高技能人才供需预测和培养规划。鼓励各类企业结合实际把高技能人才培养纳入企业发展总体规划和年度计划，依托企业培训中心、产教融合实训基地、高技能人才培训基地、公共实训基地、技能大师工作室、劳模和工匠人才创新工作室、网络学习平台等，大力培养高技能人才。国有企业要结合实际将高技能人才培养规划的制定和实施情况纳入考核评价体系。鼓励各类企业事业组织、社会团体及其他社会组织以独资、合资、合作等方式依法参与举办职业教育培训机构，积极参与承接政府购买服务。对纳入产教融合型企业建设培育范围的企业兴办职业教育符合条件的投资，可依据有关规定按投资额的30％抵免当年应缴教育费附加和地方教育附加。

（四）创新高技能人才培养模式。探索中国特色学徒制。深化产教融合、校企合作，开展订单式培养、套餐制培训，创新校企双制、校中厂、厂中校等方式。对联合培养高技能人才成效显著的企业，各级政府按规定予以表扬和相应政策支持。完善项目制培养模式，针对不同类别不同群体高技能人才实施差异化培养项目。鼓励通过名师带徒、技能研修、岗位练兵、技能竞赛、技术交流等形式，开放式培训高技能人才。建立技能人才继续教育制度，推广求学圆梦行动，定期组织开展研修交流活动，促进技能人才知识更新与技术创新、工艺改造、产业优化升级要求相适应。

（五）加大急需紧缺高技能人才培养力度。围绕国家重大战略、重大工程、重大项目、重点产业对高技能人才的需求，实施高技能领军人才培育计划。支持制造业企业围绕转型升级和产业基础再造工程项目，实施制造业技能根基工程。围绕建设网络强国、数字中国，实施提升全民数字素养与技能行动，建立一批数字技能人才培养试验区，打造一批数字素养与技能提升培训基地，举办全民数字素养与技能提升活动，实施数字教育培训资源开放共享行动。围绕乡村振兴战略，实施乡村工匠培育计划，挖掘、保护和传承民间传统技艺，打造一批"工匠园区"。

（六）发挥职业学校培养高技能人才的基础性作用。优化职业教育类型、院校布局和专业设置。采取中等职业学校和普通高中同批次并行招生等措施，稳定中等职业学校招生规模。在技工院校中普遍推行工学一体化技能人才培养模式。允许职业学校开展有偿性社会培训、技术服务或创办企业，所取得的收入可按一定比例作为办学经费自主安排使用；公办职业学校所取得的收入可按一定比例作为绩效工资来源，用于支付本校教师和其他培训教师的劳动报酬。合理保障职业学校师资受公派临时出国（境）参加培训访学、进修学习、技能交流等学术交流活动相关费用。切实保障职业学校学生在升学、就业、职业发展等方面与同层次普通学校学生享有平等机会。实施现代职业教育质量提升计划，支持职业学校改善办学条件。

（七）优化高技能人才培养资源和服务供给。实施国家乡村振兴重点帮扶地区职业技能提升工程，加大东西部协作和对口帮扶力度。健全公共职业技能培训体系，实施职业技能培训共建共享行动，开展县域职业技能培训共建共享试点。加快探索"互联网＋职业技能培训"，构建线上线下相结合的培训模式。依托"金保工程"，加快推进职业技能培训实名制管理工作，建立以社会保障卡为载体的劳动者终身职业技能培训电子档案。

第三，完善技能导向的使用制度

（八）健全高技能人才岗位使用机制。企业可设立技能津贴、班组长津贴、带徒津贴等，支持鼓励高技能人才在岗位上发挥技能、管理班组、带徒传技。鼓励企业根据需要，建立高技能领军人才"揭榜领题"以及参与重大生产决策、重大技术革新和技术攻关项目的制度。实行"技师＋工程师"等团队合作模式，在科研和技术攻关中发挥高技能人才创新能力。鼓励支持高技能人才兼任职业学校实习实训指导教师。注重青年高技能人才选用。高技能人才配置状况应作为生产经营性企业及其他实体参加重大工程项目招投标、评优和资质评估的重要因素。

（九）完善技能要素参与分配制度。引导企业建立健全基于岗位价值、能力素质和业绩贡献的技能人才薪酬分配制度，实现多劳者多得、技高者多得，促进人力资源优化配置。国有企业在工资分配上要发挥向技能人才倾斜的示范作用。完善企业薪酬调查和信息发布制度，鼓励有条件的地区发布分职业（工种、岗位）、分技能等级的工资价位信息，为企业与技能人才协商确定工资水平提供信息参考。用人单位在聘的高技能人才在学习进修、岗位聘任、职务晋升、工资福利等方面，分别比照相应层级专业技术人员享受同等待遇。完善科技成果转化收益分享机制，对在技术革新或技术攻关中作出突出贡献的高技能人才给予奖励。高技能人才可实行年薪制、协议工资制，企业可对作出突出贡献的优秀高技能人才实行特岗特酬，鼓励符合条件的企业积极运用中长期激励工具，加大对高技能人才的激励力度。畅通为高技能人才建立企业年金的机制，鼓励和引导企业为包括高技能人才在内的职工建立企业年金。完善高技能特殊人才特殊待遇政策。

（十）完善技能人才稳才留才引才机制。鼓励和引导企业关心关爱技能人才，依法保障技能人才合法权益，合理确定劳动报酬。健全人才服务体系，促进技能人才合理流动，提高技能人才配置效率。建立健全技能人才柔性流动机制，鼓励技能人才通过兼职、服务、技术攻关、项目合作等方式更好发挥作用。畅通高技能人才向专业技术岗位或管理岗位流动渠道。引导企业规范开展共享用工。支持各地结合产业发展需求实际，将急需紧缺技能人才纳入人才引进目录，引导技能人才向欠发达地区、基层一线流动。支持各地将高技能人才纳入城市直接落户范围，高技能人才的配偶、子女按有关规定享受公共就业、教育、住房等保障服务。

第四，建立技能人才职业技能等级制度和多元化评价机制

（十一）拓宽技能人才职业发展通道。建立健全技能人才职业技能等级制度。对设有高级技师的职业（工种），可在其上增设特级技师和首席技师技术职务（岗位），在初级工之下补设学徒工，形成由学徒工、初级工、中级工、高级工、技师、高级技师、特级技师、首席技师构成的"八级工"职业技能等级（岗位）序列。鼓励符合条件的专业技术人员按有关规定申请参加相应职业（工种）的职业技能评价。支持各地面向符合条件的技能人才招聘事业单位工作人员，重视从技能人才中培养选拔党政干部。建立职业资格、职业技能等级与相应职称、学历的双向比照认定制度，推进学历教育学习成果、非学历教育学习成果、职业技能等级学分转换互认，建立国家资历框架。

（十二）健全职业标准体系和评价制度。健全符合我国国情的现代职业分

类体系，完善新职业信息发布制度。完善由国家职业标准、行业企业评价规范、专项职业能力考核规范等构成的多层次、相互衔接的职业标准体系。探索开展技能人员职业标准国际互通、证书国际互认工作，各地可建立境外技能人员职业资格认可清单制度。健全以职业资格评价、职业技能等级认定和专项职业能力考核等为主要内容的技能人才评价机制。完善以职业能力为导向、以工作业绩为重点，注重工匠精神培育和职业道德养成的技能人才评价体系，推动职业技能评价与终身职业技能培训制度相适应，与使用、待遇相衔接。深化职业资格制度改革，完善职业资格目录，实行动态调整。围绕新业态、新技术和劳务品牌、地方特色产业、非物质文化遗产传承项目等，加大专项职业能力考核项目开发力度。

（十三）推行职业技能等级认定。支持符合条件的企业自主确定技能人才评价职业（工种）范围，自主设置岗位等级，自主开发制定岗位规范，自主运用评价方式开展技能人才职业技能等级评价；企业对新招录或未定级职工，可根据其日常表现、工作业绩，结合职业标准和企业岗位规范要求，直接认定相应的职业技能等级。打破学历、资历、年龄、比例等限制，对技能高超、业绩突出的一线职工，可直接认定高级工以上职业技能等级。对解决重大工艺技术难题和重大质量问题、技术创新成果获得省部级以上奖项、"师带徒"业绩突出的高技能人才，可破格晋升职业技能等级。推进"学历证书＋若干职业技能证书"制度实施。强化技能人才评价规范管理，加大对社会培训评价组织的征集遴选力度，优化遴选条件，构建政府监管、机构自律、社会监督的质量监督体系，保障评价认定结果的科学性、公平性和权威性。

（十四）完善职业技能竞赛体系。广泛深入开展职业技能竞赛，完善以世界技能大赛为引领、全国职业技能大赛为龙头、全国行业和地方各级职业技能竞赛以及专项赛为主体、企业和院校职业技能比赛为基础的中国特色职业技能竞赛体系。依托现有资源，加强世界技能大赛综合训练中心、研究（研修）中心、集训基地等平台建设，推动世界技能大赛成果转化。定期举办全国职业技能大赛，推动省、市、县开展综合性竞赛活动。鼓励行业开展特色竞赛活动，举办乡村振兴职业技能大赛。举办世界职业院校技能大赛、全国职业院校技能大赛等职业学校技能竞赛。健全竞赛管理制度，推行"赛展演会"结合的办赛模式，建立政府、企业和社会多方参与的竞赛投入保障机制，加强竞赛专兼职队伍建设，提高竞赛科学化、规范化、专业化水平。完善并落实竞赛获奖选手表彰奖励、升学、职业技能等级晋升等政策。鼓励企业对竞赛获奖选手建立与岗位使用及薪酬待遇挂钩的长效激励机制。

第五，建立高技能人才表彰激励机制

（十五）加大高技能人才表彰奖励力度。建立以国家表彰为引领、行业企业奖励为主体、社会奖励为补充的高技能人才表彰奖励体系。完善评选表彰中华技能大奖获得者和全国技术能手制度。国家级荣誉适当向高技能人才倾斜。加大高技能人才在全国劳动模范和先进工作者、国家科学技术奖等相关表彰中的评选力度，积极推荐高技能人才享受政府特殊津贴，对符合条件的高技能人才按规定授予五一劳动奖章、青年五四奖章、青年岗位能手、三八红旗手、巾帼建功标兵等荣誉，提高全社会对技能人才的认可认同。

（十六）健全高技能人才激励机制。加强对技能人才的政治引领和政治吸纳，注重做好党委（党组）联系服务高技能人才工作。将高技能人才纳入各地人才分类目录。注重依法依章程推荐高技能人才为人民代表大会代表候选人、政治协商会议委员人选、群团组织代表大会代表或委员会委员候选人。进一步提高高技能人才在职工代表大会中的比例，支持高技能人才参与企业管理。按照有关规定，选拔推荐优秀高技能人才到工会、共青团、妇联等群团组织挂职或兼职。建立高技能人才休假疗养制度，鼓励支持分级开展高技能人才休假疗养、研修交流和节日慰问等活动。

第六，保障措施

（十七）强化组织领导。坚持党对高技能人才队伍建设的全面领导，确保正确政治方向。各级党委和政府要将高技能人才工作纳入本地区经济社会发展、人才队伍建设总体部署和考核范围。在本级人才工作领导小组统筹协调下，建立组织部门牵头抓总、人力资源社会保障部门组织实施、有关部门各司其职、行业企业和社会各方广泛参与的高技能人才工作机制。各地区各部门要大力宣传技能人才在经济社会发展中的作用和贡献，进一步营造重视、关心、尊重高技能人才的社会氛围，形成劳动光荣、技能宝贵、创造伟大的时代风尚。

（十八）加强政策支持。各级政府要统筹利用现有资金渠道，按规定支持高技能人才工作。企业要按规定足额提取和使用职工教育经费，60%以上用于一线职工教育和培训。落实企业职工教育经费税前扣除政策，有条件的地方可探索建立省级统一的企业职工教育经费使用管理制度。各地要按规定发挥好有关教育经费等各类资金作用，支持职业教育发展。

（十九）加强技能人才基础工作。充分利用大数据、云计算等新一代信息技术，加强技能人才工作信息化建设。建立健全高技能人才库。加强高技能人才理论研究和成果转化。大力推进符合高技能人才培养需求的精品课程、教材和师资建设，开发高技能人才培养标准和一体化课程。加强国际交流合作，推动实施技能领域"走出去""引进来"合作项目，支持青年学生、毕业生参与青年国际实习交流计划，推进与各国在技能领域的交流互鉴。

## 二、乡村人才振兴

——本节主要摘自《关于加快推进乡村人才振兴的意见》（中共中央办公厅、国务院办公厅，中办发〔2021〕9号）

乡村振兴，关键在人。为深入贯彻落实习近平总书记关于推动乡村人才振兴的重要指示精神，落实党中央、国务院有关决策部署，促进各类人才投身乡村建设。本文件主要围绕总体要求、加快培养农业生产经营人才、二三产业发展人才、乡村公共服务人才、乡村治理人才、农业农村科技人才、充分发挥各类主体在乡村人才培养中的作用、建立健全乡村人才振兴体制机制、保障措施几方面，现就加快推进乡村人才振兴提出如下意见。

第一，总体要求

（一）指导思想。以习近平新时代中国特色社会主义思想为指导，全面贯彻党的十九大和十九届二中、三中、四中、五中全会精神，坚持和加强党对乡村人才工作的全面领导，坚持农业农村优先发展，坚持把乡村人力资本开发放在首要位置，大力培养本土人才，引导城市人才下乡，推动专业人才服务乡村，吸引各类人才在乡村振兴中建功立业，健全乡村人才工作体制机制，强化人才振兴保障措施，培养造就一支懂农业、爱农村、爱农民的"三农"工作队伍，为全面推进乡村振兴、加快农业农村现代化提供有力人才支撑。

（二）目标任务。到2025年，乡村人才振兴制度框架和政策体系基本形成，乡村振兴各领域人才规模不断壮大、素质稳步提升、结构持续优化，各类人才支持服务乡村格局基本形成，乡村人才初步满足实施乡村振兴战略基本需要。

（三）工作原则

——坚持加强党对乡村人才工作的全面领导。贯彻党管人才原则，将乡村人才振兴纳入党委人才工作总体部署，引导各类人才向农村基层一线流动，打造一支能够担当乡村振兴使命的人才队伍。

——坚持全面培养、分类施策。围绕全面推进乡村振兴需要，全方位培养各类人才，扩大总量、提高质量、优化结构。尊重乡村发展规律和人才成长规律，针对不同地区、不同类型人才，实施差别化政策措施。

——坚持多元主体、分工配合。推动政府、培训机构、企业等发挥各自优势,共同参与乡村人才培养,解决制约乡村人才振兴的问题,形成工作合力。

——坚持广招英才、高效用才。坚持培养与引进相结合、引才与引智相结合,拓宽乡村人才来源,聚天下英才而用之。用好用活人才,为人才干事创业和实现价值提供机会条件,最大限度激发人才内在活力。

——坚持完善机制、强化保障。深化乡村人才培养、引进、管理、使用、流动、激励等制度改革,完善人才服务乡村激励机制,让农村的机会吸引人,让农村的环境留住人。

第二,加快培养农业生产经营人才

(四)培养高素质农民队伍。深入实施现代农民培育计划,重点面向从事适度规模经营的农民,分层分类开展全产业链培训,加强训后技术指导和跟踪服务,支持创办领办新型农业经营主体。充分利用现有网络教育资源,加强农民在线教育培训。实施农村实用人才培养计划,加强培训基地建设,培养造就一批能够引领一方、带动一片的农村实用人才带头人。

(五)突出抓好家庭农场经营者、农民合作社带头人培育。深入推进家庭农场经营者培养,完善项目支持、生产指导、质量管理、对接市场等服务。建立农民合作社带头人人才库,加强对农民合作社骨干的培训。鼓励农民工、高校毕业生、退役军人、科技人员、农村实用人才等创办领办家庭农场、农民合作社。鼓励有条件的地方支持农民合作社聘请农业经理人。鼓励家庭农场经营者、农民合作社带头人参加职称评审、技能等级认定。

第三,加快培养农村二三产业发展人才

(六)培育农村创业创新带头人。深入实施农村创业创新带头人培育行动,不断改善农村创业创新生态,稳妥引导金融机构开发农村创业创新金融产品和服务方式,加快建设农村创业创新孵化实训基地,组建农村创业创新导师队伍。壮大新一代乡村企业家队伍,通过专题培训、实践锻炼、学习交流等方式,完善乡村企业家培训体系,完善涉农企业人才激励机制,加强对乡村企业家合法权益的保护。

(七)加强农村电商人才培育。提升电子商务进农村效果,开展电商专家下乡活动。依托全国电子商务公共服务平台,加快建立农村电商人才培养载体及师资、标准、认证体系,开展线上线下相结合的多层次人才培训。

(八)培育乡村工匠。挖掘培养乡村手工业者、传统艺人,通过设立名师工作室、大师传习所等,传承发展传统技艺。鼓励高等学校、职业院校开展传统技艺传承人教育。在传统技艺人才聚集地设立工作站,开展研习培训、示范引导、品牌培育。支持鼓励传统技艺人才创办特色企业,带动发展乡村特色手工业。

（九）打造农民工劳务输出品牌。实施劳务输出品牌计划，围绕地方特色劳务群体，建立技能培训体系和评价体系，完善创业扶持、品牌培育政策，通过完善行业标准、建设专家工作室、邀请专家授课、举办技能比赛等途径，普遍提升从业者职业技能，提高劳务输出的组织化、专业化、标准化水平，培育一批叫得响的农民工劳务输出品牌。

第四，加快培养乡村公共服务人才

（十）加强乡村教师队伍建设。落实城乡统一的中小学教职工编制标准。继续实施革命老区、民族地区、边疆地区人才支持计划、教师专项计划和银龄讲学计划。加大乡村骨干教师培养力度，精准培养本土化优秀教师。改革完善"国培计划"，深入推进"互联网＋义务教育"，健全乡村教师发展体系。对长期在乡村学校任教的教师，职称评审可按规定"定向评价、定向使用"，高级岗位实行总量控制、比例单列，可不受所在学校岗位结构比例限制。落实好乡村教师生活补助政策，加强乡村学校教师周转宿舍建设，按规定将符合条件的乡村教师纳入当地住房保障范围。

（十一）加强乡村卫生健康人才队伍建设。按照服务人口 1‰ 左右的比例，以县为单位每 5 年动态调整乡镇卫生院人员编制总量，允许编制在县域内统筹使用，用好用足空余编制。推进乡村基层医疗卫生机构公开招聘，艰苦边远地区县级及基层医疗卫生机构可根据情况适当放宽学历、年龄等招聘条件，对急需紧缺卫生健康专业人才可以采取面试、直接考察等方式公开招聘。乡镇卫生院应至少配备 1 名公共卫生医师。深入实施全科医生特岗计划、农村订单定向医学生免费培养和助理全科医生培训，支持城市二级及以上医院在职或退休医师到乡村基层医疗卫生机构多点执业，开办乡村诊所，充实乡村卫生健康人才队伍。完善乡村基层卫生健康人才激励机制，落实职称晋升和倾斜政策，优化乡镇医疗卫生机构岗位设置，按照政策合理核定乡村基层医疗卫生机构绩效工资总量和水平。优化乡村基层卫生健康人才能力提升培训项目，加强在岗培训和继续教育。落实乡村医生各项补助，逐步提高乡村医生收入待遇，做好乡村医生参加基本养老保险工作，深入推进乡村全科执业助理医师资格考试，推动乡村医生向执业（助理）医师转化，引导医学专业高校毕业生免试申请乡村医生执业注册。鼓励免费定向培养一批源于本乡本土的大学生乡村医生，多途径培养培训乡村卫生健康工作队伍，改善乡村卫生服务和治理水平。

（十二）加强乡村文化旅游体育人才队伍建设。推动文化旅游体育人才下乡服务，重点向革命老区、民族地区、边疆地区倾斜。完善文化和旅游、广播电视、网络视听等专业人才扶持政策，培养一批乡村文艺社团、创作团队、文化志愿者、非遗传承人和乡村旅游示范者。鼓励运动员、教练员、体育专业师生、体育科研人员参与乡村体育指导志愿服务。

（十三）加强乡村规划建设人才队伍建设。支持熟悉乡村的首席规划师、乡村规划师、建筑师、设计师及团队参与村庄规划设计、特色景观制作、人文风貌引导，提高设计建设水平，塑造乡村特色风貌。统筹推进城乡基础设施建设管护人才互通共享，搭建服务平台，畅通交流机制。实施乡村本土建设人才培育工程，加强乡村建设工匠培训和管理，培育修路工、水利员、改厕专家、农村住房建设辅导员等专业人员，提升农村环境治理、基础设施及农村住房建设管护水平。

第五，加快培养乡村治理人才

（十四）加强乡镇党政人才队伍建设。选优配强乡镇领导班子特别是乡镇党委书记，健全从乡镇事业人员、优秀村党组织书记、到村任职过的选调生、驻村第一书记、驻村工作队员中选拔乡镇领导干部常态化机制。实行乡镇编制专编专用，明确乡镇新录用公务员在乡镇最低服务年限，规范从乡镇借调工作人员。落实乡镇工作补贴和艰苦边远地区津贴政策，确保乡镇机关工作人员收入高于县直机关同职级人员。落实艰苦边远地区乡镇公务员考录政策，适当降低门槛和开考比例，允许县乡两级拿出一定数量的职位面向高校毕业生、退役军人等具有本地户籍或在本地长期生活工作的人员招考。

（十五）推动村党组织带头人队伍整体优化提升。坚持把政治标准放在首位，选拔思想政治素质好、道德品行好、带富能力强、协调能力强，公道正派、廉洁自律，热心为群众服务的党员担任村党组织书记。注重从本村致富能手、外出务工经商返乡人员、本乡本土大学毕业生、退役军人中的党员里培养选拔村党组织书记。对本村暂时没有党组织书记合适人选的，可从上级机关、企事业单位优秀党员干部中选派，有条件的地方也可以探索跨村任职。全面落实村党组织书记县级党委组织部门备案管理制度和村"两委"成员资格联审机制，实行村"两委"成员近亲属回避，净化、优化村干部队伍。加大从优秀村党组织书记中考录乡镇公务员、招聘乡镇事业编制人员力度。县级党委每年至少对村党组织书记培训1次，支持村干部和农民参加学历教育。坚持和完善向重点乡村选派驻村第一书记和工作队制度。

（十六）实施"一村一名大学生"培育计划。鼓励各地遴选一批高等职业学校，按照有关规定，根据乡村振兴需求开设涉农专业，支持村干部、新型农业经营主体带头人、退役军人、返乡创业农民工等,采取在校学习、弹性学制、农学交替、送教下乡等方式,就地就近接受职业高等教育,培养一批在乡大学生、乡村治理人才。进一步加强选调生到村任职、履行大学生村官有关职责、按照大学生村官管理工作,落实选调生一般应占本年度公务员考录计划10%左右的规模要求。鼓励各地多渠道招录大学毕业生到村工作。扩大高校毕业生"三支一扶"计划招募规模。

（十七）加强农村社会工作人才队伍建设。加快推动乡镇社会工作服务站建设,加大政府购买服务力度,吸引社会工作人才提供专业服务,大力培育社会工作服务类社会组织。加大本土社会工作专业人才培养力度,鼓励村干部、年轻党员等参加社会工作职业资格评价和各类教育培训。持续实施革命老区、民族地区、边疆地区社会工作专业人才支持计划。加强乡村儿童关爱服务人才队伍建设。通过项目奖补、税收减免等方式引导高校毕业生、退役军人、返乡入乡人员参与社区服务。

（十八）加强农村经营管理人才队伍建设。依法依规划分农村经营管理的行政职责和事业职责,建立健全职责目录清单。采取招录、调剂、聘用等方式,通过安排专兼职人员等途径,充实农村经营管理队伍,确保事有人干、责有人负。加强业务培训,力争3年内轮训一遍。加强农村土地承包经营纠纷调解仲裁人才队伍建设,鼓励各地探索建立仲裁员等级评价制度。将农村合作组织管理专业纳入农业技术人员职称评审范围,完善评价标准。加强农村集体经济组织人才培养,完善激励机制。

（十九）加强农村法律人才队伍建设。加强农业综合行政执法人才队伍建设,加大执法人员培训力度,完善工资待遇和职业保障政策,培养通专结合、一专多能执法人才。推动公共法律服务力量下沉,通过招录、聘用、政府购买服务、发展志愿者队伍等方式,充实乡镇司法所公共法律服务人才队伍,加强乡村法律服务人才培训。以村干部、村妇联执委、人民调解员、网格员、村民小组长、退役军人等为重点,加快培育"法律明白人"。培育农村学法用法示范户,构建农业综合行政执法人员与农村学法用法示范户的密切联结机制。提高乡村人民调解员队伍专业化水平,有序推进在农村"五老"人员中选聘人民调解员。完善和落实"一村一法律顾问"制度。

第六,加快培养农业农村科技人才

（二十）培养农业农村高科技领军人才。国家重大人才工程、人才专项优先支持农业农村领域,推进农业农村科研杰出人才培养,鼓励各地实施农业农村领域"引才计划",加快培育一批高科技领军人才和团队。加强优秀青年后备人才培养，突出服务基层导向。支持高科技领军人才按照有关政策在国家农业高新技术产业示范区、农业科技园区等落户。

（二十一）培养农业农村科技创新人才。依托现代农业产业技术体系、农业科技创新联盟、现代农业产业科技创新中心等平台，发现人才、培育人才、凝聚人才。加强农业企业科技人才培养。健全农业农村科研立项、成果评价、成果转化机制，完善科技人员兼职兼薪、分享股权期权、领办创办企业、成果权益分配等激励办法。

（二十二）培养农业农村科技推广人才。推进农技推广体系改革创新，完善公益性和经营性农技推广融合发展机制，允许提供增值服务合理取酬。全面实施农技推广服务特聘计划。深化农技人员职称制度改革，突出业绩水平和实际贡献，向服务基层一线人才倾斜，实行农业农村科技推广人才差异化分类考核。实施基层农技人员素质提升工程，重点培训年轻骨干农技人员。建立健全农产品质量安全协管员、信息员队伍。鼓励地方对"土专家"、"田秀才"、"乡创客"发放补贴。开展"寻找最美农技员"活动。引导科研院所、高等学校开展专家服务基层活动，推广"科技小院"等培养模式，派驻研究生深入农村开展实用技术研究和推广服务工作。

（二十三）发展壮大科技特派员队伍。坚持政府选派、市场选择、志愿参加原则，完善科技特派员工作机制，拓宽科技特派员来源渠道，逐步实现各级科技特派员科技服务和创业带动全覆盖。完善优化科技特派员扶持激励政策，持续加大对科技特派员工作支持力度，推广利益共同体模式，支持科技特派员领办创办协办农民合作社、专业技术协会和农业企业。

第七，充分发挥各类主体在乡村人才培养中的作用

（二十四）完善高等教育人才培养体系。全面加强涉农高校耕读教育，将耕读教育相关课程作为涉农专业学生必修课。深入实施卓越农林人才教育培养计划2.0，加快培养拔尖创新型、复合应用型、实用技能型农林人才。用生物技术、信息技术等现代科学技术改造提升现有涉农专业，建设一批新兴涉农专业。引导综合性高校拓宽农业传统学科专业边界，增设涉农学科专业。加强乡村振兴发展研究院建设，加大涉农专业招生支持力度。加强农林高校网络培训教育资源共享，打造实用精品培训课程体系。

（二十五）加快发展面向农村的职业教育。加强农村职业院校基础能力建设，优先支持高水平农业高职院校开展本科层次职业教育，采取校企合作、政府划拨、整合资源等方式建设一批实习实训基地。支持职业院校加强涉农专业建设、开发技术研发平台、开设特色工艺班，培养基层急需的专业技术

人才。采取学制教育和专业培训相结合的模式对农村"两后生"进行技能培训。鼓励退役军人、下岗职工、农民工、高素质农民、留守妇女等报考高职院校，可适当降低文化素质测试录取分数线。

（二十六）依托各级党校（行政学院）培养基层党组织干部队伍。发挥好党校（行政学院）、干部学院主渠道、主阵地作用，分类分级开展"三农"干部培训。以县级党校（行政学校）为主体，加强对村干部、驻村第一书记、基层团组织书记等乡村干部队伍的培训。采取线上线下相结合等模式，将党校（行政学院）、干部学院的教育资源延伸覆盖至村和社区。

（二十七）充分发挥农业广播电视学校等培训机构作用。支持职业院校、农业广播电视学校、农村成人文化技术培训学校（机构）、农技推广机构、农业科研院所等，加强对高素质农民、能工巧匠等本土人才培养。探索建立农民学分银行，推动农民培训与职业教育有效衔接。建立政府引导、多元参与的投入机制，将农民教育培训经费按规定列入各级预算，吸引社会资本投入。

（二十八）支持企业参与乡村人才培养。引导农业企业依托原料基地、产业园区等建设实训基地，推动和培训农民应用新技术。鼓励农业企业依托信息、科技、品牌、资金等优势，带动农民创办家庭农场、农民合作社，打造乡村人才孵化基地。支持农业企业联合科研院所、高等学校建设产学研用协同创新基地，培育科技创新人才。

第八，建立健全乡村人才振兴体制机制

（二十九）健全农村工作干部培养锻炼制度。完善县级以上机关年轻干部在农村基层培养锻炼机制，有计划地选派县级以上机关有发展潜力的年轻干部到乡镇任职、挂职，多渠道选派优秀干部到农村干事创业。

（三十）完善乡村人才培养制度。加大公费师范生培养力度，实行定向培养，明确基层服务年限，推动特岗计划与公费师范生培养相结合。推动职业院校（含技工院校）建设涉农专业或开设特色工艺班，与基层行政事业单位、用工企业精准对接，定向培养乡村人才。支持中央和国家机关有关部门、地方政府、高等学校、职业院校加强合作，按规定为艰苦地区和基层一线"订单式"培养专业人才。

（三十一）建立各类人才定期服务乡村制度。建立城市医生、教师、科技、文化等人才定期服务乡村制度，支持和鼓励符合条件的事业单位科研人员按照国家有关规定到乡村和涉农企业创新创业，充分保障其在职称评审、工资福利、社会保障等方面的权益。鼓励地方整合各领域外部人才成立乡村振兴顾问团，支持引导退休专家和干部服务乡村振兴。落实中小学教师晋升高级职称原则上要有1年以上农村基层工作服务经历要求。国家建立医疗卫生人员定期到基层和艰苦边远地区从事医疗卫生工作制度。执业医师晋升为副高级技术职称的，应当有累计1年以上在县级以下或者对口支援的医疗卫生机构提供医疗卫生服务的经历。支持专业技术人才通过项目合作、短期工作、专家服务、兼职等多种形式到基层开展服务活动，在基层时间累计超过半年的视为基层工作经历，作为职称评审、岗位聘用的重要参考。对县乡事业单位专业性强的岗位聘用的高层次人才，可采取协议工资、项目工资、年薪制等灵活多样的分配方式，合理确定薪酬待遇。鼓励地方通过建设人才公寓、发放住房补助，允许返乡入乡人员子女在就业创业地接受学前教育、义务教育，解决好返乡入乡人员的居住和子女入学问题。完善社保关系转移接续机制，为返乡入乡人员及其家属按规定参加城镇职工基本养老保险、基本医疗保险提供便捷服务。

（三十二）健全鼓励人才向艰苦地区和基层一线流动激励制度。适当放宽在基层一线工作的专业技术人才职称评审条件。对长期在基层一线和艰苦边远地区工作的，加大爱岗敬业表现、实际工作业绩及工作年限等评价权重，落实完善工资待遇倾斜政策，激励人才扎根一线建功立业。推广医疗、教育人才"组团式"援疆援藏经验做法，逐步将人才"组团式"帮扶拓展到其他艰苦地区和更多领域。

（三十三）建立县域专业人才统筹使用制度。积极开展统筹使用基层各类编制资源试点，探索赋予乡镇更加灵活的用人自主权，鼓励从上往下跨层级调剂行政事业编制，推动资源服务管理向基层倾斜。推进义务教育阶段教师"县管校聘"，推广城乡学校共同体、乡村中心校模式。加强县域卫生人才一体化配备和管理，在区域卫生编制总量内统一配备各类卫生人才，强化多劳多得、优绩优酬，鼓励实行"县聘乡用"和"乡聘村用"。

（三十四）完善乡村高技能人才职业技能等级制度。组织农民参加职业技能鉴定、职业技能等级认定、职业技能竞赛等多种技能评价。探索"以赛代评"、"以项目代评"，符合条件可直接认定相应技能等级。按照有关规定对有突出贡献人才破格评定相应技能等级。

（三十五）建立健全乡村人才分级分类评价体系。坚持"把论文写在大地上"，完善农业农村领域高级职称评审申报条件，探索推行技术标准、专题报告、发展规划、技术方案、试验报告等视同发表论文的评审方式。对乡村发展急需紧缺人才，可以设置特设岗位，不受常设岗位总量、职称最高等级和结构比例限制。

（三十六）提高乡村人才服务保障能力。完善乡村人才认定标准，做好乡村人才分类统计，加强乡村人才工作信息化建设，建立健全县乡村三级乡村人才管理网络。加强人才管理服务工作，大力发展乡村人才服务业，引导市场主体为乡村人才提供中介、信息等服务。

第九，保障措施

（三十七）加强组织领导。各级党委要将乡村人才振兴作为实施乡村振兴战略的重要任务，建立党委统一领导、组织部门指导、党委农村工作部门统筹协调、相关部门分工负责的乡村人才振兴工作联席会议制度。把乡村人才振兴纳入人才工作目标责任制考核和乡村振兴实绩考核。加强农村工作干部队伍的培养、配备、管理、使用，将干部培养向乡村振兴一线倾斜，选优配强涉农部门领导班子和市县分管乡村振兴的领导干部，注重提拔使用政治过硬、实绩突出的农村工作干部。

（三十八）强化政策保障。加强乡村人才振兴投入保障，支持涉农企业加大乡村人力资本开发投入。农村集体经营性建设用地和复垦腾退建设用地指标注重支持各类乡村人才发展新产业新业态。推进农村金融产品和服务创新，鼓励证券、保险、担保、基金等金融机构服务乡村振兴，引导工商资本投资乡村事业，带动人才回流乡村。

（三十九）搭建乡村引才聚才平台。加强现代农业产业园、农业科技园区、农村创业创新园区等平台建设，支持入园企业、科研院所等建设科研创新平台，完善科技成果转化、人才奖补等政策，引进高层次人才和急需紧缺专业人才。加强人才驿站、人才服务站、专家服务基地、青年之家、妇女之家等人才服务平台建设，为乡村人才提供政策咨询、职称申报、项目申报、融资对接等服务。

（四十）制定乡村人才专项规划。对标实施乡村振兴战略需要，评估乡村人才供求总量和结构，细分乡村人才供求缺口，探索建立乡村人才信息库和需求目录。在摸清乡村人才现状基础上，制定乡村人才振兴规划，明确乡村人才振兴的总体要求、重点任务、政策措施，推动"三农"工作人才队伍建设制度化、规范化、常态化。

（四十一）营造良好环境。完善扶持乡村产业发展的政策体系，建好农村基础设施和公共服务设施，改善农村发展条件，提高农村生活便利化水平，吸引城乡人才留在农村。通过优秀人才评选、创新创业比赛、职业技能大赛等途径，每年选树一批乡村人才先进典型，按照规定给予表彰和政策扶持，引导乡村人才增强力争上游、务农光荣的思想观念。

## 第二节 乡村工匠政策法规

### 一、乡村工匠"双百双千"培育工程

——本节主要摘自《乡村工匠"双百双千"培育工程实施方案》(农业农村部、教育部、工业和信息化部、人力资源社会保障部、住房城乡建设部、文化和旅游部、全国妇联,农乡振发〔2023〕2号)

按照《国家乡村振兴局、教育部、工业和信息化部、人力资源社会保障部、住房城乡建设部、农业农村部、文化和旅游部、全国妇联关于推进乡村工匠培育工作的指导意见》(国乡振发〔2022〕16号,以下简称《指导意见》)相关要求,为实施好乡村工匠"双百双千"培育工程,充分发挥乡村工匠名师、大师在乡村工匠培育工作中的示范带动作用,本文件从总体要求、目标任务、组织实施、认定程序、支持措施几方面,制定如下实施方案。

第一,总体要求

以习近平新时代中国特色社会主义思想为指导,全面贯彻党的二十大精神,认真落实党中央、国务院关于三农工作重大部署,紧紧围绕全面推进乡村振兴、加快建设农业强国,落实乡村人才振兴任务要求,培育乡村高技能人才队伍,认定一批乡村工匠名师、大师,设立一批名师工作室和大师传习所,为推动乡村工匠人才队伍素质整体提升,助力乡村特色产业发展、促进农民就业创业提供本土人才保障。

第二,目标任务

自2023年起,启动实施乡村工匠"双百双千"培育工程,力争到2025年年底在全国认定百名乡村工匠大师、设立百个大师传习所,认定千名乡村工匠名师、设立千个名师工作室,弘扬传统技艺所蕴含的文化精髓和价值,活态传承发展优秀传统乡土文化,顺应乡土人才成长规律,激发乡村工匠内生动力,扶持乡村工匠领办创办特色企业,打造乡村工匠品牌。

第三,组织实施

根据《指导意见》,由农业农村部(国家乡村振兴局)、教育部、工业和信息化部、人力资源社会保障部、住房城乡建设部、文化和旅游部、全国妇联组成乡村工匠培育工作推进小组(以下简称"推进小组"),负责制定年度工作计划,研究名额分配,协调推进乡村工匠名师、大师组织评选、赛事举

办等事宜。原则上每年每个省份可推荐9～10名乡村工匠名师，西部省份可增加1～2人，根据乡村工匠名师评定结果，每年每个省份可从中推荐1名乡村工匠大师，西部省份可增加1人。

第四，认定程序

（一）范围。主要从县域内刺绣印染、纺织服饰、编织扎制、雕刻彩绘、传统建筑、金属锻铸、剪纸刻绘、陶瓷烧造、文房制作、漆器髹饰、印刷装裱、器具制作等领域的省级乡村工匠名师中产生。各地可结合实际适当拓展范围。

（二）认定条件

1. 乡村工匠名师。国家相关部门联合认定的乡村工匠名师原则上从省级乡村工匠名师中产生，认定为省级及以上非遗代表性传承人的优先。同时具备以下条件：爱国敬业，遵纪守法，德艺双馨；技艺精湛、具有丰富传统技艺设计、制作实践经验和较高艺术造诣，在技艺传承中发挥重要作用；获得至少1次省级以上职业技能大赛、行业内省级以上比赛奖项，或在行业内享有较高声誉；领办创办或作为技术骨干参与经营的经营主体，在当地特色产业发展中起示范带头作用，能带动一定数量农民就业增收。

2. 乡村工匠大师。原则上从国家相关部门联合认定的乡村工匠名师中产生，认定为国家级非遗代表性传承人的优先。同时具备以下条件：爱国敬业，遵纪守法，德艺双馨；技艺精湛、具有丰富的创作经验和深厚的传统文化修养，是技艺传承中公认的代表人物；获得至少1次国家级职业技能大赛、行业内国家级比赛奖项，或在国内享有较高声誉；带动区域特色产业发展成效明显，已产生良好的经济社会效益。

（三）认定程序

1. 推荐。各省（自治区、直辖市）农业农村（乡村振兴）部门会同教育、工业和信息化、人力资源社会保障、住房城乡建设、文化和旅游、妇联等相关部门，按照年度名额分配和认定条件推荐乡村工匠名师、大师人选。拟推荐人选要如实填写《乡村工匠名师、大师推荐表》，并附3000字左右推荐材料。各地报送前应征求公安、生态环境、税务、市场监管等有关部门意见。要对拟推荐人选逐级考察审核，在适当范围内公示，并于每年6月底前向农业农村部（国家乡村振兴局）报送乡村工匠名师拟推荐人选，9月底前报送乡村工匠大师拟推荐人选。

2. 复核。农业农村部（国家乡村振兴局）负责收集汇总各地乡村工匠名师、大师拟推荐人选，由推进小组严格认定条件，按照分管范围领域进行复核。

3. 公示。农业农村部（国家乡村振兴局）对通过复核的拟推荐人选在农业农村部官方网站上进行公示。

4. 认定。公示无异议的人选，由农业农村部（国家乡村振兴局）联合相关部门分别认定。

第五，支持措施

（一）支持技艺传承。支持乡村工匠名师、大师设立工作室、传习所，开展师徒传承，提升技艺水平。对技艺设计提升能力强、带动县域产业发展、带动脱贫人口就业增收达到一定规模的工作室、传习所，经个人申请或组织推荐，省级农业农村部门审核推荐，由推进小组认定为乡村工匠名师工作室、大师传习所。

（二）支持技能培训。教育、文化和旅游、妇联等相关部门将乡村工匠名师工作室、大师传习所开展的技能培训纳入专项研培计划和专班培训，农业农村部（国家乡村振兴局）组织实施乡村工匠专门研培计划。鼓励普通高校、职业院校邀请乡村工匠名师、大师进学校、进课堂，参与相关专业设置，特别是实践类课程建设，培养传统工艺专业人才。支持社会力量开展职业技能培训，助力乡村工匠提升技能水平。各地利用现有资金政策对乡村工匠名师、大师开展技艺交流、产品研发、技能培训给予支持。

（三）支持产业发展。支持乡村工匠名师、大师领办创办经营主体，鼓励申报农业农村部组织开展的新型农业经营主体信贷直通车活动，符合条件的按规定落实创业担保贷款、"富民贷"等各类金融支持政策；对吸纳脱贫人口、防止返贫监测对象就业的，按规定落实相关就业帮扶政策。鼓励乡村工匠名师、大师领办创办特色产业项目，符合条件的纳入各地巩固拓展脱贫攻坚成果同乡村振兴有效衔接项目库，对发展产业带动就业，具有良好经济效益，并建立健全联农带农富农机制的，按规定统筹使用财政衔接推进乡村振兴补助资金、东西部协作资金、定点帮扶资金和社会捐赠资金等现有资金渠道予以支持。鼓励各地结合实际，加大政策支持力度，推动乡村工匠名师、大师领办创办的各类经营主体集约发展，打造一批乡村工匠产业园区或依托现有产业园区培育发展一批乡村工匠专业园区。

（四）支持品牌培育。鼓励乡村工匠名师、大师弘扬技艺、开发精品、创设品牌。鼓励高等学校和社会力量，挖掘乡村工匠品牌文化内涵，提升品牌策划设计水平，提高品牌价值和竞争力，打造乡村工匠产品品牌、劳务品牌。加大乡村工匠品牌宣传力度，讲好品牌故事，不断增强乡村工匠品牌知名度。

依托中国农民丰收节、消费帮扶、劳务品牌发展大会等活动，提供营销服务，营造全社会支持乡村工匠品牌发展的良好氛围。支持开展多种形式的乡村工匠品牌交流展示活动，相互学习、相互借鉴、相互促进。

（五）支持评先评优。对传承传统技艺较好、产业带动效果明显、促进地方经济社会发展的乡村工匠名师、大师，优先推荐为各级非物质文化遗产代表性传承人、乡村文化和旅游带头人，在全国城乡妇女岗位建功先进个人等表彰中予以适当倾斜，增强其获得感和荣誉感。组织乡村工匠名师、大师参加全国乡村振兴职业技能大赛、巾帼创新创业大赛等活动，提高乡村工匠名师、大师知名度。

第六，工作要求

（一）加大支持力度。各级农业农村（乡村振兴）、教育、工业和信息化、人力资源社会保障、住房城乡建设、文化和旅游、妇联等部门要加强协调配合，将乡村工匠"双百双千"培育工程纳入本地区本部门乡村人才队伍建设重点工作，健全工作机制，加大政策支持力度，推进乡村工匠"双百双千"培育工作。

（二）确保推荐质量。乡村工匠名师、大师推荐工作要在公开公平公正的基础上，坚持覆盖面广、促进农民增收效果好、乡村特色产业发展带动力强等原则，突出代表性、典型性、示范性，把好推荐人选技能关、品德关、贡献关，确保推荐质量过硬。

（三）严格规范管理。建立动态调整机制，对乡村工匠名师、大师技艺传承、促进就业、品牌培育、带动特色产业发展等情况定期进行评估，严格准入和退出管理，强化跟踪问效，确保乡村工匠"双百双千"培育工程成效。

（四）营造浓厚氛围。各地要积极总结提炼乡村工匠"双百双千"培育工程典型经验，充分利用各类媒体平台，宣传乡村工匠名师、大师典型案例，传播技能文化，弘扬工匠精神，在全社会营造尊重劳动、尊重人才、尊重创造的良好氛围。推进小组将会同有关部门定期开展典型案例征集发布活动，激发广大乡村工匠、乡村手工业者、传统艺人创新创造活力。

## 二、乡村工匠培育

——本节主要摘自《关于推进乡村工匠培育工作的指导意见》（国家乡村振兴局、教育部、工业和信息化部、人力资源社会保障部、住房城乡建设部、农业农村部、文化和旅游部、全国妇联，国乡振发〔2022〕16号）

为深入贯彻党的二十大精神，认真落实习近平总书记关于推动乡村人才振兴的重要指示精神，按照《中共中央办公厅、国务院办公厅印发〈关于加快推进乡村人才振兴的意见〉的通知》相关要求，本文件从总体要求、认定条件和程序、重点工作、激励措施、组织实施几方面，现就加快推进乡村工匠培育工作提出如下意见。

第一，总体要求

（一）指导思想。以习近平新时代中国特色社会主义思想为指导，全面贯彻党的二十大精神，认真落实党中央、国务院决策部署，围绕巩固拓展脱贫攻坚成果、全面推进乡村振兴，建立和完善乡村工匠培育机制，挖掘培养一批、传承发展一批、提升壮大一批乡村工匠，激发广大乡村手工业者、传统艺人创新创造活力，带动乡村特色产业发展，促进农民创业就业，为乡村全面振兴提供重要人才支撑。

（二）基本原则。

1. 传承优秀传统文化。广泛发掘传统技艺技能人才，维护和弘扬传统技艺所蕴含的文化精髓和价值，活态传承发展优秀传统乡土文化，展现新魅力、新风采，促进乡村文化振兴。

2. 服务产业就业。尊重市场规律，把握产业发展趋势，激发乡村工匠队伍活力，发挥辐射带动作用，引导助力创业就业，打造乡村工匠品牌，带动群众稳定增收，促进乡村产业振兴。

3. 弘扬工匠精神。弘扬敬业、精益、专注、创新等工匠精神内涵，营造尊重劳动、尊重人才、尊重创造的良好环境，提高乡村技术技能人才社会地位，促进乡村人才振兴。

4. 统筹协调推进。坚持中央统筹、省负总责、市县乡抓落实，构建上下联动、部门协同、分级负责的乡村工匠推进机制。动员社会力量，集聚各方资源，形成参与广泛、优势互补、共建共享的工作格局。

5. 因地因人制宜。坚持实事求是，立足本地资源、特色产业优势，顺应乡土人才成长规律，挖掘培育乡村各类技能人才，分类分层精准施策，激发乡村工匠内生动力，促进技能乡村建设。

（三）目标任务。"十四五"期间，乡村工匠培育、支持、评价、管理体系基本形成，乡村振兴部门统筹、多部门协同推进的乡村工匠培育工作机制有效运行。挖掘一批传统工艺和乡村手工业者，认定若干技艺精湛的乡村工匠，遴选千名乡村工匠名师、百名乡村工匠大师，培育一支服务乡村振兴的乡村工匠队伍。设立一批乡村工匠工作站、名师工作室、大师传习所，扶持乡村工匠领办创办特色企业，打造乡村工匠品牌。

第二，认定条件和程序

（一）范围。乡村工匠主要为县域内从事传统工艺和乡村手工业，能够扎根农村，传承发展传统技艺、转化应用传统技艺，促进乡村产业发展和农民就业，推动乡村振兴发展的技能人才。目前，主要从刺绣印染、纺织服饰、编织扎制、雕刻彩绘、传统建筑、金属锻铸、剪纸刻绘、陶瓷烧造、文房制作、漆器髹饰、印刷装裱、器具制作等领域中产生。各地可结合实际拓展认定范围。

（二）资格。乡村工匠应具备以下条件：爱党爱国、遵纪守法、品行端正、德艺双馨、个人信用记录良好；能传承工匠精神，从事本行业及相关产业5年以上，在本行业内有一定影响，带动当地乡村产业发展和农民就业增收效果明显的乡村手工业者、传统艺人和非遗传承人等。乡村工匠名师原则上从乡村工匠中产生，技艺精湛、业内有一定知名度、对技艺传承和产业发展作出一定贡献。乡村工匠大师原则上从乡村工匠名师中产生，在行业内享有盛誉、对促进传统工艺发展振兴作出突出贡献，带动县域特色产业发展成效明显。

（三）规模。乡村工匠、省级乡村工匠名师规模，由各省（区、市）根据实际情况确定。国家级乡村工匠名师、大师规模每年由国家乡村振兴局与教育、工业和信息化、人力资源社会保障、住房城乡建设、农业农村、文化和旅游、全国妇联等相关部门共同商定。

（四）程序。乡村工匠由本人申请或组织推荐，市县乡村振兴部门分别会同相关部门进行资格审核，采取技能比赛、综合评价等方式评选，公示后认定。省级乡村工匠名师由各省（区、市）自行组织认定，报国家乡村振兴局备案。国家级乡村工匠名师和大师由国家相关部门和各省（区、市）推荐，国家乡村振兴局组织评审复核，公示公告后认定。

第三，重点工作

（一）挖掘乡村工匠资源。各地结合本地实际，挖掘县域内有传承基础、规模数量、市场需求、社会价值、发展前景的传统工艺。发现一批有培养潜力的乡村手工业者、传统艺人，认定一批技艺精湛、带动产业发展能力强的乡村工匠，建立省市县目录清单，实施动态管理。

（二）构建多元乡村工匠培育机制。各地可结合实际，鼓励支持乡村工匠设立乡村工匠工作站、名师工作室、大师传习所，开展师徒传承，传授传统技艺。各地各部门可结合实际制定专项研培计划，提升工匠技艺水平与创新能力。各行业部门要统筹各类资源，对乡村工匠开展技艺提升、主体创办、品牌打造、电商营销等能力提升培训。相关高校、职业院校要加强传统工艺特色专业建设，开发精品课程，开展学历和非学历提升教育培训，培养传统工艺专业人才。鼓励和支持聘请乡村工匠名师、大师进学校、进课堂，构建传统工艺传承教育体系，弘扬优秀传统文化。动员社会力量开展乡村工匠培训、交流，带动更多人员参与，厚植社会基础，提高乡村工匠的职业认可度、影响力。

（三）实施"双百双千"培育工程。"十四五"期间，全国推出百名乡村工匠大师，鼓励设立百个大师传习所；遴选千名乡村工匠名师，鼓励设立千个名师工作室。着力打造一批技艺技能水平精湛、带动产业就业作用明显、善经营会管理的高素质乡村工匠名师和乡村工匠大师队伍。积极探索乡村工匠特色学徒制，依托名师工作室和大师传习所，开展师徒传承、提升乡村工匠技艺、创作传统工艺精品、转化技艺研究成果，发挥乡村工匠领军人才作用，传承发展创新传统技艺，带动特色产业发展，稳定就业增收，为推动乡村振兴提供人才保障。

（四）支持创办特色企业。鼓励各地围绕乡村振兴战略，打造一批"工匠园区"，结合当地实际成立乡村工匠产业孵化基地，打造众创空间。扶持一批基础条件好、有一定经营规模的就业帮扶车间、非遗工坊、妇女手工基地等转型升级、发展壮大。培育乡村传统工艺龙头企业与新型经营主体，推动县域特色产业高质量发展。支持乡村工匠自主创业，领办创办特色企业。健全乡村工匠创办的经营主体与农户利益联结机制，发挥其促进就业、带动增收的作用。

（五）打造乡村工匠品牌。鼓励文化和旅游企业、相关高校、职业院校、科研院所和社会组织等与乡村工匠合作，传承发展、守正创新，出精品、树品牌。鼓励各地通过开展技能比赛、产品展览展示等活动，加大乡村工匠品牌宣传推介力度，提升品牌公信力，扩大市场占有率。定期推出乡村工匠知名品牌，讲好品牌故事，提升品牌价值。

（六）完善乡村工匠评价体系。各地要制定适合本地发展的与乡村工匠相关职业（工种）评价办法和评价标准，建立健全具有地域特点的乡村工匠技能分类分级评价体系，纳入人力资源社会保障部门的技能认定体系。鼓励制定符合乡村工匠特点的技能评价标准条件和程序，建立以实操能力为导向、实用技能为重点，注重职业道德和知识水平，结合业绩贡献、经济社会效益和示范带动作用的多层次综合评价方式。

第四，激励措施

（一）支持乡村工匠培育。各地各部门要结合实际和职能，充分发挥各类教育培训资源作用，支持乡村工匠培育工作。鼓励乡村手工业者、乡村工匠参加人力资源社会保障部门组织的专项职业能力培训考核。组织动员符合条件的乡村工匠参加教育、人力资源社会保障、农业农村、文化和旅游等有关部门组织的教育培训活动。对参加教育培训的脱贫人口、防止返贫监测对象、高校毕业生等，符合条件的按规定给予支持。

（二）扶持发展特色产业。统筹利用金融、保险、用地等产业帮扶政策，支持乡村工匠发展特色企业。对乡村工匠和乡村工匠名师、大师领办创办的传统工艺特色产业发展项目，经严格论证审批符合条件的，纳入巩固拓展脱贫攻坚成果和乡村振兴项目库，在县级政府门户网站主动公开。对乡村工匠领办创办的乡村工匠工作站、名师工作室、大师传习所开展师徒传承、研习培训、示范引导、精品创作、组织实施传统工艺特色产业项目等，按规定统筹使用东西部协作资金、定点帮扶资金等现有资金政策给予支持；对符合条件的脱贫人口、防止返贫监测对象按规定落实就业帮扶政策。鼓励各地结合实际，出台扶持乡村工匠发展产业、带动就业的支持政策。

（三）加大人才支持力度。支持鼓励返乡青年、职业院校毕业生、大学生、致富带头人等群体参加乡村工匠技能培训，列入乡村工匠后备人才库。鼓励符合条件的乡村工匠参加职称评审，文化和旅游部门优先将符合条件的乡村工匠纳入非物质文化遗产代表性传承人、乡村文化和旅游带头人评选范围，妇联可按照有关规定在进行城乡妇女岗位先进集体（个人）评选表彰活动时对乡村工匠适当倾斜。在全国乡村振兴职业技能大赛、巾帼创新创业大赛等比赛中设置乡村工匠大师、名师展示环节。

第五，组织实施

（一）加强组织领导。各地各部门要高度重视乡村工匠培育工作，将其作为乡村人才振兴重要内容，制定工作方案，统筹各方力量，落实相关工作。各级乡村振兴部门要具体组织、统筹实施乡村工匠培育工作，负责制定年度工作计划，组织协调乡村工匠培育认定等工作，会同有关部门开展日常管理监测。各级教育、工业和信息化、住房城乡建设、农业农村、文化和旅游、妇联等部门负责本领域乡村手工业者、传统艺人挖掘摸排和乡村工匠组织推荐、资格审核、评选认定，落实相关支持政策。

（二）建立工作机制。成立乡村工匠培育工作推进小组，由国家乡村振兴局牵头，教育、工业和信息化、人力资源和社会保障、住房和城乡建设、农业农村、文化和旅游、全国妇联等部门参加，研究乡村工匠培育政策措施，制定年度工作计划，协调推进乡村工匠名师、大师评选组织、赛事举办、资格认定等事宜。

（三）强化监测评估。各地乡村振兴部门要开展动态监测评估，对乡村工匠技艺传承、促进就业、品牌培育、带动特色产业发展等进行评估，加强日常管理。建立动态调整机制，对严重违法违纪违规、造成恶劣影响的，违反职业道德、弄虚作假的，不再从事技艺传承、不带动农民就业增收发展产业的，予以清理退出；对符合条件的及时认定纳入。健全评选监督、回避机制，确保评选过程阳光透明。引导乡村工匠注重保护知识产权，保障产品质量安全。加强资金使用监管与绩效管理，将乡村工匠带动发展特色产业实绩作为乡村工匠认定、评优晋级的主要依据。

（四）加大宣传力度。充分利用各类媒体平台，宣传乡村工匠培育政策，激励城乡劳动者积极参与。策划举办乡村工匠主题宣传活动，选树一批乡村工匠先进典型，传播技能文化，弘扬工匠精神，营造良好的舆论导向和社会氛围。

### 三、乡村建设工匠培训和管理

——本节主要摘自《关于加强乡村建设工匠培训和管理的指导意见》（住房城乡建设部、人力资源社会保障部，建村规〔2023〕5号）

为深入贯彻习近平总书记关于推动乡村人才振兴的重要指示精神，落实党中央、国务院有关决策部署，大力培育乡村建设工匠（以下简称工匠）队伍，更好服务农房和村庄建设，本文件从总体要求、扎实开展乡村建设工匠培训、积极培育乡村建设工匠队伍、加强乡村建设工匠管理、工作保障几方面，现就加强乡村建设工匠培训和管理提出如下意见。

第一，总体要求

（一）指导思想。以习近平新时代中国特色社会主义思想为指导，全面贯彻党的二十大精神，坚持以人民为中心的发展思想，统筹发展和安全，建立和完善工匠培训和管理工作机制，提高工匠技能水平和综合素质，培育扎根乡村、服务农民的工匠队伍，为提高农房质量安全水平、全面实施乡村建设行动提供有力人才支撑。

（二）工作原则。全面提升能力。因地制宜、因材施教，将工匠个体培训和工匠队伍培育相结合，畅通工匠学习、晋级渠道，激发内生动力，促进工匠职业技能与综合素质同步提升。

服务乡村建设。坚持面向乡村、服务农民，支持引导工匠依法依规承揽农房和农村小型工程项目，为工匠就地就近就业创业提供条件和机会。

培育管理并重。坚持培育服务和规范管理相结合，完善工匠培养、管理、使用、激励等政策措施，为工匠提供教育培训、就业创业、社会保障等公共服务，提高工匠的责任意识和安全意识。

统筹协调推进。坚持上下联动、部门协同、分级负责的工作机制，充分调动行业和社会力量，形成工作合力，推动工匠培训和管理工作取得实效。

（三）工作目标。到 2025 年，基本建立工匠职业体系、职业标准体系、培训考核评估体系，工匠技能培训和队伍培育管理工作进一步规范，农房质量安全水平得到普遍提升。

到 2035 年，工匠队伍结构进一步优化，工匠技能水平和综合素质大幅提升，工匠技能培训和队伍培育管理工作机制基本完善，工匠成为农房和村庄建设的重要人才支撑。

第二，扎实开展乡村建设工匠培训

（一）编制培训教材。住房城乡建设部会同人力资源社会保障部依据《乡村建设工匠国家职业标准》，编制培训大纲、通用教材，省级部门根据培训大纲、通用教材组织开展适用本地区的专用培训教材开发。丰富培训形式，坚持理论教学与实训教学相结合、线上线下相结合、专项培训与系统培训相结合。

（二）建设培训基地。地方各级住房城乡建设、人力资源社会保障部门要充分利用职业院校和社会培训机构建立工匠培训基地和网络培训平台，设区城市至少建立 1 个工匠培训基地。地方各级住房城乡建设部门定期对培训基地开展检查评估。各培训基地要充实师资力量，鼓励具有丰富从业经验的技师、高级技师参与培训授课，以"师带徒"方式传授技艺，注重师资培养，定期组织教师学习，培养一支相对稳定的工匠培训教师队伍。

（三）建立轮训制度。地方各级住房城乡建设、人力资源社会保障部门要积极构建覆盖工匠职业生涯全过程的终身职业技能培训制度，对本行政区域内工匠每 3 年至少轮训 1 次。工匠培训机构按规定核发培训合格证书，省级住房城乡建设部门负责归集工匠培训信息。

（四）提升培训实效。各级住房城乡建设部门应规范培训内容、督导培训效果。在培训建筑识图、建筑选材、建筑风貌、施工建造专项技能的同时，鼓励"一专多能"，跨工种参加培训。引导工匠熟练掌握具有地域特色农房建造技术，指导工匠学习掌握农房新型建造技术。要注重"乡村建设带头工匠"综合素质的提高，培养法治意识和项目管理能力。

（五）开展考核评价。省级住房城乡建设部门会同人力资源社会保障部门按照国家职业标准，依托人力资源社会保障部门遴选备案的用人单位和社会培训评价组织开展工匠职业技能等级认定工作，确保评价过程科学合理、客观公正。省级人力资源社会保障部门负责本行政区域考核评价的统筹管理和综合监管；省级住房城乡建设部门加强本行业领域考核评价的技术指导、质量督导和服务支持，保证评价质量。

第三，积极培育乡村建设工匠队伍

（一）优化工匠队伍结构。积极扩展人力资源，鼓励引导各类返乡人才从事工匠职业，不断优化工匠的年龄结构和知识结构。

（二）建立工匠管理名录。地方各级住房城乡建设部门应当建立本行政区域内工匠名录。工匠名录应包括工匠基本信息、培训情况、工程业绩、技能等级认定、奖罚情况、信用评级，也包括由工匠组建的施工班组、合作社和合伙制企业等工匠队伍情况。

（三）规范工匠队伍建设。注重培育具有丰富实操经验、较高专业技术技能水平和管理能力的"乡村建设带头工匠"，鼓励引导"乡村建设带头工匠"组建施工班组、合作社、合伙制企业等，推动工匠队伍的职业化、专业化和规范化。

第四，加强乡村建设工匠管理

（一）强化质量安全责任意识。省级住房城乡建设部门会同有关部门统一编制农房和农村小型工程项目施工合同范本。工匠、施工班组、合作社、合伙制企业依法依规承接农房或农村小型工程项目时，应当与建设单位签订施工合同。工匠依照法律法规和合同约定履行承建项目质量安全责任。

（二）加强工匠施工行为监管。地方各级住房城乡建设部门要规范工匠从业行为，加强日常管理。工匠应当遵守国家法律法规，严格执行农房和农村小型工程项目建设相关标准规范和操作规程，不得承揽未经依法审批的建设项目；不得偷工减料或者使用不符合工程质量要求的建筑材料和建筑构配件。

（三）开展工匠信用评价。地方各级住房城乡建设部门应向社会公布工匠相关信息，建立工匠信用评价系统，积极引导建房农户或建设单位选择信誉良好、技术过硬的工匠依法依规承建农房或农村小型工程项目，形成良性市场竞争和正向激励机制。

第五，工作保障

（一）加强组织领导。各地要高度重视工匠培训和管理工作，将加强工匠培训和管理作为提升农房品质的重要抓手。各级住房城乡建设部门负责健全工匠培训和管理相关制度，认真组织实施，做好工匠培训和管理等日常工作。各级人力资源社会保障部门要按照职业培训管理要求，加强工作指导，做好支持配合。

（二）保障工匠权益。引导工匠参与农村危房改造、农房抗震改造、农房节能改造以及农房安全日常巡查等工作。强化乡村建设工匠队伍自律自治，支持各地依法依规成立工匠行业协会，为工匠提供政策、法律、技术等方面的支持和服务。引导工匠按规定参加社会保险，鼓励以个人名义自愿缴纳人身保险。常态化开展岗位练兵、技术比武等活动，增强工匠的职业认同感、荣誉感和责任感。

（三）加强宣传引导。加强工匠职业和相关政策法规的宣传，充分利用各类媒体，宣传工匠先进典型和优秀工程案例，营造全社会尊重工匠、尊重劳动的社会氛围。

# 参 考 文 献

[1] 中华人民共和国人力资源和社会保障部，中华人民共和国住房和城乡建设部. GZB/4-08-08-07 国家职业技能标准-室内装饰设计师（2023版）[S]. 2023.

[2] 中华人民共和国人力资源和社会保障部，中华人民共和国住房和城乡建设部. GZB/4-08-08-22 国家职业技能标准-建筑幕墙设计师（2024试行版）[S]. 2024.

[3] 中华人民共和国人力资源和社会保障部，中华人民共和国住房和城乡建设部. GZB/4-09-10-01 国家职业技能标准-园林绿化工（2022年版）[S]. 2022.

[4] 中华人民共和国人力资源和社会保障部，中华人民共和国住房和城乡建设部. GZB/6-06-03-01 国家职业技能标准-手工木工（2019年版）[S]. 2019.

[5] 中华人民共和国人力资源和社会保障部，中华人民共和国住房和城乡建设部. GZB/6-29-01-01 国家职业技能标准-砌筑工（2023年版）[S]. 2023.

[6] 中华人民共和国人力资源和社会保障部，中华人民共和国住房和城乡建设部. GZB/6-29-01-03 国家职业技能标准-混凝土工（2019年版）[S]. 2019.

[7] 中华人民共和国人力资源和社会保障部，中华人民共和国住房和城乡建设部. GZB/6-29-01-04 国家职业技能标准-钢筋工（2019年版）[S]. 2019.

[8] 中华人民共和国人力资源和社会保障部，中华人民共和国住房和城乡建设部. GZB/6-29-01-07 国家职业技能标准-乡村建设工匠（2024年版）[S]. 2024.

[9] 中华人民共和国住房和城乡建设部. GB 50210—2018 建筑装饰装修工程质量验收标准[S]. 北京：中国建筑工业出版社，2018.

[10] 中华人民共和国住房和城乡建设部. GB 50327—2001 住宅装饰装修工程施工规范[S]. 北京：中国建筑工业出版社，2001.

[11] 中华人民共和国住房和城乡建设部. GB 50666—2011 混凝土结构工程施工规范[S]. 北京：中国建筑工业出版社，2012.

[12] 中华人民共和国住房和城乡建设部. CJJ 82—2012 园林绿化工程施工及验收规范[S]. 北京：中国建筑工业出版社，2012.

[13] 中华人民共和国住房和城乡建设部. JGJ 33—2012 建筑机械使用安全技术规程[S]. 北京：中国建筑工业出版社，2012.